从新手到高手系列

一本书学纳税
新手学纳税从入门到精通

蔡佩莹　主编

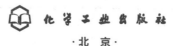

化学工业出版社

·北京·

《一本书学纳税——新手学纳税从入门到精通》从实践出发，在理论和实践之间搭起一座桥梁，帮助职场财务税务新手快速入门。

本书实际操作性强，涵盖了纳税业务操作的整个流程，并配有大量实战范本、图表和文书，与实际工作联系紧密。具体内容包括税收种类认识、增值税发票开具规定、发票办理业务、税收优惠办理业务、纳税申报业务、出口退（免）税业务、与税务有关的证明办理业务等，可作为纳税业务人员培训用书和实用指南。

图书在版编目（CIP）数据

一本书学纳税：新手学纳税从入门到精通/蔡佩萤主编．—北京：化学工业出版社，2020.1
（从新手到高手系列）
ISBN 978-7-122-35531-7

Ⅰ.①一… Ⅱ.①蔡… Ⅲ.①纳税-税收管理-基本知识-中国 Ⅳ.①F812.423

中国版本图书馆CIP数据核字（2019）第248439号

责任编辑：陈 蕾　　　　　　　　　装帧设计：尹琳琳
责任校对：栾尚元

出版发行：化学工业出版社（北京市东城区青年湖南街13号　邮政编码100011）
印　　装：三河市延风印装有限公司
710mm×1000mm　1/16　印张19　字数343千字　2020年3月北京第1版第1次印刷

购书咨询：010-64518888　　　　　　　售后服务：010-64518899
网　　址：http://www.cip.com.cn
凡购买本书，如有缺损质量问题，本社销售中心负责调换。

定　价：88.00元　　　　　　　　　　　　　　　　版权所有　违者必究

前言
PREFACE

税收是国家财政收入的主要来源,是国家发展公益事业,促进经济和社会全面发展及实现国家管理职能的基本保证,一切经济组织和公民都有依法纳税的义务。

财务人员应按照税法规定,正确计算和缴纳税款,做到不重不漏,准确无误;确保在税法规定的期限内缴纳税款,做到不拖不占,迅速缴纳。

然而,税务业务并不是一个容易处理的问题,因为税收的政策、税种及税率常常处在变化中,又因税务系统智能化,网上纳税的出现,一些税务事务的处理流程也会有相应的变化,这些对企业的财务工作人员都是一种挑战,财务工作人员必须不断地紧跟时势,加强学习。首先,要认真学习《中华人民共和国税收征收管理法》《中华人民共和国企业所得税法》《中华人民共和国个人所得税法》《中华人民共和国会计法》《中华人民共和国发票管理办法》《涉税专业服务监管办法(试行)》《纳税申报代理业务指引(试行)》《商品和服务税收分类与编码(试行)》等法规,对企业所得税、个人所得税、增值税、消费税、关税、城市维护建设税、教育费附加、车辆购置税、车船使用税、土地增值税、城镇土地使用税、耕地占用税、房产税、契税、资源税、印花税等各个税种要有全面的了解。

同时,财务人员要了解各项税务事项的业务办理,每项业务的法律依据、准备资料、办理时限、业务流程及细节,只有这样,才能高效率地办理税务业务,避免出现一项业务跑税务局多次还办不好的状况。

但是,初涉纳税业务的财务人员,往往容易对税务业务产生困惑,虽然已经学了不少财务理论知识，可一上岗会发现很多难题无从下手。

基于此，我们组织实战经验丰富的专业人士编写了《一本书学纳税——新手学纳税从入门到精通》，本书从实践出发，在理论和实践之间搭起一座桥梁，帮助职场财务税务新手快速入门。

本书涵盖了纳税业务操作的整个流程，并配有大量实战范本、图表和文书，与实际工作联系紧密，具有很强的操作性。具体包括税收种类认识、增值税发票开具规定、发票办理业务、税收优惠办理业务、纳税申报业务、出口退（免）税业务、与税务有关的证明办理业务等内容，可作为纳税业务人员培训用书和实用指南。

本书所依据的税收政策截至2019年7月31日。在编写过程中，虽然笔者进行了大量的调研，收集了大量的资料，但书中仍难免有疏漏之处，敬请读者批评指正。

编　者

目录 Contents

第1章 我国税收种类认识 ... 1

- 1.1 企业所得税 ... 2
  - 1.1.1 税率 ... 2
  - 1.1.2 企业所得税的征收方式 ... 4
  - 1.1.3 核定征收 ... 5
  - 1.1.4 查账征收 ... 7
- 1.2 个人所得税 ... 8
  - 1.2.1 免征额 ... 8
  - 1.2.2 应纳税所得额 ... 9
  - 1.2.3 专项扣除项目 ... 10
  - 1.2.4 个人所得税累计预扣法 ... 13
  - 1.2.5 个人所得税纳税期限 ... 14
- 1.3 增值税 ... 14
  - 1.3.1 增值税的征税范围 ... 14
  - 1.3.2 增值税的税率和征税率 ... 15
  - 1.3.3 增值税的纳税期限 ... 17
  - 1.3.4 小微企业免征增值税 ... 17
- 1.4 消费税 ... 17
  - 1.4.1 消费税的征收范围 ... 17
  - 1.4.2 消费税的税目和税率 ... 18
  - 1.4.3 消费税的计税方法 ... 21
  - 1.4.4 消费税的纳税环节 ... 22
- 1.5 关税 ... 22
  - 1.5.1 关税的征税基础与应纳税额计算 ... 23
  - 1.5.2 征收方法 ... 23
  - 1.5.3 纳税方式 ... 23

        1.5.4 税款计算 ··23
    1.6 城市维护建设税 ···24
        1.6.1 城市维护建设税税率 ··24
        1.6.2 税额计算 ··25
        1.6.3 城市维护建设税的征免规定 ··25
        1.6.4 税额减免 ··25
        1.6.5 征收方式 ··26
    1.7 教育费附加 ···26
        1.7.1 征费范围 ··26
        1.7.2 费额计算 ··27
        1.7.3 征收管理 ··27
    1.8 车辆购置税 ···27
        1.8.1 征税范围 ··27
        1.8.2 免税范围 ··27
        1.8.3 计税价格与依据 ···28
        1.8.4 退税条款 ··28
        1.8.5 汽车购置税的计算 ···28
    1.9 车船使用税 ···29
        1.9.1 车船使用税的征税范围 ··29
        1.9.2 车船使用税的税率 ···30
        1.9.3 车船税的适用税额计算方法 ··31
    1.10 土地增值税 ···32
        1.10.1 土地增值税税率 ···32
        1.10.2 土地增值税计算方法 ··33
        1.10.3 增值税征收的方式 ···33
    1.11 城镇土地使用税 ··34
        1.11.1 征税范围 ··34
        1.11.2 税率 ···35
        1.11.3 应纳税额的计算 ···35
    1.12 耕地占用税 ···35
        1.12.1 耕地占用税的税率 ···35
        1.12.2 耕地占用税的计算公式 ···36
    1.13 房产税 ···36
        1.13.1 税率 ···36
        1.13.2 征税对象 ··36

  1.13.3 房产税税目税率表 ·· 37
1.14 契税 ··· 37
  1.14.1 应缴税范围 ··· 37
  1.14.2 契税税率 ·· 38
  1.14.3 纳税义务发生时间 ··· 38
1.15 资源税 ··· 38
  1.15.1 资源税范围 ··· 38
  1.15.2 资源税税目 ··· 39
1.16 印花税 ··· 40
  1.16.1 印花税纳税义务发生时间 ···································· 40
  1.16.2 印花税的比例税率（四档） ································ 40
  1.16.3 印花税计算公式 ·· 41
  1.16.4 印花税税目 ··· 41
  1.16.5 印花税的缴纳方法 ··· 42
  1.16.6 印花税的申报 ··· 43

第2章 增值税发票开具规定 ·· 44

2.1 增值税发票种类 ··· 45
  2.1.1 增值税专用发票 ·· 45
  2.1.2 增值税普通发票 ·· 45
  2.1.3 机动车销售统一发票 ··· 47
  2.1.4 二手车销售统一发票 ··· 48
2.2 纳税人开具发票基本规定 ······································ 48
  2.2.1 开票系统的使用 ·· 48
  2.2.2 开具增值税发票的要求 ······································· 49
  2.2.3 关于发票作废 ··· 51
  2.2.4 需要开具红字增值税专用发票的处理 ··················· 52
2.3 增值税发票开具特殊规定 ······································ 53
  2.3.1 建筑服务 ·· 53
  2.3.2 销售不动产 ·· 53
  2.3.3 金融服务 ·· 54
  2.3.4 生活服务业 ·· 55
  2.3.5 部分现代服务 ··· 56

- 2.3.6 交通运输服务 ... 57
- 2.3.7 小规模纳税人自开增值税专用发票试点 ... 59
- 2.3.8 差额征税发票开具规定 ... 59
- 2.3.9 电子发票开具规定 ... 60
- 2.3.10 机动车销售统一发票开具规定 ... 60
- 2.3.11 收购业务发票开具规定 ... 61
- 2.3.12 稀土企业发票开具规定 ... 61
- 2.3.13 预付卡业务发票开具规定 ... 62
- 2.3.14 不征收增值税项目发票开具规定 ... 63

2.4 发票查验、丢失处理 ... 63
- 2.4.1 发票查验 ... 63
- 2.4.2 发票丢失处理 ... 64

2.5 发票违章处理 ... 64

2.6 代开发票 ... 66
- 2.6.1 代开发票范围 ... 66
- 2.6.2 代开发票种类 ... 69
- 2.6.3 到税务机关代开发票要哪些税 ... 70
- 2.6.4 代开发票办理流程 ... 72
- 2.6.5 税务机关代开发票具体规定 ... 72
- 2.6.6 代开发票填写错误、销货退回或销售折让等情形的处理 ... 73

2.7 发票备注栏不可忽略 ... 74
- 2.7.1 没按规定填写将面临的税务风险 ... 74
- 2.7.2 增值税发票备注栏的信息要求 ... 75

2.8 电子发票 ... 77

第3章 发票办理业务 ... 79

3.1 领用发票 ... 80
- 3.1.1 增值税发票核定（首次）... 80
- 3.1.2 增值税专用发票（增值税税控系统）最高开票限额审批 ... 81
- 3.1.3 普通发票核定 ... 83
- 3.1.4 印有本单位名称发票核定 ... 83
- 3.1.5 印有本单位名称增值税普通发票印制申请 ... 84
- 3.1.6 申请使用经营地发票 ... 84

3.1.7 增值税发票核定调整 ·················· 85
3.1.8 普通发票核定调整 ···················· 87
3.1.9 增值税税控系统专用设备初始发行 ········ 87
3.1.10 增值税税控系统专用设备变更发行 ······· 88
3.1.11 增值税税控系统专用设备注销发行 ······· 89
3.1.12 发票领用（普通发票） ················ 90
3.1.13 发票退票（普通发票） ················ 91
3.1.14 发票发放（增值税发票） ·············· 92
3.1.15 发票退回（增值税发票） ·············· 93
3.1.16 超限量购买普通发票 ·················· 94
3.1.17 超限量购买增值税发票 ················ 94
3.1.18 辅导期一般纳税人增购增值税专用发票 ··· 95
3.1.19 购票特批 ··························· 96
3.1.20 发票验旧 ··························· 97
3.1.21 发票缴销 ··························· 97
3.1.22 增值税专用发票存根联数据采集 ········· 98
3.1.23 发票认证 ··························· 99
3.1.24 未按期申报增值税扣税凭证继续抵扣审批 ·· 100
3.1.25 逾期增值税扣税凭证继续抵扣审批 ······· 101

3.2 发票代开 ································ 103
3.2.1 代开增值税专用发票 ·················· 103
3.2.2 代开增值税普通发票 ·················· 104
3.2.3 代开增值税发票（其他个人出租不动产） ·· 104
3.2.4 代开增值税专用发票（销售取得的不动产） · 106
3.2.5 代开增值税普通发票（销售取得的不动产） · 107
3.2.6 代开发票作废 ······················· 107
3.2.7 申请开具红字增值税专用发票的审核 ····· 108
3.2.8 红字货物运输业增值税专用发票开具申请 ·· 109
3.2.9 代开增值税普通发票冲红 ·············· 110
3.2.10 代开增值税专用发票冲红 ············· 111

3.3 发票相关服务 ···························· 112
3.3.1 增值税发票系统发票挂失、损毁报备 ····· 112
3.3.2 普通发票丢失（损毁）报备 ············ 113
3.3.3 丢失防伪税控设备 ··················· 114
3.3.4 发票真伪鉴别 ······················· 114

3.3.5 《发票领用簿》核发、缴销 ················ 115
3.3.6 增加购票员 ················ 116
3.3.7 取消购票员 ················ 117

第4章 税收优惠办理业务 ················ 118

4.1 增值税优惠 ················ 119
4.1.1 增值税留抵税额退税批准类优惠办理 ················ 119
4.1.2 增值税备案类优惠办理 ················ 119
4.1.3 税务资格备案 ················ 128

4.2 消费税优惠 ················ 134
4.2.1 消费税事后备案类优惠办理 ················ 134
4.2.2 消费税批准类优惠办理 ················ 135

4.3 车辆购置税优惠 ················ 136
4.3.1 车辆购置税事后备案类优惠办理 ················ 136
4.3.2 列入车辆购置税免税图册的办理 ················ 138

4.4 企业所得税优惠 ················ 139

4.5 个人所得税优惠 ················ 149
4.5.1 个人所得税优惠核准 ················ 149
4.5.2 个人所得税优惠备案 ················ 150

4.6 房产税优惠 ················ 151
4.6.1 房产税优惠核准 ················ 151
4.6.2 房产税优惠备案 ················ 152

4.7 城镇土地使用税优惠 ················ 155
4.7.1 城镇土地使用税优惠核准 ················ 155
4.7.2 城镇土地使用税优惠备案 ················ 156

4.8 土地增值税优惠 ················ 160
4.8.1 土地增值税优惠备案 ················ 160
4.8.2 土地增值税优惠核准 ················ 161

4.9 耕地占用税优惠备案 ················ 162

4.10 资源税优惠核准 ················ 162

4.11 契税优惠备案 ················ 163

4.12 印花税优惠备案 ················ 166

- 4.13 车船税优惠备案 ... 171
- 4.14 环境保护税优惠备案 ... 172
- 4.15 城市维护建设税优惠备案 ... 173
- 4.16 教育费附加优惠 ... 173
  - 4.16.1 教育费附加优惠备案 ... 173
  - 4.16.2 地方教育附加优惠备案 ... 174
- 4.17 纳税人放弃增值税免（减）税权声明 ... 174

第5章 纳税申报业务 ... 176

- 5.1 纳税申报概述 ... 177
  - 5.1.1 纳税申报的对象 ... 177
  - 5.1.2 纳税申报的期限 ... 177
  - 5.1.3 纳税申报方式 ... 178
  - 5.1.4 纳税申报的要求 ... 178
  - 5.1.5 违反纳税申报规定的法律责任 ... 179
- 5.2 增值税申报 ... 179
  - 5.2.1 增值税一般纳税人登记 ... 179
  - 5.2.2 选择按增值税小规模纳税人纳税 ... 180
  - 5.2.3 辅导期一般纳税人转正 ... 181
  - 5.2.4 恢复增值税一般纳税人资格 ... 182
  - 5.2.5 防伪税控系统非正常企业撤销 ... 182
  - 5.2.6 增值税一般纳税人选择简易办法计算缴纳增值税备案 ... 183
  - 5.2.7 增值税、消费税汇总纳税认定 ... 183
  - 5.2.8 税务认定资格取消——汇总纳税资格取消 ... 185
  - 5.2.9 增值税一般纳税人申报 ... 186
  - 5.2.10 增值税小规模纳税人（非定期定额户）申报 ... 188
  - 5.2.11 增值税一般纳税人丢失防伪税控增值税专用发票申报抵扣 ... 190
  - 5.2.12 中外合作开采石油（天然气）资源申报缴纳增值税 ... 191
  - 5.2.13 存量房交易增值税申报 ... 192
  - 5.2.14 个人出租不动产增值税申报 ... 193
  - 5.2.15 航空运输企业年度清算申报 ... 194
  - 5.2.16 农产品增值税进项税额扣除标准核定 ... 195
  - 5.2.17 增值税预缴申报（建筑服务） ... 195

- 5.2.18 增值税预缴申报（异地纳税人提供在本市不动产的经营租赁服务）…196
- 5.2.19 增值税预缴申报（房地产开发企业有预收款项的情况）…………196

5.3 消费税申报 …………………………………………………………… 197
- 5.3.1 烟类应税消费品消费税申报 …………………………………… 197
- 5.3.2 酒类应税消费品消费税申报 …………………………………… 197
- 5.3.3 成品油消费税申报 ……………………………………………… 198
- 5.3.4 小汽车消费税申报 ……………………………………………… 198
- 5.3.5 电池消费税申报 ………………………………………………… 199
- 5.3.6 涂料消费税申报 ………………………………………………… 199
- 5.3.7 其他类消费税申报 ……………………………………………… 199

5.4 车辆购置税申报 ………………………………………………………… 200

5.5 企业所得税申报 ………………………………………………………… 202
- 5.5.1 居民企业所得税月（季）度预缴纳税申报（适用查账征收）…202
- 5.5.2 居民企业所得税月（季）度预缴纳税申报（适用核定征收）…204
- 5.5.3 居民企业所得税年度纳税申报（适用查账征收）…………… 204
- 5.5.4 居民企业所得税年度纳税申报（适用核定征收）…………… 213
- 5.5.5 居民企业清算企业所得税申报 ………………………………… 213
- 5.5.6 关联申报 ………………………………………………………… 215
- 5.5.7 非货币性资产投资递延纳税调整申报 ………………………… 216
- 5.5.8 居民企业资产（股权）划转特殊性税务处理申报 …………… 217

5.6 个人所得税申报 ………………………………………………………… 218
- 5.6.1 个人所得税自行纳税申报 ……………………………………… 218
- 5.6.2 生产、经营纳税人个人所得税自行纳税申报 ………………… 221

5.7 房产税申报 ……………………………………………………………… 222

5.8 城镇土地使用税申报 …………………………………………………… 223

5.9 土地增值税申报 ………………………………………………………… 224
- 5.9.1 土地增值税预征申报 …………………………………………… 224
- 5.9.2 土地增值税清算申报 …………………………………………… 225
- 5.9.3 房地产项目尾盘销售土地增值税申报 ………………………… 225
- 5.9.4 整体转让在建工程土地增值税申报 …………………………… 226
- 5.9.5 旧房转让土地增值税申报 ……………………………………… 226

5.10 耕地占用税申报 ………………………………………………………… 227

5.11 资源税申报 ……………………………………………………………… 227

5.12 契税申报 ………………………………………………………………… 228

5.13 印花税申报 ··· 229
5.14 车船税申报 ··· 230
 5.14.1 车辆车船税申报 ··· 230
 5.14.2 船舶车船税申报 ··· 231
 5.14.3 微信缴纳车船税 ··· 231
5.15 环境保护税申报 ··· 232
5.16 城市维护建设税申报 ·· 233
5.17 房地产交易税申报 ··· 234
 5.17.1 房地产交易税费征收（一般流程）····························· 234
 5.17.2 房地产交易税费征收（特殊流程）····························· 236
 5.17.3 存量房交易计税价格复核流程 ·································· 237
 5.17.4 个人房地产交易土地增值税费用核实流程 ·················· 238
 5.17.5 个人房地产交易个人所得税费用核实流程 ·················· 239
 5.17.6 企业纳税人存量房交易土地增值税 ···························· 240
 5.17.7 企业之间存量非住宅转让（不动产登记中心代征）
     土地增值税 ··· 241
5.18 定期定额户申报 ··· 241
 5.18.1 定期定额户自行申报 ··· 241
 5.18.2 定期定额户分月汇总申报 ··· 242

第6章 出口退（免）税业务 ·· 244

6.1 出口退（免）税备案 ··· 245
 6.1.1 出口退（免）税备案 ·· 245
 6.1.2 集团公司成员企业备案 ··· 248
 6.1.3 融资租赁企业退税备案 ··· 249
 6.1.4 边贸代理出口备案 ·· 251
 6.1.5 退税商店备案 ·· 251
 6.1.6 出口企业放弃退（免）税权备案 ································· 252
 6.1.7 出口企业申请出口退（免）税业务提醒服务 ················· 253
 6.1.8 跨境应税行为免征增值税备案 ···································· 253
 6.1.9 生产企业委托代办出口退税备案 ································· 255
 6.1.10 外贸综合服务企业代办退税备案 ······························· 255
 6.1.11 研发机构采购国产设备退税备案 ······························· 256

- 6.1.12 出口退（免）税凭证无相关电子信息备案 ················· 257
- 6.2 出口退（免）税办理 ··· 258
  - 6.2.1 出口货物劳务免抵退税申报 ································· 258
  - 6.2.2 出口货物劳务退（免）税申报 ································ 261
  - 6.2.3 增值税零税率应税服务免抵退税申报 ····················· 265
  - 6.2.4 增值税零税率应税服务退（免）税申报 ·················· 267
  - 6.2.5 延期申报退（免）税 ·· 268
  - 6.2.6 横琴、平潭企业退（免）税申报 ···························· 269
  - 6.2.7 退税代理机构离境退税结算 ··································· 270
  - 6.2.8 进料加工企业计划分配率备案 ································ 271
  - 6.2.9 进料加工企业计划分配率调整 ································ 271
  - 6.2.10 年度进料加工业务核销 ·· 272
- 6.3 出口证明开具 ·· 273
  - 6.3.1 《委托出口货物证明》开具 ··································· 273
  - 6.3.2 《代理出口货物证明》开具 ··································· 274
  - 6.3.3 《出口货物退运已补税（未退税）证明》开具 ········· 275
  - 6.3.4 《出口货物转内销证明》开具 ································ 276
  - 6.3.5 《来料加工免税证明》开具 ··································· 277
  - 6.3.6 《来料加工免税证明》核销 ··································· 278
  - 6.3.7 《代理进口货物证明》开具 ··································· 278
  - 6.3.8 《准予免税购进出口卷烟证明》开具 ····················· 279
  - 6.3.9 《出口卷烟已免税证明》开具 ································ 279
  - 6.3.10 《出口卷烟已免税证明》核销 ······························· 280
  - 6.3.11 《中标证明通知书》开具 ····································· 281
  - 6.3.12 丢失出口退（免）税有关证明补办 ······················· 281

第7章 与税务有关的证明办理业务 ································· 283

- 7.1 开具个人所得税完税证明或纳税记录 ····························· 284
- 7.2 纳税证明开具 ·· 285
- 7.3 《丢失增值税专用发票已报税证明单》开具 ···················· 285
- 7.4 《丢失货物运输业增值税专用发票已报税证明单》开具 ····· 286
- 7.5 《车辆购置税完税证明》补办 ······································· 287
- 7.6 《车辆购置税完税证明》更正 ······································· 288

第 1 章

我国税收种类认识

1.1 企业所得税

1.2 个人所得税

1.3 增值税

1.4 消费税

1.5 关税

1.6 城市维护建设税

1.7 教育费附加

1.8 车辆购置税

1.9 车船使用税

1.10 土地增值税

1.11 城镇土地使用税

1.12 耕地占用税

1.13 房产税

1.14 契税

1.15 资源税

1.16 印花税

税收是国家为满足社会公共需要，凭借公共权力，按照法律所规定的标准和程序，参与国民收入分配，强制地、无偿地取得财政收入的一种特定分配方式。它体现了国家与纳税人在征收、纳税的利益分配上的一种特殊关系，是一定社会制度下的一种特定分配关系。税收收入是国家财政收入的最主要来源。

目前我国在征税上主要分为五大类，十六个税种，如图1-1所示。

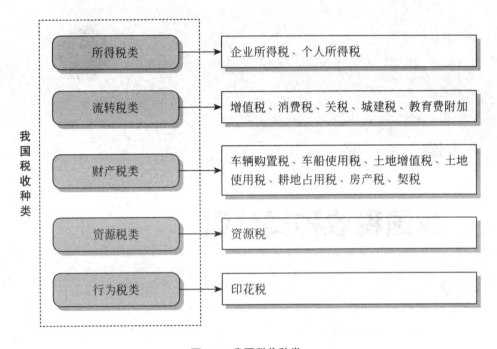

图1-1　我国税收种类

1.1 企业所得税

企业所得税是指对中华人民共和国境内的企业（居民企业及非居民企业）和其他取得收入的组织以其生产经营所得为课税对象所征收的一种所得税。

1.1.1 税率

企业所得税的基本税率是25%。2019年最新税率如表1-1所示。

表 1-1　2019年企业所得税最新税率

序号	企业	税率	政策依据
1	符合条件的小型微利企业（应纳税所得额减按50%计入）	20%	《中华人民共和国企业所得税法》第二十八条《国家税务总局关于实施小型微利企业普惠性所得税减免政策有关问题的公告》（国家税务总局公告2019年第2号）第一条、第二条
2	国家需要重点扶持的高新技术企业	15%	《中华人民共和国企业所得税法》第二十八条
3	经认定的技术先进型服务企业	15%	《财政部税务总局商务部科技部国家发展改革委关于将技术先进型服务企业所得税政策推广至全国实施的通知》（财税〔2017〕79号）第一条
4	横琴新区、平潭综合实验区和前海深港现代服务业合作区的鼓励类产业企业	15%	根据《财政部国家税务总局关于广东横琴新区福建平潭综合实验区深圳前海深港现代服务业合作区企业所得税优惠政策及优惠目录的通知》（财税〔2014〕26号）第一条
5	设在西部地区的鼓励类产业	15%	《国家税务总局关于执行〈西部地区鼓励类产业目录〉有关企业所得税问题的公告》（国家税务总局公告2015年第14号）第一条
6	集成电路线宽小于0.25微米或投资额超过80亿元的集成电路生产企业	15%	《财政部国家税务总局关于进一步鼓励软件产业和集成电路产业发展企业所得税政策的通知》（财税〔2012〕27号）第二条
7	自2019年1月1日起至2021年12月31日，对符合条件的从事污染防治的第三方企业	15%	《财政部税务总局国家发展改革委生态环境部关于从事污染防治的第三方企业所得税政策问题的公告》（财政部税务总局国家发展改革委生态环境部公告2019年第60号）第一条、第四条
8	国家规划布局内的重点软件企业和集成电路设计企业（当年未享受免税优惠的）	10%	《财政部国家税务总局关于进一步鼓励软件产业和集成电路产业发展企业所得税政策的通知》（财税〔2012〕27号）第四条
9	非居民企业取得企业所得税法第二十七条第（五）项规定的所得	10%	《中华人民共和国企业所得税法实施条例》第九十一条

> **特别提示**
>
> 小型微利企业是指从事国家非限制和禁止行业，且同时符合以下三个条件的企业。

> （1）年度应纳税所得额不超过300万元。
> （2）从业人数不超过300人。
> （3）资产总额不超过5 000万元。
> 无论查账征收方式或核定征收方式均可享受优惠。

1.1.2 企业所得税的征收方式

（1）两种征收方式。企业所得税的征收方式，分为两种，一是查账征收，另一是核定征收。具体如图1-2所示。

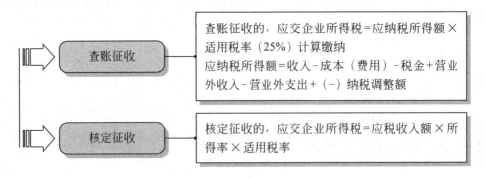

图1-2 企业所得税的征收方式

（2）征收方式的鉴定。企业所得税征收方式鉴定工作每年进行一次，时间为当年的1～3月底。当年新办企业应在领取税务登记证后3个月内鉴定完毕。企业所得税征收方式一经确定，一般在一个纳税年度内不做变更，但对鉴定为查账征收方式的纳税人，发现下列情形之一的，可随时调整为定额或定率征收方式征收企业所得税。

① 纳税人不据实申报纳税，不按规定提供有关财务资料接受税务检查的。
② 在税务检查中，发现有情节严重的违反税法规定行为的。

对鉴定为定额或定率征收方式的企业，如能积极改进财务管理，建立健全账簿，规范财务核算，正确计算盈亏，依法办理纳税申报，达到查账征收方式的企业标准的，在次年鉴定时，可予以升级，鉴定为查账征收方式征收企业所得税。

一般情况下，从税务成本的方面考虑，企业主营业务的净利润率，如果高于所属行业定率征收应税所得率，则实行定率较为有利，反之，则实行查账征收较为有利。部分行业购进商品很难取得进货发票或取得发票的成本太高，建议考虑采用定率征收。如何确定征收方式，必须结合企业的业务类型、业务量的大小、客户情况等综合考虑。

1.1.3 核定征收

（1）核定征收的范围。税务机关对具有图1-3所列情形之一的不能正确核算纳税所得的企业所得税纳税人采取核定征收方式征收企业所得税。

情形一　依照税收法律法规规定可以不设账簿的，或按照税收法律法规规定应设置但未设置账簿的

情形二　只能准确核算收入总额，或收入总额能够查实，但其成本费用支出不能准确核算的

情形三　只能准确核算成本费用支出，或成本费用支出能够查实，但其收入总额不能准确核算的

情形四　收入总额及成本费用支出均不能正确核算，不能向主管税务机关提供真实、准确、完整纳税资料，难以查实的

情形五　收入总额及成本费用支出均不能正确核算，不能向主管税务机关提供真实、准确、完整纳税资料，难以查实的

情形六　账目设置和核算虽然符合规定，但并未按规定保存有关账簿凭证及有关纳税资料的

情形七　发生纳税义务，未按照税收法律法规规定的期限纳税申报，经税务机关责令限期申报，逾期仍不申报的

图1-3　核定征收的情形

对年销售（营业）收入额在300万元（含300万元）以下具备上述情形二规定情形的纳税人或年成本费用总额在260万元（含260万元）以下具备上述情形三规定情形的纳税人，经税务机关审核后实行定率征收企业所得税的办法；对具备上述情形一、情形四、情形五、情形六之一的纳税人，无论收入多少，税务机关均可依照《暂行办法》中的规定和《征管法实施细则》第四十七条中提供的方

法对纳税人实行定额征收企业所得税。

（2）实行核定征收办法的纳税人应纳税额的确定可采用以下方法。

主管地税机关可采用如图1-4所示任何一种方法核定其应纳税额。

1. 参照当地同类行业和类似行业中经营规模和收入水平相近的纳税人的税负水平核定
2. 按照销售（营业）收入或者成本加合理的费用和利润的方法核定
3. 按照耗用的原材料、燃料、动力等推算或者测算核定
4. 按照其他合理方法核定

图1-4　主管地税机关核定的方法

采用上述所列一种方法不足以正确核定应纳税额时，可以同时采用两种以上的方法核定。

特别提示

纳税人对税务机关核定的应纳税额有异议的，应当提供相关证据，经税务机关认定后，调整应纳税额。

（3）计算方法。实行核定应税所得率征收办法的，应纳所得税额的计算公式如下。

$$应纳所得税额 = 应纳税所得额 \times 适用税率$$

$$应纳税所得额 = 收入总额 \times 应税所得率$$

或　　$$应纳税所得额 = 成本费用支出额 / (1 - 应税所得率) \times 应税所得率$$

特别提示

纳税人年度应纳所得税额或应税所得率一经核定，除发生下列情况外，一个纳税年度内一般不得调整。

（1）实行改组改制的。

（2）生产经营范围、主营业务发生特大变化的。

（3）因遭受风、火、水、电等人力不可抗拒灾害的。

（4）不得采用事前核定征收方式的条件。符合图1-5所列条件之一的纳税人，不得采用事前核定征收方式。

条件一　注册类型为股份有限公司、事业单位

条件二　增值税一般纳税人

条件三　从事房地产开发的纳税人、物业管理公司

条件四　中介机构，包括会计师事务所、审计师事务所、资产评估公司、税务师事务所、价格事务所、商标事务所、保险公估公司

条件五　工程监理公司、专业市场主办单位、公证处

条件六　按照营业税的相关规定，上一年度主营业务计税营业收入达到以下标准的纳税人：
（1）文化体育业、服务业（除饮食业外）：超过500万元
（2）服务业——饮食业：超过1 500万元
（3）建筑业：超过2 000万元

条件七　注册类型为社会团体、民办非企业单位，并且年应税收入总额超过500万元

图1-5　不得采用事前核定征收方式的条件

1.1.4　查账征收

建立健全账簿，规范财务核算，正确计算盈亏，依法办理纳税申报，达到查账征收方式的企业标准的，可申请企业所得税查账征收。

查账征收方式下应纳税额的计算如下。

(1) 季度预缴税额的计算。依照税法规定，企业分月（季）预缴所得税时，应当按季度的实际利润计算应纳税额预缴；按季度实际利润额计算应纳税额预缴有困难的，可以按上一年度应纳税所得额的1/4计算应纳税额预缴或者经主管国税机关认可的其他方法（如按年度计划利润额）计算应纳税额预缴。计算公式为：

季度预缴企业所得税税额＝月（季）应纳税所得额×适用税率

或者　季度预缴企业所得税税额＝上一年度应纳税所得额×1/12（或1/4）×适用税率

(2) 年度所得税额的计算。年度应缴纳的企业所得税和地方所得税都应当在分月（季）度预缴的基础上，于年度终了后进行清算，多退少补。其税额的计算公式为：

全年应纳企业所得税额＝全年应纳税所得额×适用税率

汇算清缴应补（退）企业所得税税额＝全年应纳企业所得税额－月（季）已预缴企业所得税税额

(3) 应纳税所得额的计算。税法规定，应纳税所得额的基本计算公式为：

应纳税所得额＝收入总额－准予扣除项目金额

在所得税的实际征管工作及企业的纳税申报中，应纳税所得额的计算，一般是以企业的会计利润总额为基础，通过纳税调整来确定的，即：

应纳税所得额＝利润总额＋纳税调整增加额－纳税调整减少额－以前年度亏损－免税所得

1.2　个人所得税

个人所得税是对在中国境内有住所，或者无住所而在中国境内居住满1年的个人，从中国境内和境外取得所得的，以及在中国境内无住所又不居住或者无住所而在境内居住不满1年的个人，从中国境内取得所得征收的一种税。自2011年9月1日起，中国内地个税免征额调至3 500元。

1.2.1　免征额

2019年个人所得税的免征额从3 500元提升到了5 000元，这也就意味着月工资在5 000元以下的人都不需要缴纳个人所得税了。如表1-2所示。

表1-2　2019年个人所得税免征额

组数	工资范围	免征额	税率
0	1～5 000	5 000	0
1	5 001～8 000	5 000	3%
2	8 001～17 000	5 000	10%
3	17 001～30 000	5 000	20%
4	30 001～40 000	5 000	25%
5	40 001～60 000	5 000	30%
6	60 001～85 000	5 000	35%
7	85 001～无限	5 000	45%

1.2.2　应纳税所得额

2019年的个人所得税税率表仍然划分为七级，其中前四级的应纳税所得额发生了变化，主要表现为前三档的级距有所提高，而税率没有发生改变。具体情况如下表1-3所示。

表1-3　2019年的个人所得税税率表

级数	全年应纳税所得额	税率	速算扣除数
1	不超过36 000元的部分	3%	0
2	超过36 000元至144 000元的部分	10%	2 520
3	超过144 000元至300 000元的部分	20%	16 920
4	超过300 000元至420 000元的部分	25%	31 920
5	超过420 000元至660 000元的部分	30%	52 920
6	超过660 000元至960 000元的部分	35%	85 920
7	超过960 000元的部分	45%	181 920

税率表使用的数据是应纳税所得额，而不是收入总额。

实例1-1 ▶▶▶

1月收入15 000元，扣除保险和税金、专项附加、其他税前扣除后，假定计算出应纳税所得额为3 000元，我们在税率表中找到3 000元的位置

(即：不超过36 000元），因此，1月适用3%的税率。

2~12月需要考虑累计预扣法，举例：

1~6月收入累计为20万元（不是到手金额，而是工资总额的累计），扣除保险和税金、专项附加、其他税前扣除后，假定计算出应纳税所得额为60 000元，适用10%的税率，在减去速算扣除数后，还要减去1~5月已缴纳的个税，才是6月的实际个税。

由于应纳税所得额的改变，速算扣除数也发生了一定的变化，往年的速算扣除数都是按月计算的，从2019年开始，速算扣除数就要按年计算了，当然我们也可以换算成每月的数额进行计算。速算扣除数是为了方便计算个税而衍生出来的一个名词，速算扣除数的计算公式如下所示。

本级速算扣除数＝上一级最高应纳税所得额×（本级税率－上一级税率）＋上一级速算扣除数

1.2.3 专项扣除项目

此外，2019年新加了一些专项扣除项目，主要包括子女教育支出、继续教育支出、大病医疗支出、住房租金支出、住房贷款利息支出、赡养老人支出六个项目，这些费用都会在税前扣除。

六项专项附加扣除中，租房和贷款利息只能两者选其一，所以说专项附加扣除最多为五项。

（1）子女教育。职工子女接受全日制学历教育的相关支出，按照每个子女每月1 000元的标准定额扣除。学历教育包括义务教育（小学、初中教育）、高中阶段教育（高中、职业、技工）、高等教育（专科、本科、硕士、博士）。

孩子满3周岁的月份即可扣除，父母可选择一个人扣，也可以各扣50%，扣除期间是从子女入学当月至毕业当月。

说明：民办教育可以扣除。

子女参加的自考不属于扣除范围。

中考、高考补习班具有学籍的属于扣除范围。

子女在放寒暑假期间，父母也可以扣除。

（2）继续教育

①学历、学位教育。职工有学历、学位教育，每个月400元定额扣除，一个学历阶段最长不超过4年，从入学的当月至毕业当月。

个人的本科及以下的学历教育，可以由本人扣，也可以由父母扣除（比如孩子上大学期间，父母每月合计可以扣除400元，也可以父母各扣除200元）。

关键点：每月扣400元，一个学历阶段最多可以扣四年。四年后再学一个学历，还可以继续扣。

② 技能人员职业资格教育（比如工程师证、律师证、会计师证等）。取得证书的当年，按照3 600元定额扣除，只扣一次。

说明：一年取了两个证，也只能扣一个3 600元。

（3）大病医疗。职工的医药费用支出扣除医保报销后个人负担累计超过15 000元的部分，在80 000元限额内当年据实扣除（收费票据留存备查）。

关键点：纳税人或其未成年子女发生的支出都可以扣除。

纳税人父母的不可以扣除。

（4）住房贷款利息或租金（两者只能选其一）

① 住房贷款。纳税人或配偶在中国境内购买住房，发生的首套住房贷款利息支出，在实际发生贷款利息的年度，按照每月1 000元的标准定额扣除，扣除期限最多20年。只能享受一次首套住房贷款的利息扣除。夫妻可以各扣50%，也可以由一方扣100%。

关键点：

a.是首套贷款，而不是首套房。比如，职工已有三套房（未贷款），第四套用贷款买，每月可以扣除利息1 000元。

b.不管利息多少钱，定额扣1 000元。

c.必须是本人或配偶住房贷款利息。父母的贷款、房产证写的孩子的名字，不可以扣除。

d.已网签并还利息，房本还没下来，可以扣除。

② 住房租金。纳税人在主要工作城市没有住房的，住房租金可以定额扣除（不管房租多少钱）。配偶在同一城市有住房的，视同于纳税人有住房。

直辖市、省会扣除标准为每月1 500元。太原（包括古交、清徐）扣除标准为1 500元。

市辖区户籍人口超过100万的城市，扣除标准为每月1 100元。

市辖区户籍人口不超过100万的城市，扣除标准为每月800元。

关键点：只需要合同，不需要提供发票。

租的小产权房、农村的住房，都可以扣。

夫妻双方主要工作城市相同的，只能由一方扣除住房租金支出（即不在同一城市工作的，双方都可以扣除）。

（5）赡养老人。纳税人的赡养老人支出，可以定额扣除。

被赡养人是指年满60岁的父母，以及子女均已去世的年满60岁的祖父母、外祖父母。

纳税人为独生子女的，每月按2 000元定额扣除。

非独生子女的，由其与兄弟姐妹分摊每月2 000元的扣除额度，每人分摊的额度不能超过每月1 000元。可以约定分摊，也可以由被赡养人指定分摊。

说明：非独生子女，无论如何指定分摊，不得超过1 000元。即非独生子女扣除标准不可以为2 000元。

扣除标准是1 000元还是2 000元与被赡养老人的人数无关。

根据《个人所得税专项附加扣除操作办法》第二十九条规定，纳税人应当如实填报专项附加扣除信息，凡存在报送虚假信息、重复享受、超范围或标准、拒不提供留存备查资料的情况，情形严重的纳入有关信用信息系统，并按照国家有关规定实施联合惩戒，涉及违反税收征管法等法律法规的，税务机关依法进行处理（纳税人需准确、如实填报，并将相关资料留存备查，违反规定的，由纳税人本人承担责任）。

实例1-2 ▶▶▶

小张应领工资9 000元，社会保险支出1 300元。专项附加扣除信息如下：小张本人是独生子女，父母均超过60周岁；有两个孩子上小学；还有使用首套贷款购买的房子；正在读成人函授本科。

小张这个月专项附加扣除的金额分别如下。

（1）独生子女赡养老人每月可以扣除2 000元。

（2）两个孩子上小学，一个孩子可以扣除1 000元，两个孩子可以扣除2 000元。

（3）使用首套贷款购买的房子，可以扣除1 000元。

（4）读成人函授本科，每个月可以扣除400元。

小张以上四项的专项附加扣除，可以扣除5 400元。

小张的应领工资9 000元，扣除社保支出1 300元，扣除起征点5 000元，再减专项附加扣除5 400元，小张应该交税的工资为负数，完全不用交税。

通过以上举例说明，实行专项附加扣除后，小张月应领工资9 000元不用交税。通常情况下，六项专项附加扣除每个项目职工不一定都能享受到，但一般情形下，职工年应领工资十万元基本上不用交税。

通常情况下，如果职工的月平均应领工资在6 000元以下，扣除社保和起征点后不够交税标准，可以不进行专项附加扣除信息的填报。

1.2.4 个人所得税累计预扣法

个人所得税累计预扣法是指：扣缴义务人在一个纳税年度内，以截至当前月份累计支付的工资薪金所得收入额减除累计基本减除费用、累计专项扣除、累计专项附加扣除和依法确定的累计其他扣除后的余额为预缴应纳税所得额；按照综合所得税率表，计算出累计应预扣预缴税额，减除已预扣预缴税额后的余额，作为本期应预扣预缴税额。为什么要实行按年累计预扣预缴法？之所以要实行个税累计预扣，是因为税务局要把子女教育、继续教育、大病医疗、住房贷款、住房租金、赡养老人这六项专项，甚至将来的更多项目作为个人所得税专项附加扣除，为符合这些条件的人进行税收"减负"。假设继续沿用按月独立计算预扣预缴个人所得税，个人的收入如果存在较大的波动，必然会有收入较高月份适用税率高于按照全年所得确认的税率，这时候可能就要办理退税，办理汇算清缴。而新的累计预扣规则，按照年所得对应的税率进行预扣预缴，除非出现比较极端情况，不然可以大大减少办理汇算清缴的概率。但当然实施累计预扣法，也会出现退税的情况，我将某个人的工资进行了税额计算，得到如表1-4的结果：前三个月的应纳税额正常，从4月份开始，税额就为负数了，这是因为工资，扣除5 000元、专项扣除及专项附加扣除后的余额为负数，这时累计应纳税所得额就会小于1～3月的累计应纳税所得额。

表1-4 某人工资税额表

月份	工资	五险一金	专项扣除	起征点	应纳税所得额	纳税	累计应纳税额
1	20 000	1 550	2 000	5 000	11 450	343.5	
2	30 000	1 550	2 000	5 000	32 900	643.5	987
3	130 000	1 550	2 000	5 000	154 350	12 963	13 950
4	5 000	1 550	2 000	5 000	150 800	−710	13 240
5	5 000	1 550	2 000	5 000	147 250	−710	12 530
6	5 000	1 550	2 000	5 000	143 700	−680	11 850
	195 000	9 300	12 000	30 000			
7	5 000	1 550	2 000	5 000	140 150	−355	11 495
	200 000	10 850	14 000	35 000			
8	5 000	1 550	2 000	5 000	136 600	−355	11 140
	205 000	12 400	16 000	40 000			
9	5 000	1 550	2 000	5 000	133 050	−355	10 785

续表

月份	工资	五险一金	专项扣除	起征点	应纳税所得额	纳税	累计应纳税额
	210 000	13 950	18 000	45 000			
10	5 000	1 550	2 000	5 000	129 500	−355	10 430
	215 000	15 500	20 000	50 000			
11	5 000	1 550	2 000	5 000	129 500	−355	10 075
	220 000	17 050	22 000	55 000			
12	5 000	1 550	2 000	5 000	122 400	−355	9 720
	225 000	18 600	24 000	60 000			
全年应纳税所得额						9 720	

如果出现累计应纳税额小于累计已预缴税额的情形，暂不办理退税，将在次年3月至6月的汇算清缴期办理退税。

1.2.5 个人所得税纳税期限

（1）每月应纳的税款，都应当在次月15日内缴入国库。

（2）个体工商户的生产经营所得应纳的税款，按年计算，分月预缴，由纳税义务人在次月15日内预缴，年度终了后3个月内汇算清缴，多退少补。

（3）从中国境外取得所得的纳税义务人，应当在年度终了后30日内，将应纳税款缴入国库，并向税务机关报送纳税申报表。

1.3 增值税

增值税是对销售货物或者提供加工、修理修配劳务以及进口货物的单位和个人就其实现的增值额征收的一个税种。

1.3.1 增值税的征税范围

增值税的征税范围包括销售（包括进口）货物、提供加工及修理修配劳务、提供应税服务，见表1-5。

表1-5 增值税的征税范围

应税范围	目录	子目
销售货物、进口货物		
加工、修理修配劳务	加工劳务	
	修理、修配劳务	
部分现代服务业	研发和技术服务	包括研发服务、技术转让服务、技术咨询服务、合同能源管理服务、工程勘察勘探服务
	信息技术服务	包括软件服务、电路设计及测试服务、信息系统服务、业务流程管理服务
	文化创意服务	包括设计服务、商标著作权转让服务、知识产权服务、广告服务、会议展览服务
	物流辅助服务	包括航空服务、港口码头服务、货运客运场站服务、打捞救助服务、货物运输代理服务、代理报关服务、仓储服务、装卸搬运服务
	有形动产租赁服务	包括有形动产融资租赁、有形动产经营性租赁
	鉴证咨询服务	包括认证、鉴证、咨询服务
	广播影视服务	包括广播影视节目（作品）制作服务、发行、播映服务
交通运输业	包括陆路运输服务、水路运输服务、航空运输服务、管道运输服务、铁路运输服务	
邮政通信业	包括邮政业、电信业	

1.3.2 增值税的税率和征税率

2019年4月1日前增值税有5档，分别为：16%、13%、10%、6%、0，降低税率后，变成了4档：13%、9%、6%、0。2019年4月1日以后的增值税税率见表1-6。

表1-6 2019年4月1日后的增值税税率

序号	应税行业	税率
1	小规模纳税人	3%
2	销售货物、加工、修理修配劳务	13%
3	销售或进口货物中的低税率	9%
4	出口货物	0

续表

序号	应税行业	税率
5	交通运输服务	9%
6	邮政服务	9%
7	建筑服务	9%
8	销售不动产	9%
9	销售无形资产：6%（其中：转让土地使用权9%）	9% 6%
10	电信服务：6%（其中：基础电话服务9%）	9% 6%
11	金融服务	6%
12	生活服务	6%
13	现代服务：6%（其中：有形动产租赁服务13%、不动产租赁服务9%）	6%

（1）原增值税适用16%的税率降为13%。主要范围有：销售或进口货物，提供加工、修理、修配劳务，提供有形动产租赁服务。其中销售或进口货物中的：粮食、自来水、图书、饲料等从13%降为9%。2019年4月1日后的税率变化见表1-7所示。

表1-7　2019年4月1日后的税率变化

序号	应税行业	税率
一	销售货物、加工、修理修配劳务	13%
1	销售或进口货物（除适用9%的货物外）	13%
2	提供加工、修理、修配劳务	13%
3	提供有形动产租赁服务	13%
二	销售或进口货物中的低税率：9%	9%
1	粮食、食用植物油	9%
2	自来水、暖气、冷气、热水、煤气、石油液化气、天然气、沼气、居民用煤炭制品	9%
3	图书、报纸、杂志	9%
4	饲料、化肥、农药、农机、农膜、农业产品	9%
5	国务院规定的其他货物	9%

（2）原10%降为9%。原增值税适用10%的税率降为9%，主要范围有：交通运输服务、邮政服务、建筑服务、销售不动产。

（3）原6%保持不变。原增值税适用6%的税率保持不变，主要范围有：销售无形资产、电信服务、金融服务、生活服务、现代服务。

(4）小规模征收率不变。增值税税率是针对一般纳税人的，也就是说此次降税主要是针对一般纳税人，小规模3%的征收率还是保持不变的。

1.3.3 增值税的纳税期限

纳税人销售货物、提供应税劳务、提供应税服务以一个月或者一个季度为一期纳税的，自期满之日起15日内申报纳税；以1日、3日、5日、10日或15日为一期纳税的，自期满之日起5日内预缴税款，次月1日起15日内申报纳税并结清上月应纳税款。

纳税人进口货物的，应当自海关填发海关进口增值税专用缴款书之日起15日内缴纳税款。纳税人出口货物适用退（免）税规定的，应当向海关办理出口手续，凭出口报关单等有关凭证，在规定的出口退（免）税申报期内按月向主管税务机关申报办理该项出口货物的退（免）税。

1.3.4 小微企业免征增值税

《国家税务总局关于小规模纳税人免征增值税政策有关征管问题的公告》（国家税务总局公告2019年第4号）第一条规定，自2019年1月1日起，小规模纳税人发生增值税应税销售行为，合计月销售额未超过10万元（以1个季度为1个纳税期的，季度销售额未超过30万元）的，免征增值税。

1.4 消费税

消费税是以消费品的流转额作为课税对象的各种税收的统称。消费税是在对货物普遍征收增值税的基础上，选择少数消费品再征收的一个税种。主要是为了调节产品结构，引导消费方向，保证国家财政收入。

1.4.1 消费税的征收范围

消费税的征收范围包括了以下五种类型的产品。

第一类：一些过度消费会对人类健康、社会秩序、生态环境等方面造成危害的特殊消费品，如烟、酒、鞭炮、焰火等。

第二类：奢侈品、非生活必需品，如贵重首饰、化妆品等。

第三类：高能耗及高档消费品，如小轿车、摩托车等。

第四类：不可再生和替代的石油类消费品，如汽油、柴油等。

第五类：具有一定财政意义的产品，如护肤护发品等。

1.4.2 消费税的税目和税率

消费税的税目及税率见表1-8。

表1-8 消费税的税目及税率

税目	税率	
一、烟		
1. 卷烟		
（1）甲类卷烟［调拨价70元（不含增值税）/条以上（含70元）］	56%加0.003元/支 生产环节	（1）自2009年5月1日起，对在中华人民共和国境内从事卷烟批发业务的单位和个人，在卷烟批发环节加征一道从价税，适用税率5% （2）2015年5月10日起，将卷烟批发环节从价税税率由5%提高至11%，并按0.005元/支加征从量税
（2）乙类卷烟［调拨价70元（不含增值税）/条以下］	36%加0.003元/支 生产环节	
商业批发	11%加0.005元/支 批发环节	
2. 雪茄	36%	
3. 烟丝	30%	
二、酒		（1）2014年12月1日起，酒精不再征收消费税 （2）甲类啤酒，指每吨出厂价（含包装物及包装物押金）≥3 000元（不含增值税）；乙类啤酒是指每吨出厂价（含包装物及包装物押金）<3 000元 （3）包装物押金不包括重复用的塑料周转箱的押金 （4）果啤属于啤酒，按啤酒征收消费税 （5）对饮食业、商业、娱乐业举办的啤酒屋（啤酒坊）利用啤酒生产设备生产的啤酒应当征收消费税 （6）新增：葡萄酒，属于"其他酒"子目
1. 白酒	20%加0.5元/500克（或者500毫升）	
2. 黄酒	240元/吨	
3. 啤酒		
（1）甲类啤酒	250元/吨	
（2）乙类啤酒	220元/吨	
4. 其他酒	10%	

续表

税目	税率	
三、高档化妆品	15%	（1）2016年10月1日起，取消对普通美容、修饰类化妆品征收消费税，将"化妆品"税目名称更名为"高档化妆品"。征收范围包括高档美容、修饰类化妆品、高档护肤类化妆品和成套化妆品。税率由原先的30%调整为15% （2）高档美容、修饰类化妆品和高档护肤类化妆品是指生产（进口）环节销售（完税）价格（不含增值税）在10元/毫升（克）或15元/片（张）及以上的美容、修饰类化妆品和护肤类化妆品 （3）高档化妆品中不包括：舞台、戏剧、影视演员化妆用的上妆油、卸妆油、油彩
四、贵重首饰及珠宝玉石		
1. 金银首饰、铂金首饰和钻石及钻石饰品	5% （零售环节纳税）	出国人员免税商店销售的金银首饰征收消费税
2. 其他贵重首饰和珠宝玉石	10%	
五、鞭炮、焰火	15%	不包括体育上用的发令纸、鞭炮药引线
六、成品油		
1. 汽油	1.52元/升	（1）航空煤油的消费税暂缓征收 （2）变压器油、导热类油等绝缘油类产品不属于润滑油，不征收消费税 （3）取消汽车轮胎的消费税
2. 石脑油	1.52元/升	
3. 溶剂油	1.52元/升	
4. 润滑油	1.52元/升	
5. 柴油	1.2元/升	
6. 航空煤油	1.2元/升	
7. 燃料油	1.2元/升	
七、摩托车		
1. 气缸容量（排气量，下同）250毫升	3%	取消气缸容量250毫升（不含）以下的小排量摩托车消费税
2. 气缸容量在250毫升以上的	10%	

续表

税目	税率	
八、小汽车		
1.乘用车		
（1）气缸容量（排气量，下同）在1.0升（含1.0升）以下的	1%	（1）排量小于1.5升（含）的乘用车底盘（车架）改装、改制的属于乘用车；大于1.5升的乘用车底盘（车架）或用中轻型商用客车底盘（车架）改装、改制的属于中轻型商用客车 （2）不包括：电动汽车；车身长度≥7米，并且座位10～23座（含）以下的商用客车；沙滩车、雪地车、卡丁车、高尔夫车 （3）"小汽车"税目下增设"超豪华小汽车"子税目。征收范围为每辆零售价格130万元（不含增值税）及以上的乘用车和中轻型商用客车，即乘用车和中轻型商用客车子税目中的超豪华小汽车。对超豪华小汽车，在生产（进口）环节按现行税率征收消费税基础上，在零售环节加征消费税，税率为10%
（2）气缸容量在1.0升以上至1.5升（含1.5升）的	3%	
（3）气缸容量在1.5升以上至2.0升（含2.0升）的	5%	
（4）气缸容量在2.0升以上至2.5升（含2.5升）的	9%	
（5）气缸容量在2.5升以上至3.0升（含3.0升）的	12%	
（6）气缸容量在3.0升以上至4.0升（含4.0升）的	25%	
（7）气缸容量在4.0升以上的	40%	
2.中轻型商用客车	5%	
3.超豪华小汽车［零售价格130万元（不含增值税）及以上的乘用车和中轻型商用客车］	10%（零售环节）	
九、高尔夫球及球具	10%	高尔夫球及球具范围包括高尔夫球、高尔夫球杆及高尔夫球包（袋）等。高尔夫球杆的杆头、杆身和握把属于本税目的征收范围
十、高档手表	20%	高档手表，每只不含增值税销售价格≥10 000元
十一、游艇	10%	游艇，8米≤长度≤90米，内置发动机，可以在水上移动，一般为私人或团体购置，主要用于水上运动和休闲娱乐等非牟利活动的各类机动艇
十二、木制一次性筷子	5%	
十三、实木地板	5%	

续表

税目	税率	
十四、电池	4%	对无汞原电池、金属氢化物镍蓄电池（又称"氢镍蓄电池"或"镍氢蓄电池"）、锂原电池、锂离子蓄电池、太阳能电池、燃料电池和全钒液流电池免征消费税。2015年12月31日前对铅蓄电池缓征消费税；自2016年1月1日起，对铅蓄电池按4%税率征收消费税
十五、涂料	4%	对施工状态下挥发性有机物含量低于420克/升（含）的涂料免征消费税

1.4.3 消费税的计税方法

（1）从价计税时应纳税额＝应税消费品销售额×适用税率。

（2）从量计税时应纳税额＝应税消费品销售数量×适用税额标准计税方法。

（3）自产自用应税消费品用于连续生产应税消费品的，不纳税；用于其他方面的，有同类消费品销售价格的，按照纳税人生产的同类消费品销售价格计算纳税，没有同类消费品销售价格的，按组成计税价格计算纳税。

$$组成计税价格＝（成本＋利润）\div（1-消费税税率）$$

$$应纳税额＝组成计税价格 \times 适用税率$$

（4）委托加工应税消费品的由受托方交货时代扣代缴消费税。按照受托方的同类消费品销售价格计算纳税，没有同类消费品销售价格的，按组成计税价格计算纳税。

$$组成计税价格＝（材料成本＋加工费）\div（1-消费税税率）$$

$$应纳税额＝组成计税价格 \times 适用税率$$

（5）进口应税消费品，按照组成计税价格计算纳税。

$$组成计税价格＝（关税完税价格＋关税）\div（1-消费税税率）$$

$$应纳税额＝组成计税价格 \times 消费税税率$$

（6）零售金银首饰的纳税人在计税时，应将含税的销售额换算为不含增值税税额的销售额。

$$金银首饰的应税销售额＝含增值税的销售额\div（1+增值税税率或征收率）$$

对于生产、批发、零售单位用于馈赠、赞助、集资、广告、样品、职工福利、奖励等方面或未分别核算销售的按照组成计税价格计算纳税。

组成计税价格=购进原价×（1+利润率）÷（1-金银首饰消费税税率）

应纳税额=组成计税价格×金银首饰消费税税率

1.4.4 消费税的纳税环节

消费税只是在消费品生产、流通或消费的某一环节一次性征收，而不是在消费品生产、流通和消费的每一个环节征收。消费税的纳税环节，是应税消费品在流转过程中应当缴纳税款的环节。根据条例规定，具体有图1-6所示的四种情况。

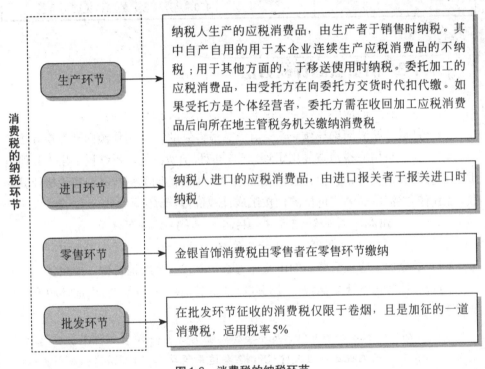

图1-6 消费税的纳税环节

1.5 关税

关税是指进出口商品在经过一国关境时，由政府设置的海关向进出口国所征收的税收。

1.5.1 关税的征税基础与应纳税额计算

关税的征税基础是关税完税价格。进口货物以海关审定的成交价值为基础的到岸价格为关税完税价格；出口货物以该货物销售与境外的离岸价格减去出口税后，经过海关审查确定的价格为完税价格。

关税应纳税额的计算公式为：

$$应纳税额 = 关税完税价格 \times 适用税率$$

1.5.2 征收方法

从价关税：依照进出口货物的价格作为标准征收关税。

$$从价税额 = 商品总价 \times 从价税率$$

从量关税：依照进出口货物数量的计量单位（如"吨""箱""百个"等）征收定量关税。

$$从量税额 = 商品数量 \times 每单位从量税$$

混合关税：依各种需要对进出口货物进行从价、从量的混合征税。

选择关税：指对同一种货物在税则中规定有从量、从价两种关税税率，在征税时选择其中征税额较多的一种关税，也可选择税额较少的一种为计税标准计征。

滑准税：关税税率随着进口商品价格由高到低而由低到高设置的税。

1.5.3 纳税方式

通常的关税纳税方式是由接受按进（出）口货物正式进（出）口的通关手续申报的海关逐票计算应征关税并填发关税缴款书，由纳税人凭此向海关或指定的银行办理税款交付或转账入库手续后，海关（凭银行回执联）办理结关放行手续。征税手续在前，结关放行手续在后，有利于税款及时入库，防止拖欠税款。因此，各国海关都以这种方式作为基本纳税方式。

1.5.4 税款计算

（1）从价关税。从价关税是按进出口货物的价格为标准计征关税。这里的价格不是指成交价格，而是指进出口商品的完税价格。因此，按从价税计算关税，首先要确定货物的完税价格。从价关税额的计算公式如下：

$$应纳税额 = 应税进出口货物数量 \times 单位完税价格 \times 适用税率$$

（2）从量关税。从量关税是依据商品的数量、重量、容量、长度和面积等计量单位为标准来征收关税。它的特点是不因商品价格的涨落而改变税额，计算比较简单。从量关税额的计算公式如下：

$$应纳税额 = 应税进口货物数量 \times 关税单位税额$$

（3）复合税。复合税亦称混合税。它是对进口商品既征从量关税又征从价关税的一种办法。一般以从量为主，再加征从价税。混合税额的计算公式如下：

$$应纳税额 = 应税进口货物数量 \times 关税单位税额 + 应税进口货物数量 \times 单位完税价格 \times 适用税率$$

（4）滑准税。滑准税是指关税的税率随着进口商品价格的变动而反方向变动的一种税率形式，即价格越高，税率越低，税率为比例税率。因此，实行滑准税率，进口商品应纳关税税额的计算方法，与从价税的计算方法相同。其计算公式如下：

$$滑准税应纳税额 = 进出货量 \times 单位完价 \times 滑准率$$

（5）特别关税。特别关税的计算公式如下：

$$特别关税 = 关税完税价格 \times 特别关税税率$$

$$进口环节消费税 = 进口环节消费税完税价格 \times 进口环节消费税税率$$

$$进口环节消费税完税价格 = \frac{关税完税价格 + 关税 + 特别关税}{1 - 进口环节消费税税率}$$

$$进口环节增值税 = 进口环节增值税完税价格 \times 进口环节增值税税率$$

$$进口环节增值税完税价格 = 关税完税价格 + 关税 + 特别关税 + 进口环节消费税$$

1.6 城市维护建设税

城市维护建设税，简称城建税，是以纳税人实际缴纳的增值税、消费税的税额为计税依据，依法计征的一种税，分别与增值税、消费税同时缴纳。

1.6.1 城市维护建设税税率

城市维护建设税税率见表1-9。

表1-9 城市维护建设税税率

序号	所在区域	税率
1	纳税人所在地在市区的	7%
2	纳税人所在地在县城、镇的	5%
3	纳税人所在地不在市区、县城或镇的	1%

1.6.2 税额计算

城市维护建设税应纳税额的计算比较简单，计税方法基本上与"二税"一致，其计算公式为：

$$应纳税额=（实际缴纳增值税+消费税）×适用税率$$

实行免抵退的生产企业的城建税计算公式应为：

$$应纳税额=（增值税应纳税额+当期免抵税额+消费税）×适用税率$$

1.6.3 城市维护建设税的征免规定

（1）对出口产品退还增值税、消费税的，不退还已缴纳的城市维护建设税。
（2）海关对进口产品代征的增值税、消费税，不征收城市维护建设税。
（3）对"二税"实行先征后返、先征后退、即征即退办法的，除另有规定外，对随"二税"附征的城市维护建设税，一律不予退（返）还。

1.6.4 税额减免

城建税以"二税"的实缴税额为计税依据征收，一般不规定减免税，但对下列情况可免征城建税。

（1）海关对进口产品代征的流转税，免征城建税。
（2）从1994年起，对三峡工程建设基金，免征城建税。
（3）2010年12月1日前，对中外合资企业和外资企业暂不征收城建税。2010年12月1日以后，根据2010年10月18日颁布的《国务院关于统一内外资企业和个人城市维护建设税和教育费附加制度的通知》，外商投资企业、外国企业及外籍个人适用国务院1985年发布的《中华人民共和国城市维护建设税暂行条例》和1986年发布的《征收教育费附加的暂行规定》。

> **特别提示**
>
> 出口产品退还增值税、消费税的,不退还已缴纳的城建税;"二税"先征后返、先征后退、即征即退的,不退还城建税。

1.6.5 征收方式

(1)城市维护建设税的纳税期限和纳税地点。按照规定,城市维护建设税应当与"二税"同时缴纳,自然其纳税期限和纳税地点也与"二税"相同。比如,某施工企业所在地在A市,而本期它在B市承包工程,按规定应当就其工程结算收入在B市缴纳增值税,相应地,也应当在B市缴纳与增值税相应的城市维护建设税。

(2)预缴税款。对于按规定以1日、3日、5日、10日、15日为一期缴纳"三税"的纳税人,应在按规定预缴"二税"的同时,预缴相应的城市维护建设税。

(3)纳税申报。企业应当于月度终了后在进行"二税"申报的同时,进行城市维护建设税的纳税申报。

(4)税款缴纳。对于以一个月为一期缴纳"二税"的施工企业,应当在缴纳当月全部"二税"税额时,同时按照纳税申报表确定的应纳税额全额缴纳城市维护建设税。

1.7 教育费附加

教育费附加是指对纳税人交纳的增值税、消费税附加征收的一种税。

教育费附加以纳税人实际缴纳的增值税、消费税税额为计税依据,分别与增值税、消费税同时缴纳。适用费率为3%。

1.7.1 征费范围

征费范围同增值税、消费税的征收范围相同。

1.7.2 费额计算

（1）税率。教育费附加分别按照7%、5%、1%三档税率征收，教育费附加目前统一按3%的比率征收。

（2）计费依据。以纳税人实际缴纳的增值税、消费税的税额为计费依据。

（3）计算公式为：

$$应纳教育费附加=（实际缴纳的增值税+消费税）\times 3\%$$

1.7.3 征收管理

纳费人申报缴纳增值税、消费税的同时，申报、缴纳教育费附加。

1.8 车辆购置税

车辆购置税是对在我国境内购置规定车辆的单位和个人征收的一种税，它由车辆购置附加费演变而来。就其性质而言，属于直接税的范畴。

2018年12月29日，第十三届全国人民代表大会常务委员会第七次会议通过《中华人民共和国车辆购置税法》，规定车辆购置税的税率为10%，自2019年7月1日起施行。同时，从7月1日起，纳税人办理车辆购置税征税或免税手续后，到公安机关交通管理部门办理车辆注册登记，不再使用纸质车辆购置税完税证明。

1.8.1 征税范围

征税范围即由过去的五类变为汽车、有轨电车、汽车挂车、排气量超过150毫升的摩托车四类。

1.8.2 免税范围

免税范围由原三类免税、减税车辆修改为以下五类。

（1）外国驻华使馆、领事馆和国际组织驻华机构及其他有关人员自用的车辆。

（2）中国人民解放军和中国人民武装警察部队列入装备订货计划的车辆。

（3）悬挂应急救援专用号牌的国家综合性消防救援车辆。
（4）设有固定装置的非运输专用作业车辆。
（5）城市公交企业购置的公共汽电车辆。

上述五类车辆免征车辆购置税，但不包括新能源车辆。

> **特别提示**
>
> 新能源车辆虽然不在车辆购置税法的免征车辆购置税之列，但是它有其他优惠政策，比如多个部门关于免征新能源汽车车辆购置税的公告，购买新能源车辆从2018年1月1日至2020年12月31日都可以免征车辆购置税。因此，国家没有公布停止免征新能源汽车车辆购置税，那么需要按照关于免征新能源汽车车辆购置税公告的规定继续执行。

1.8.3 计税价格与依据

（1）取消最低计税价格。如果申报计税价格明显偏低，又无正当理由的，由税务机关依规核定其应纳税额。

（2）"价外费用"不作为计税依据。购买自用应税车辆的计税价格为实际支付给销售者的全部价款，不包括增值税税款。

1.8.4 退税条款

已征税的车辆退回生产企业或者销售企业的，可以申请退税。纳税人向原征收机关申请退税时，应当如实填报《车辆购置税退税申请表》，提供纳税人身份证明，并区别不同情形提供相关资料。

（1）车辆退回生产企业或者销售企业的，提供生产企业或者销售企业开具的退车证明和退车发票。

（2）其他依据法律法规规定应当退税的，根据具体情形提供相关资料。

1.8.5 汽车购置税的计算

汽车购置税税率是10%。汽车购置税的计算公式为：

$$应纳税额 = 计税价格 \times 税率$$

如果低于国税总局颁布的最低计税价格则按国税总局规定的最低计税价格计征。

（1）购买自用汽车的计税价格，是指实际支付给销售者的全部价款，不包括增值税税款。

（2）购买进口自用汽车的计税价格，是关税完税价格加上关税和消费税。

（3）自产自用车辆的计税价格，是按照生产同类应税车辆的销售价格确定的，不包括增值税款。

（4）通过受赠、获奖或其他方式获得自用汽车的计税价格，按照购置车辆相关凭证载明的价格确定，不包括增值税税款。

车辆购置税的纳税义务发生时间为纳税人购置应税车辆的当日。纳税人应当自纳税义务发生之日起六十日内申报缴纳车辆购置税。

1.9 车船使用税

车船使用税是对在中华人民共和国境内，车辆、船舶（以下简称车船）的所有人或者管理人，按照其种类（如机动车辆、非机动车辆、载人汽车、载货汽车等）、吨位和规定的税额计算征收的一种使用行为税。

1.9.1 车船使用税的征税范围

凡在我国境内公共道路或航道上行驶的车船，除规定免税者外，都属于车船使用税的征税范围。其中：车辆，包括机动车和非机动车。机动车包括乘人汽车和电车、载货汽车、二轮摩托车、三轮摩托车；非机动车包括人力车、畜力车和自行车等。船舶，包括机动船和非机动船。机动船包括客船、货船、拖船、气垫船、机帆船等有动力机械设备的船舶；非机动船包括木帆船、驳船、非机动渡船等没有动力机械设备的船舶。

哪些车可以免征车船使用税

《中华人民共和国车船税法》（2019年4月23日修正）规定：

第三条 下列车船免征车船税

> （一）捕捞、养殖渔船；
> （二）军队、武装警察部队专用的车船；
> （三）警用车船；
> （四）悬挂应急救援专用号牌的国家综合性消防救援车辆和国家综合性消防救援专用船舶。
>
> 第四条 对节约能源、使用新能源的车船可以减征或者免征车船税；对受严重自然灾害影响纳税困难以及有其他特殊原因确需减税、免税的，可以减征或者免征车船税。具体办法由国务院规定，并报全国人民代表大会常务委员会备案。
>
> 第五条 省、自治区、直辖市人民政府根据当地实际情况，可以对公共交通车船，农村居民拥有并主要在农村地区使用的摩托车、三轮汽车和低速载货汽车定期减征或者免征车船税。

1.9.2 车船使用税的税率

《中华人民共和国车船税法》（2019年4月23日修正）对车船使用税的税率确定了一个范围，具体征收由地方政府自定，但是不能超出范围。企业在计算车船税率时要查询所在地政府的规定，见表1-10。

表1-10 车船税税目税额表

项目	税目	计税单位	年基准税额	备注
乘用车[按发动机汽缸容量（排气量）分档]	1.0升（含）以下的	每辆	60～360元	核定载客人数9人（含）以下
	1.0升以上至1.6升（含）的		300～540元	
	1.6升以上至2.0升（含）的		360～660元	
	2.0升以上至2.5升（含）的		660～1 200元	
	2.5升以上至3.0升（含）的		1 200～2 400元	
	3.0升以上至4.0升（含）的		2 400～3 600元	
	4.0升以上的		3 600～5 400元	
商用车	客车	每辆	480～1 440元	核定载客人数9人以下，包括电车

续表

项目	税目	计税单位	年基准税额	备注
商用车	货车	整备质量每吨	16～120元	包括半挂牵引车、三轮汽车和低速载货汽车等
挂车		整备质量每吨	按照货车税额的50%计算	
其他车辆	专用作业车	整备质量每吨	16～120元	不包括拖拉机
	轮式专用机械车		16～120元	
摩托车		每辆	36～180元	
船舶	机动船舶	净吨位每吨	3～6元	拖船、非机动驳船分别按照机动船舶税额的50%计算
	游艇	艇身长度每米	600～2 000元	

1.9.3 车船税的适用税额计算方法

车船税的适用税额计算方法如下。

（1）对车辆净吨位尾数在半吨以下的按半吨计算，超过半吨的按1吨计算。

（2）从事运输业务的拖拉机所挂的拖车，均按载重汽车的净吨位的50%计征车船使用税。

（3）机动车挂车，按照货车税额的50%计算。

（4）客货两用汽车，按载货汽车的计税单位和税额标准计征车船税。

（5）船舶不论净吨位或载重吨位，其尾数在半吨以下的不计算，超过半吨的按1吨计算。

（6）不及1吨的小型船只，一律按1吨计算。

（7）拖轮计算标准可按每马力折合净吨位的5折计算。

（8）拖船、非机动驳船分别按照机动船舶税额的50%计算。

> **特别提示**
>
> 车船税是每年都需要缴纳的，只要符合车船税缴纳标准的纳税人，每年需要缴纳一次车船税。在一个纳税年度内，已完税的车船被盗抢、报废、灭失的，纳税人可以凭有关管理机关出具的证明和完税凭证，向纳税所在地的主管税务机关申请退还自被盗抢、报废、灭失月份起至该纳税年度终了期间的税款。
>
> 已办理退税的被盗抢车船失而复得的，纳税人应当从公安机关出具相关证明的当月起计算缴纳车船税。

1.10 土地增值税

土地增值税是对土地使用权转让及出售建筑物时所产生的价格增值量征收的税种。土地价格增值额是指转让房地产取得的收入减除规定的房地产开发成本、费用等支出后的余额。

1.10.1 土地增值税税率

土地增值税是以转让房地产取得的收入，减除法定扣除项目金额后的增值额作为计税依据，并按照四级超率累进税率进行征收，见表1-11。

表1-11 土地增值税税率表

级数	计税依据	适用税率	速算扣除率
1	增值额未超过扣除项目金额50%的部分	30%	0
2	增值额超过扣除项目金额50%，未超过扣除项目金额100%的部分	40%	5%
3	增值额超过扣除项目金额100%，未超过扣除项目金额200%的部分	50%	15%
4	增值额超过扣除项目金额200%的部分	60%	35%

注：房地产企业建设普通住宅出售的，增值额未超过扣除金额20%的，免征土地增值税。

1.10.2 土地增值税计算方法

土地增值税计算公式如下所示。

$$应纳土地增值税=增值额×税率$$

公式中的"增值额"为纳税人转让房地产所取得的收入减除扣除项目金额后的余额。

纳税人转让房地产所取得的收入,包括货币收入、实物收入和其他收入。

计算增值额的扣除项目:① 取得土地使用权所支付的金额;② 开发土地的成本、费用;③ 新建房及配套设施的成本、费用,或者旧房及建筑物的评估价格;④ 与转让房地产有关的税金;⑤ 财政部规定的其他扣除项目。

纳税人计算土地增值税时,也可用下列简便算法计算土地增值税税额,可按增值额乘以适用的税率减去扣除项目金额乘以速算扣除系数的简便方法计算,具体公式如下。

(1)增值额未超过扣除项目金额50%

$$土地增值税税额=增值额×30\%$$

(2)增值额超过扣除项目金额50%,未超过100%

$$土地增值税税额=增值额×40\%-扣除项目金额×5\%$$

(3)增值额超过扣除项目金额100%,未超过200%

$$土地增值税税额=增值额×50\%-扣除项目金额×15\%$$

(4)增值额超过扣除项目金额200%

$$土地增值税税额=增值额×60\%-扣除项目金额×35\%$$

公式中的5%、15%、35%为速算扣除率。

1.10.3 增值税征收的方式

(1)核定征收。按照转让二手房交易价格全额的1%征收率征收,这种模式类似于目前的个人所得税征收方式。如成交价为50万元,土地增值税应为500 000×1%=5 000元。

(2)减除法定扣除项目金额后,按四级超率累进税率征收。这种方式又分两种情况,一是能够提供购房发票,二是不能够提供发票,但能够提供房地产评估机构的评估报告。如图1-7所示。

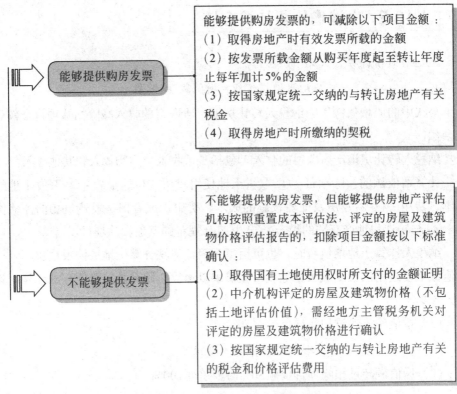

图 1-7　按四级超率累进税率征收的两种情况

1.11　城镇土地使用税

城镇土地使用税是对城市、县城、建制镇和工矿区内使用国有和集体所有的土地为征收对象的税种。纳税人是通过行政划拨取得土地使用权的单位和个人。

土地使用税是按每年每平方米征收的年税。城镇土地使用税是以开征范围的土地为征税对象，以实际占用的土地面积为计税标准，按规定税额对拥有土地使用权的单位和个人征收的一种行为税。

1.11.1　征税范围

城市、县城、建制镇和工矿区内属于国家所有和集体所有的土地。

1.11.2 税率

城镇土地使用税采用定额税率,即采用有幅度的差别税额。按大、中、小城市和县城、建制镇、工矿区分别规定每平方米城镇土地使用税年纳税额。城镇土地使用税的税率见表1-12。

表1-12 城镇土地使用税的税率

序号	地区	税率
1	大城市	1.5～30元/平方米
2	中等城市	1.2～24元/平方米
3	小城市	0.9～18元/平方米
4	县城、建制镇、工矿区	0.6～12元/平方米

1.11.3 应纳税额的计算

应纳税额的计算:城镇土地使用税根据实际使用土地的面积,按税法规定的单位税额交纳。其计算公式如下:

应纳城镇土地使用税额=应税土地的实际占用面积×适用单位税额

一般规定每平方米的年税额,大城市为0.50～10.00元;中等城市为0.40～8.00元;小城市为0.30～6.00元;县城、建制镇、工矿区为0.20～4.00元。房产税、车船使用税和城镇土地使用税均采取按年征收、分期交纳的方法。

1.12 耕地占用税

耕地占用税是国家对占用耕地建房或者从事其他非农业建设的单位和个人,依据实际占用耕地面积、按照规定税额一次性征收的一种税。

1.12.1 耕地占用税的税率

耕地占用税采用地区差别税率,根据不同地区的具体情况,分别制定差别税额。耕地占用税的计算税率如下所述。

(1)人均耕地不超过1亩的地区（以县级行政区域为单位，下同），每平方米为10～50元。

(2)人均耕地超过1亩但不超过2亩的地区，每平方米为8～40元。

(3)人均耕地超过2亩但不超过3亩的地区，每平方米6～30元。

(4)人均耕地超过3亩以上的地区，每平方米5～25元。

1.12.2 耕地占用税的计算公式

耕地占用税以纳税人实际占用的耕地面积为计税依据，以每平方米土地为计税单位，按适用的定额税率计税。其计算公式为：

应纳税额=实际占用耕地面积（平方米）×适用定额税率

1.13 房产税

房产税是以房屋为征税对象，按房屋的计税余值或租金收入为计税依据，向产权所有人征收的一种财产税。又称房屋税。

1.13.1 税率

房产税依照房产原值一次减除10%～30%后的1.2%计征。房屋出租且无法确定房产原值的，按照年租金收入的18%计征城市房地产税。但各地规定略有不同。

1.13.2 征税对象

房产税的征税对象是房产。所谓房产，是指有屋面和围护结构，能够遮风避雨，可供人们在其中生产、学习、工作、娱乐、居住或储藏物资的场所。但独立于房屋的建筑物如围墙、暖房、水塔、烟囱、室外游泳池等不属于房产。但室内游泳池属于房产。

由于房地产开发企业开发的商品房在出售前，对房地产开发企业而言是一种产品，因此，对房地产开发企业建造的商品房，在售出前，不征收房产税；但对售出前房地产开发企业已使用或出租、出借的商品房应按规定征收房产税。

1.13.3 房产税税目税率表

房产税适用于内资企业和个人,房产税的计算依据采用从价计税和从租计税,具体税率见表1-13。

表1-13 房产税税目税率

房产用途	计税依据	税率
经营自用	房产原值一次减除30%后的余额	1.2%
出租房屋	房产租金收入	12%
个人出租	住房房产租金收入	4%
企事业单位、社会团体以及其他组织按市场价格向个人出租用于居住的住房	住房房产租金收入	4%

1.14 契税

契税是以所有权发生转移变动的不动产为征税对象,向产权承受人征收的一种财产税。

1.14.1 应缴税范围

应缴税范围包括:国有土地使用权出让,土地使用权的转让,房屋买卖,房屋赠予,房屋交换等。见表1-14。

表1-14 契税的征税对象

序号	具体情况	是否为契税征税对象	是否为土地增值税征税对象
1	国有土地使用权出让	是	不是
2	土地使用权的转让	是	是
3	房屋买卖	是	是
4	房屋赠予	是	一般不是,非公益赠与是
5	房屋交换	是(等价交换免)	是(个人交换居住用房免)

1.14.2 契税税率

契税税率为3%～5%。契税的适用税率,由省、自治区、直辖市人民政府在前款规定的幅度内按照本地区的实际情况确定,并报财政部和国家税务总局备案。

1.14.3 纳税义务发生时间

纳税人应当自纳税义务发生之日起10日内,向土地、房屋所在地的契税征收机关办理纳税申报,并在契税征收机关核定的期限内缴纳税款。

特别提示

契税已成为地方财政收入的固定来源,在全国,地方契税收入呈迅速上升态势。各类土地、房屋权属转移,方式各不相同,契税定价方法,也各有差异。

1.15 资源税

资源税是以开发利用国有资源的单位和个人为纳税人,以重要资源品为课税对象,旨在消除资源条件优劣对纳税人经营所得利益影响的税类。

1.15.1 资源税范围

资源税范围限定如下。

(1)原油,指专门开采的天然原油,不包括人造石油。

(2)天然气,指专门开采或与原油同时开采的天然气,暂不包括煤矿生产的天然气。海上石油、天然气也应属于资源税的征收范围,但考虑到海上油气资源的勘探和开采难度大、投入和风险也大,过去一直按照国际惯例对其征收矿区使用费,为了保持涉外经济政策的稳定性,对海上石油、天然气的开采仍然征收矿区使用费,暂不改为征收资源税。

（3）煤炭，指原煤，不包括洗煤、选煤及其他煤炭制品。

（4）其他非金属矿原矿，是指上列产品和井矿盐以外的非金属矿原矿。

（5）黑色金属矿原矿，是指纳税人开采后自用、销售的，用于直接入炉冶炼或作为主产品先入选精矿、制造人工矿，再最终入炉冶炼的金属矿石原矿。

（6）有色金属矿原矿，是指纳税人开采后自用、销售的，用于直接入炉冶炼或作为主产品先入选精矿、制造人工矿，再最终入炉冶炼的金属矿石原矿。

（7）盐，包括固体盐和液体盐。固体盐是指海盐原盐、湖盐原盐和井矿盐。液体盐（俗称卤水）是指氯化钠含量达到一定浓度的溶液，是用于生产碱和其他产品的原料。

1.15.2 资源税税目

现行资源税税目，简而言之有七个，即：原油、天然气、煤炭、其他非金属矿原矿、黑色金属矿原矿、有色金属矿原矿和盐。资源税的税目及税率见表1-15。

表1-15 资源税的税目及税率

序号	税目	征收范围	税率	
1	原油	指专门开采的天然原油，不包括人造石油	销售额的5%～10%	
2	天然气	指专门开采或与原油同时开采的天然气，暂不包括煤矿生产的天然气	销售额的5%～10%	
3	煤炭	指原煤，不包括洗煤、选煤及其他煤炭制品	焦煤	每吨8～20元
			其他煤炭	每吨0.3～5元
4	其他非金属矿原矿	指上列产品和井矿盐以外的非金属矿原矿	普通非金属矿原矿	每吨或者每立方米0.5～20元
			贵重非金属矿原矿	每千克或者每克拉0.5～20元
5	黑色金属矿原矿	指纳税人开采后自用、销售的，用于直接入炉冶炼或作为主产品先入选精矿、制造人工矿，再最终入炉冶炼的金属矿石原矿	2～30元/吨	
6	有色金属矿原矿	指纳税人开采后自用、销售的，用于直接入炉冶炼或作为主产品先入选精矿、制造人工矿，再最终入炉冶炼的金属矿石原矿	稀土矿	每吨0.4～60元
			其他有色金属矿原矿	每吨0.4～30元

续表

序号	税目	征收范围	税率	
7	盐	包括固体盐和液体盐。固体盐是指海盐原盐、湖盐原盐和井矿盐。液体盐（俗称卤水）是指氯化钠含量达到一定浓度的溶液，是用于生产碱和其他产品的原料	固体盐	每吨10～60元
			液体盐	每吨2～10元

1.16 印花税

印花税是以经济活动中签立的各种合同、产权转移书据、营业账簿、权利许可证照等应税凭证文件为对象所征的税。印花税由纳税人按规定应税的比例和定额自行购买并粘贴印花税票，即完成纳税义务。

1.16.1 印花税纳税义务发生时间

账簿起用时；合同（协议）签订时；证照领受时；资本注册时或增加时。

1.16.2 印花税的比例税率（四档）

印花税的比例税率（四档）如表1-16所示。

表1-16 印花税的比例税率（四档）

档	税率	税目
1	0.005%	借款合同
2	0.03%	购销合同、建筑安装工程承包合同、技术合同
3	0.05%	加工承揽合同、建设工程勘察设计合同、货物运输合同、产权转移书据、营业账簿中记载资金的账簿
4	0.1%	财产租赁合同、仓储保管合同、财产保险合同、股权转让书据

1.16.3 印花税计算公式

印花税计算公式为：

$$印花税税额 = 相关的合同金额 \times 印花税率$$

1.16.4 印花税税目

印花税包含十三个税目，税目及计税依据如表1-17所示。

表1-17 印花税税目及计税依据

序号	税目	税率	备注
1	购销合同：包括供应、预购、采购、购销、结合及协作、调剂等合同	按购销金额0.03%贴花	（1）对发电厂与电网之间、电网与电网之间签订的购售电合同按购销合同征收印花税 （2）电网与用户之间签订的供用电合同不属于印花税列举征税的凭证，不征收印花税
2	加工承揽合同，包括加工、定作、修缮、修理、印刷广告、测绘、测试等合同	按加工或承揽收入0.05%贴花	加工或承揽收入额是指合同中规定的受托方的加工费收入和提供的辅助材料金额之和（委托加工的"原材料"不贴印花）
3	建设工程勘察设计合同	按收取费用0.05%贴花	
4	建筑安装工程、承包合同	按承包金额0.03%贴花	包括建筑、安装工程承包合同
5	财产租赁合同，包括租赁房屋、船舶、飞机、机动车辆、机械、器具、设备等合同	按租赁金额0.1%贴花。税额不足1元，按1元贴花	个人出租门店、柜台等签订的合同也算
6	货物运输合同，包括民用航空运输、铁路运输、海上运输、内河运输、公路运输和联运合同	按货物运输费用（但不包括装卸费用）0.05%贴花	
7	仓储保管合同	按仓储保管费用0.1%贴花	包括仓储、保管合同
8	借款合同	按借款本金（不包括利息）金额0.005%贴花	融资租赁合同也属于借款合同

续表

序号	税目	税率	备注
9	财产保险合同，包括财产、责任、保证、信用等保险合同	按保险费收入0.1%贴花	单据作为合同使用的，按合同贴花
10	技术合同，包括技术开发、转让、咨询、服务等合同	按合同所载金额0.03%贴花	一般的法律、会计、审计等方面的咨询不属于技术咨询，其所立合同不贴印花
11	产权转移书据（包括财产所有权和版权、商标专用权、专利权、专有技术使用权等转移书）	按所载金额0.05%贴花	（1）对土地使用权出让合同、土地使用权转让合同按产权转移书据征收印花税 （2）对商品房销售合同按照产权转移书据征收印花税
12	营业账簿	记载资金的账簿，按实收资本和资本公积的合计金额0.05%贴花	分为记载资金的账簿和其他账簿。记载资金——资本金数额增减变化（"实收资本"+"资本公积"）。其他账簿——日记账、明细账。不包括备查账簿、辅助账
13	权利、许可证照	按件贴花5元	包括政府部门发给的房屋产权证、工商营业执照、商标注册证

1.16.5 印花税的缴纳方法

印花税的缴纳方法如图1-8所示。

方法一：印花税实行由纳税人根据规定自行计算应纳税额，购买并一次贴足印花税票（以下简称贴花）的缴纳办法

方法二：为简化贴花手续，应纳税额较大或者贴花次数频繁的，纳税人可向税务机关提出申请，采取以缴款书代替贴花或者按期汇总缴纳的办法

方法三：应纳税额的计算如下
按比例税率计算应纳税额的方法：应纳税额＝计税金额×适用税率
按定额税率计算应纳税额的方法：应纳税额＝凭证数量×单位税额

图1-8 印花税的缴纳方法

1.16.6 印花税的申报

凡印花税纳税申报单位均应按季进行申报，于每季度终了后10日内向所在地地方税务局报送印花税纳税申报表或监督代售报告表。

印花税的申报期限和纳税期限是如何规定的？

申报时间：凡印花税纳税单位均应按季进行申报，于每季度终了后十日内向所在地地方税务机关报送印花税纳税申报表或监督代表报告表。只办理税务注册登记的机关、团体、部队、学校等印花税纳税单位，可在次年一月底前到当地税务机关申报上年税款。

印花税的纳税期限是在印花税应税凭证书立、领受时贴花完税的。对实行印花税汇总缴纳的单位，缴款期限最长不得超过一个月。

第 2 章

增值税发票开具规定

2.1 增值税发票种类

2.2 纳税人开具发票基本规定

2.3 增值税发票开具特殊规定

2.4 发票查验、丢失处理

2.5 发票违章处理

2.6 代开发票

2.7 发票备注栏不可忽略

2.8 电子发票

第 2 章 增值税发票开具规定

2.1 增值税发票种类

2.1.1 增值税专用发票

增值税专用发票由基本联次或者基本联次附加其他联次构成，分为三联版和六联版两种。基本联次为三联：第一联为记账联，是销售方记账凭证；第二联为抵扣联，是购买方扣税凭证；第三联为发票联，是购买方记账凭证。其他联次用途，由纳税人自行确定。纳税人办理产权过户手续需要使用发票的，可以使用增值税专用发票第六联。

2.1.2 增值税普通发票

（1）增值税普通发票（折叠票）。增值税普通发票（折叠票）由基本联次或者基本联次附加其他联次构成，分为两联版和五联版两种。基本联次为两联：第一联为记账联，是销售方记账凭证；第二联为发票联，是购买方记账凭证。其他联次用途，由纳税人自行确定。纳税人办理产权过户手续需要使用发票的，可以使用增值税普通发票第三联。如图2-1所示。

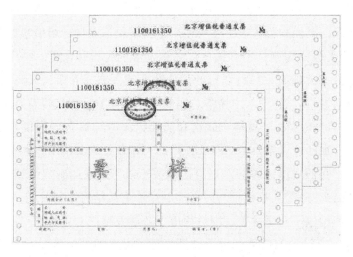

图2-1　增值税普通发票（折叠票）

（2）增值税普通发票（卷票）。增值税普通发票（卷票）分为两种规格：57毫米×177.8毫米、76毫米×177.8毫米，均为单联。如图2-2所示。

76毫升×177.8毫米　　　　　57毫升×177.8毫米

图2-2　增值税普通发票（卷票）

自2017年7月1日起，纳税人可按照《中华人民共和国发票管理办法》及其实施细则要求，书面向税务机关要求使用印有本单位名称的增值税普通发票（卷票），税务机关按规定确认印有该单位名称发票的种类和数量。纳税人通过税控发票开票系统开具印有本单位名称的增值税普通发票（卷票）。印有本单位名称的增值税普通发票（卷票），由税务总局统一招标采购的增值税普通发票（卷票）中标厂商印制，其式样、规格、联次和防伪措施等与原有增值税普通发票（卷票）一致，并加印企业发票专用章。使用印有本单位名称的增值税普通发票（卷票）的企业，按照《国家税务总局财政部关于冠名发票印制费结算问题的通知》（税总发〔2013〕53号）规定，与发票印制企业直接结算印制费用。

（3）增值税电子普通发票。增值税电子普通发票的开票方和受票方需要纸质发票的，可以自行打印增值税电子普通发票的版式文件，其法律效力、基本用途、基本使用规定等与税务机关监制的增值税普通发票相同。如图2-3所示。

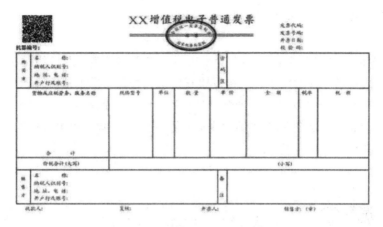

图2-3 增值税电子普通发票

2.1.3 机动车销售统一发票

从事机动车零售业务的单位和个人,在销售机动车(不包括销售旧机动车)收取款项时,开具机动车销售统一发票。机动车销售统一发票为电脑六联式发票:第一联为发票联,是购货单位付款凭证;第二联为抵扣联,是购货单位扣税凭证;第三联为报税联,车购税征收单位留存;第四联为注册登记联,车辆登记单位留存;第五联为记账联,销货单位记账凭证;第六联为存根联,销货单位留存。如图2-4所示。

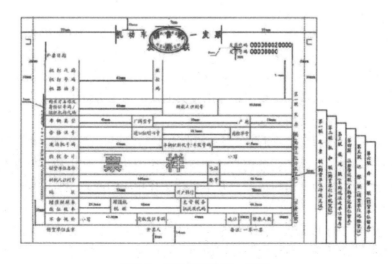

图2-4 机动车销售统一发票

2.1.4 二手车销售统一发票

自2018年4月1日起，二手车交易市场、二手车经销企业、经纪机构和拍卖企业应当通过增值税发票管理税控发票开票系统开具二手车销售统一发票。

二手车销售统一发票"车价合计"栏次仅注明车辆价款。二手车交易市场、二手车经销企业、经纪机构和拍卖企业在办理过户手续过程中收取的其他费用，应当单独开具增值税发票。

2.2 纳税人开具发票基本规定

2.2.1 开票系统的使用

（1）谁可以开票

① 增值税一般纳税人。增值税一般纳税人销售货物、提供加工修理修配劳务和发生应税行为，使用税控发票开票系统开具增值税专用发票、增值税普通发票、机动车销售统一发票、二手车销售统一发票、增值税电子普通发票。

② 小规模纳税人。纳入税控发票开票系统推行范围的小规模纳税人，使用税控发票开票系统开具增值税普通发票、机动车销售统一发票、二手车销售统一发票、增值税电子普通发票。

纳入增值税小规模纳税人自开增值税专用发票试点的小规模纳税人需要开具增值税专用发票的，可以通过税控发票开票系统自行开具，主管税务机关不再为其代开。纳入增值税小规模纳税人自开增值税专用发票试点的小规模纳税人销售其取得的不动产，需要开具增值税专用发票的，须向税务机关申请代开。

（2）开票系统的使用要求

① 税务总局编写了《商品和服务税收分类与编码（试行）》，并在税控发票开票系统中增加了商品和服务税收分类与编码相关功能。使用税控发票开票系统的增值税纳税人，应使用税控发票开票系统选择相应的商品和服务税收分类与编码开具增值税发票。

自2018年1月1日起，纳税人通过增值税发票管理税控发票开票系统开具增值税发票时，商品和服务税收分类编码对应的简称会自动显示并打印在发票票面"货物或应税劳务、服务名称"或"项目"栏次中。

② 纳税人应在互联网连接状态下在线使用税控发票开票系统开具增值税发票，税控发票开票系统可自动上传已开具的发票明细数据。

纳税人因网络故障等原因无法在线开票的，在税务机关设定的离线开票时限和离线开具发票总金额范围内仍可开票，超限将无法开具发票。纳税人开具发票次月仍未连通网络上传已开具发票明细数据的，也将无法开具发票。纳税人需连通网络上传发票数据后方可开票，若仍无法连通网络的需携带专用设备到税务机关进行征期报税或非征期报税后方可开票。

纳税人已开具未上传的增值税发票为离线发票。离线开票时限是指自第一份离线发票开具时间起开始计算可离线开具的最长时限。离线开票总金额是指可开具离线发票的累计不含税总金额，离线开票总金额按不同票种分别计算。

纳税人离线开票时限和离线开票总金额的设定标准及方法由各省、自治区、直辖市和计划单列市国家税务总局确定。

按照有关规定不使用网络办税或不具备网络条件的特定纳税人，以离线方式开具发票，不受离线开票时限和离线开具发票总金额限制。

2.2.2 开具增值税发票的要求

（1）发票内容应按照实际销售情况如实开具。销售商品、提供服务以及从事其他经营活动的单位和个人，对外发生经营业务收取款项，收款方应当向付款方开具发票；特殊情况下，由付款方向收款方开具发票。

销售方开具增值税发票时，发票内容应按照实际销售情况如实开具，不得根据购买方要求填开与实际交易不符的内容。销售方开具发票时，通过销售平台系统与增值税发票税控系统后台对接，导入相关信息开票的，系统导入的开票数据内容应与实际交易相符，如不相符应及时修改完善销售平台系统。

所有单位和从事生产、经营活动的个人在购买商品、接受服务以及从事其他经营活动支付款项，应当向收款方取得发票。取得发票时，不得要求变更品名和金额。

特别提示

任何单位和个人不得有下列虚开发票行为。
（1）为他人、为自己开具与实际经营业务情况不符的发票。
（2）让他人为自己开具与实际经营业务情况不符的发票。

（3）介绍他人开具与实际经营业务情况不符的发票。

不符合规定的发票，不得作为税收凭证用于办理涉税业务，如计税、退税、抵免等。

（2）要向销售方提供相关开票资料。增值税纳税人购买货物、劳务、服务、无形资产或不动产，索取增值税专用发票时，须向销售方提供购买方名称（不得为自然人）、纳税人识别号或统一社会信用代码、地址电话、开户行及账号信息，不需要提供营业执照、税务登记证、组织机构代码证、开户许可证、增值税一般纳税人资格登记表等相关证件或其他证明材料。

自2017年7月1日起，购买方为企业（包括公司、非公司制企业法人、企业分支机构、个人独资企业、合伙企业和其他企业）的，索取增值税普通发票时，应向销售方提供纳税人识别号或统一社会信用代码；销售方为其开具增值税普通发票时，应在"购买方纳税人识别号"栏填写购买方的纳税人识别号或统一社会信用代码。

（3）开票的时机。纳税人应在发生增值税纳税义务时开具发票。

（4）开票要求。单位和个人在开具发票时，必须做到按照号码顺序填开，填写项目齐全，内容真实，字迹清楚，全部联次一次打印，内容完全一致，并在发票联和抵扣联加盖发票专用章。

开具发票应当使用中文。民族自治地方可以同时使用当地通用的一种民族文字。

特别提示

增值税专用发票应按下列要求开具。
（1）项目齐全，与实际交易相符。
（2）字迹清楚，不得压线、错格。
（3）发票联和抵扣联加盖发票专用章。
（4）按照增值税纳税义务的发生时间开具。
不符合上列要求的增值税专用发票，购买方有权拒收。

一般纳税人销售货物、提供加工修理修配劳务和发生应税行为可汇总开具增值税专用发票。汇总开具增值税专用发票的，同时使用税控发票开票系统开具《销售货物或者提供应税劳务清单》，并加盖发票专用章。

（5）不得开具增值税专用发票的情形。属于图2-5所列情形之一的，不得开具增值税专用发票。

情形一　向消费者个人销售货物、提供应税劳务或者发生应税行为的

情形二　销售货物、提供应税劳务或者发生应税行为适用增值税免税规定的，法律、法规及国家税务总局另有规定的除外

情形三　部分适用增值税简易征收政策规定的：
（1）增值税一般纳税人的单采血浆站销售非临床用人体血液选择简易计税的
（2）纳税人销售旧货，按简易办法依3%征收率减按2%征收增值税的
（3）纳税人销售自己使用过的固定资产，适用按简易办法依3%征收率减按2%征收增值税政策的
纳税人销售自己使用过的固定资产，适用简易办法依照3%征收率减按2%征收增值税政策的，可以放弃减税，按照简易办法依照3%征收率缴纳增值税，并可以开具增值税专用发票

情形四　法律、法规及国家税务总局规定的其他情形

图2-5　不得开具增值税专用发票的情形

2.2.3　关于发票作废

纳税人在开具增值税专用发票当月，发生销货退回、开票有误等情形，收到退回的发票联、抵扣联符合作废条件的，按作废处理；开具时发现有误的，可即时作废。

作废增值税专用发票须在税控发票开票系统中将相应的数据电文按"作废"处理，在纸质增值税专用发票（含未打印的增值税专用发票）各联次上注明"作废"字样，全联次留存。

图2-6所示为发票的作废条件。

收到退回的发票联、抵扣联,且时间未超过销售方开票当月

 销售方未抄税且未记账

 购买方未认证,或者认证结果为"纳税人识别号认证不符""增值税专用发票代码、号码认证不符"

图2-6　发票的作废条件

2.2.4　需要开具红字增值税专用发票的处理

纳税人开具增值税专用发票后,发生销货退回、开票有误、应税服务中止等情形但不符合发票作废条件,或者因销货部分退回及发生销售折让,需要开具红字增值税专用发票的,按以下步骤处理,如图2-7所示。

(1)购买方取得增值税专用发票已用于申报抵扣的,购买方可在税控发票开票系统中填开并上传《开具红字增值税专用发票信息表》(以下简称《信息表》),在填开《信息表》时不填写相对应的蓝字增值税专用发票信息,应暂依《信息表》所列增值税税额从当期进项税额中转出,待取得销售方开具的红字增值税专用发票后,与《信息表》一并作为记账凭证
(2)购买方取得增值税专用发票未用于申报抵扣,但发票联或抵扣联无法退回的,购买方填开《信息表》时应填写相对应的蓝字增值税专用发票信息
(3)销售方开具增值税专用发票尚未交付购买方,以及购买方未用于申报抵扣并将发票联及抵扣联退回的,销售方可在税控发票开票系统中填开并上传《信息表》。销售方填开《信息表》时应填写相对应的蓝字增值税专用发票信息

主管税务机关通过网络接收纳税人上传的《信息表》,系统自动校验通过后,生成带有"红字发票信息表编号"的《信息表》,并将信息同步至纳税人端系统中

销售方凭税务机关系统校验通过的《信息表》开具红字增值税专用发票,在税控发票开票系统中以销项负数开具。红字增值税专用发票应与《信息表》一一对应

第4步　纳税人也可凭《信息表》电子信息或纸质资料到税务机关对《信息表》内容进行系统校验

图2-7　开具红字增值税专用发票的步骤

纳税人需要开具红字发票的，应收回原发票并注明"作废"字样或取得对方有效证明。

纳税人需要开具红字增值税普通发票的，可以在所对应的蓝字发票金额范围内开具多份红字发票。红字机动车销售统一发票需与原蓝字机动车销售统一发票一一对应。

2.3 增值税发票开具特殊规定

2.3.1 建筑服务

（1）建筑服务发票开具基本规定。提供建筑服务，纳税人自行开具或者税务机关代开增值税发票时，应在发票的备注栏注明建筑服务发生地县（市、区）名称及项目名称。

（2）小规模纳税人提供建筑服务发票开具规定。小规模纳税人提供建筑服务，应以取得的全部价款和价外费用扣除支付的分包款后的余额为销售额，按照3%的征收率计算应纳税额。

发票开具：小规模纳税人跨县（市、区）提供建筑服务，不能自行开具增值税发票的，可向建筑服务发生地主管税务机关按照其取得的全部价款和价外费用申请代开增值税发票。

2.3.2 销售不动产

（1）销售不动产发票开具基本规定。销售不动产，纳税人自行开具或者税务机关代开增值税发票时，应在发票"货物或应税劳务、服务名称"栏填写不动产名称及房屋产权证书号码（无房屋产权证书的可不填写），"单位"栏填写面积单位，备注栏注明不动产的详细地址。

（2）房地产开发企业销售自行开发的房地产项目发票开具规定如表2-1所示。

表2-1 房地产开发企业销售自行开发的房地产项目发票开具规定

纳税人	计税方法	发票开具规定
一般纳税人	销售其自行开发的房地产项目（选择简易计税方法的房地产老项目除外），以取得的全部价款和价外费用，扣除受让土地时向政府部门支付的土地价款、在取得土地时向其他单位或个人支付的拆迁补偿费用后的余额为销售额。 房地产开发企业中的一般纳税人销售自行开发的房地产老项目，可以选择适用简易计税方法，以取得的全部价款和价外费用为销售额，不得扣除对应的土地价款	一般纳税人销售自行开发的房地产项目，自行开具增值税发票。一般纳税人销售自行开发的房地产项目，其2016年4月30日前收取并已向原主管地税机关申报缴纳营业税的预收款，未开具营业税发票的，可以开具增值税普通发票，不得开具增值税专用发票，本规定并无开具增值税普通发票的时间限制。一般纳税人向其他个人销售自行开发的房地产项目，不得开具增值税专用发票
小规模纳税人	销售自行开发的房地产项目，按照5%的征收率计税	小规模纳税人销售自行开发的房地产项目，自行开具增值税普通发票。购买方需要增值税专用发票的，小规模纳税人向主管税务机关申请代开。小规模纳税人销售自行开发的房地产项目，其2016年4月30日前收取并已向原主管地税机关申报缴纳营业税的预收款，未开具营业税发票的，可以开具增值税普通发票，不得申请代开增值税专用发票，本条规定并无开具增值税普通发票的时间限制。小规模纳税人向其他个人销售自行开发的房地产项目，不得申请代开增值税专用发票

2.3.3 金融服务

（1）金融商品转让业务发票开具规定。金融商品转让，按照卖出价扣除买入价后的余额为销售额。

金融商品转让，不得开具增值税专用发票。

（2）贴现、转贴现业务发票开具规定。自2018年1月1日起，金融机构开展贴现、转贴现业务需要就贴现利息开具发票的，由贴现机构按照票据贴现利息全额向贴现人开具增值税普通发票，转贴现机构按照转贴现利息全额向贴现机构开具增值税普通发票。

（3）汇总纳税的金融机构发票开具规定。采取汇总纳税的金融机构，省、自治区所辖地市以下分支机构可以使用地市级机构统一领取的增值税专用发票、增值税普通发票、增值税电子普通发票；直辖市、计划单列市所辖区县及以下分支机构可以使用直辖市、计划单列市机构统一领取的增值税专用发票、增值税普通发票、增值税电子普通发票。

（4）保险服务发票开具规定。保险机构作为车船税扣缴义务人，在代收车船税并开具增值税发票时，应在增值税发票备注栏中注明代收车船税税款信息。具体包括：保险单号、税款所属期（详细至月）、代收车船税金额、滞纳金金额、金额合计等。该增值税发票可作为纳税人缴纳车船税及滞纳金的会计核算原始凭证。

为自然人提供的保险服务不得开具增值税专用发票，可以开具增值税普通发票。

（5）个人代理人汇总代开具体规定

① 接受税务机关委托代征税款的保险企业，向个人保险代理人支付佣金费用后，可代个人保险代理人统一向主管税务机关申请汇总代开增值税普通发票或增值税专用发票。

② 保险企业代个人保险代理人申请汇总代开增值税发票时，应向主管税务机关出具个人保险代理人的姓名、身份证号码、联系方式、付款时间、付款金额、代征税款的详细清单。

保险企业应将个人保险代理人的详细信息，作为代开增值税发票的清单，随发票入账。

③ 主管税务机关为个人保险代理人汇总代开增值税发票时，应在备注栏内注明"个人保险代理人汇总代开"字样。

④ 证券经纪人、信用卡和旅游等行业的个人代理人比照上述规定执行。

2.3.4 生活服务业

（1）旅游服务发票开具规定。纳税人提供旅游服务，可以选择以取得的全部价款和价外费用，扣除向旅游服务购买方收取并支付给其他单位或者个人的住宿费、餐饮费、交通费、签证费、门票费和支付给其他接团旅游企业的旅游费用后的余额为销售额。

发票开具：选择上述办法计算销售额的试点纳税人，向旅游服务购买方收取并支付的上述费用，不得开具增值税专用发票，可以开具增值税普通发票。

（2）教育辅助服务发票开具规定。境外单位通过教育部考试中心及其直属单位在境内开展考试,教育部考试中心及其直属单位应以取得的考试费收入扣除支付给境外单位考试费后的余额为销售额,按提供"教育辅助服务"缴纳增值税;就代为收取并支付给境外单位的考试费统一扣缴增值税。

发票开具:教育部考试中心及其直属单位代为收取并支付给境外单位的考试费,不得开具增值税专用发票,可以开具增值税普通发票。

2.3.5 部分现代服务

(1)不动产租赁业务发票开具规定。个人出租住房,应按照5%的征收率减按1.5%计算应纳税额。

发票开具:纳税人自行开具或者税务机关代开增值税发票时,通过税控发票开票系统中征收率减按1.5%征收开票功能,录入含税销售额,系统自动计算税额和不含税金额,发票开具不应与其他应税行为混开。

(2)物业管理服务发票开具规定。提供物业管理服务的纳税人,向服务接受方收取的自来水水费,以扣除其对外支付的自来水水费后的余额为销售额,按照简易计税办法依3%的征收率计算缴纳增值税。

发票开具:纳税人可以按3%向服务接受方开具增值税专用发票或增值税普通发票。

(3)劳务派遣服务发票开具规定。一般纳税人提供劳务派遣服务,可以选择差额纳税,以取得的全部价款和价外费用,扣除代用工单位支付给劳务派遣员工的工资、福利和为其办理社会保险及住房公积金后的余额为销售额,按照简易计税方法依5%的征收率计算缴纳增值税。

小规模纳税人提供劳务派遣服务,可以选择差额纳税,以取得的全部价款和价外费用,扣除代用工单位支付给劳务派遣员工的工资、福利和为其办理社会保险及住房公积金后的余额为销售额,按照简易计税方法依5%的征收率计算缴纳增值税。

发票开具:纳税人提供劳务派遣服务,选择差额纳税的,向用工单位收取用于支付给劳务派遣员工工资、福利和为其办理社会保险及住房公积金的费用,不得开具增值税专用发票,可以开具增值税普通发票。

> **特别提示**
>
> 纳税人提供安全保护服务,比照劳务派遣服务政策执行。

（4）人力资源外包服务发票开具规定。纳税人提供人力资源外包服务，按照经纪代理服务缴纳增值税，其销售额不包括受客户单位委托代为向客户单位员工发放的工资和代理缴纳的社会保险、住房公积金。

发票开具：纳税人提供人力资源外包服务，向委托方收取并代为发放的工资和代理缴纳的社会保险、住房公积金，不得开具增值税专用发票，可以开具增值税普通发票。

（5）经纪代理服务发票开具规定

① 经纪代理服务，以取得的全部价款和价外费用，扣除向委托方收取并代为支付的政府性基金或者行政事业性收费后的余额为销售额。

发票开具：向委托方收取并代为支付的政府性基金或者行政事业性收费不得开具增值税专用发票，但可以开具增值税普通发票。

② 纳税人提供签证代理服务，以取得的全部价款和价外费用，扣除向服务接受方收取并代为支付给外交部和外国驻华使（领）馆的签证费、认证费后的余额为销售额。

发票开具：纳税人向服务接受方收取并代为支付的签证费、认证费，不得开具增值税专用发票，可以开具增值税普通发票。

③ 纳税人代理进口按规定免征进口增值税的货物，其销售额不包括向委托方收取并代为支付的货款。

发票开具：向委托方收取并代为支付的款项，不得开具增值税专用发票，可以开具增值税普通发票。

2.3.6 交通运输服务

（1）货物运输服务发票开具基本规定。纳税人提供货物运输服务，使用增值税专用发票和增值税普通发票，开具发票时应将起运地、到达地、车种车号以及运输货物信息等内容填写在发票备注栏中，如内容较多可另附清单。

（2）铁路运输企业发票开具规定。铁路运输企业受托代征的印花税款信息，可填写在发票备注栏中。中国铁路总公司及其所属运输企业（含分支机构）提供货物运输服务，可自2015年11月1日起使用增值税专用发票和增值税普通发票，所开具的铁路货票、运费杂费收据可作为发票清单使用。

（3）互联网物流平台企业代开增值税专用发票试点。互联网物流平台企业可以为同时符合以下条件的货物运输业小规模纳税人代开增值税专用发票，并代办相关涉税事项。

① 在中华人民共和国境内（以下简称境内）提供公路或内河货物运输服务，并办理了工商登记和税务登记。

② 提供公路货物运输服务的，取得《中华人民共和国道路运输经营许可证》和《中华人民共和国道路运输证》；提供内河货物运输服务的，取得《中华人民共和国水路运输经营许可证》和《中华人民共和国水路运输证》。

③ 在税务登记地主管税务机关按增值税小规模纳税人管理。

④ 注册为该平台会员。

特别提示

纳入试点范围的互联网物流平台企业，应当具备以下条件。

（1）国务院交通运输主管部门公布的无车承运人试点企业，且试点资格和无车承运人经营资质在有效期内。

（2）平台应实现会员管理、交易撮合、运输管理等相关系统功能，具备物流信息全流程跟踪、记录、存储、分析能力。

试点企业按照以下规定代开增值税专用发票。

① 试点企业仅限于为符合条件的会员，通过本平台承揽的货物运输业务代开专用发票。

② 试点企业应与会员签订委托代开专用发票协议。

③ 试点企业使用自有专用发票开票系统，按照3%的征收率代开专用发票，并在发票备注栏注明会员的纳税人名称和统一社会信用代码（或税务登记证号码或组织机构代码）。

货物运输服务接受方以试点企业代开的专用发票作为增值税扣税凭证，抵扣进项税额。

④ 试点企业代开的专用发票，相关栏次内容应与会员通过本平台承揽的运输业务，以及本平台记录的物流信息保持一致。平台记录的交易、资金、物流等相关信息应统一存储，以备核查。

⑤ 试点企业接受会员提供的货物运输服务，不得为会员代开专用发票。试点企业可以代会员向试点企业主管税务机关申请代开专用发票，并据以抵扣进项税额。

⑥ 试点企业代开专用发票不得收取任何费用。

2.3.7 小规模纳税人自开增值税专用发票试点

小规模纳税人自开增值税专用发票试点行业如表2-2所示。

表2-2 小规模纳税人自开增值税专用发票试点行业

时间	行业1	行业2	行业3
2016年11月4日	住宿业		
2017年3月1日	签证咨询业		
2017年6月1日	建筑业		
2018年2月1日	工业	信息传输、软件和信息技术服务业	
2019年3月1日	租赁和商务服务业	科学研究和技术服务业	居民服务、修理和其他服务业

（1）目前允许自开发票的范围为：住宿业，鉴证咨询业，建筑业，工业，信息传输、软件和信息技术服务业，租赁和商务服务业，科学研究和技术服务业，居民服务、修理和其他服务业8个行业。

（2）已经纳入自开票范围的小规模纳税人，不管月销售额是否超过10万元，都可以自愿使用增值税发票管理系统，自行开具增值税专用发票。

（3）选择自行开具增值税专用发票的小规模纳税人，税务机关不再为其代开。选择自开专票的，税务机关不再为其代开。

（4）试点纳税人销售其取得的不动产，需要开具增值税专用发票的，应当按照有关规定向税务机关申请代开。

（5）一般纳税人转登记为小规模纳税人后可以继续使用现有的增值税开票系统。不论是否在自开专票试点行业之内，都可以继续自开专票。

（6）小规模纳税人自开专票销售额，要计算应纳税额缴纳增值税。该部分专票销售额不享受月销售额10万元以下免税政策。如果想享受增值税免税，需要将原已经开具的专票全联收回或者红字冲销。

（7）购买增值税税控系统专用设备支付的费用以及缴纳的技术维护费可以按照有关规定在增值税应纳税额中全额抵减。

2.3.8 差额征税发票开具规定

纳税人或者税务机关通过税控发票开票系统中差额征税开票功能开具增值税

发票时，录入含税销售额（或含税评估额）和扣除额，系统自动计算税额和不含税金额，备注栏自动打印"差额征税"字样，发票开具不应与其他应税行为混开。

2.3.9 电子发票开具规定

使用增值税电子普通发票的纳税人应通过增值税电子发票系统开具。

增值税电子普通发票的开票方和受票方需要纸质发票的，可以自行打印增值税电子普通发票的版式文件，其法律效力、基本用途、基本使用规定等与税务机关监制的增值税普通发票相同。

2.3.10 机动车销售统一发票开具规定

纳税人从事机动车（旧机动车除外）零售业务须开具机动车销售统一发票。
（1）开票的基本要求
①"纳税人识别号"栏内打印购买方纳税人识别号，如购买方需要抵扣增值税税款，该栏必须填写。
②填写"购买方名称及身份证号码/组织机构代码"栏时，"身份证号码/组织机构代码"应换行打印在"购买方名称"的下方。
③"完税凭证号码"栏内打印代开机动车销售统一发票时对应开具的增值税完税证号码，自开机动车销售统一发票时此栏为空。
④纳税人销售免征增值税的机动车，通过税控发票开票系统开具时应在机动车销售统一发票"增值税税率或征收率"栏选填"免税"，机动车销售统一发票"增值税税率或征收率"栏自动打印显示"免税"，"增值税税额"栏自动打印显示"***"；机动车销售统一发票票面"不含税价"栏和"价税合计"栏填写金额相等。
⑤如发生退货的，应在价税合计的大写金额第一字前加"负数"字，在小写金额前加"-"号。
（2）丢失机动车销售统一发票的处理。纳税人丢失机动车销售统一发票的，如在办理车辆登记和缴纳车辆购置税手续前丢失的，应先按照以下程序办理补开机动车销售统一发票的手续，再按已丢失发票存根联的信息开红字发票。
（3）补开机动车销售统一发票的具体程序。补开机动车销售统一发票的具体程序如图2-8所示。

第①步 丢失机动车销售统一发票的消费者到机动车销售单位取得机动车销售统一发票存根联复印件（加盖销售单位发票专用章）

第②步 到机动车销售方所在地主管税务机关盖章确认并登记备案

第③步 由机动车销售单位重新开具与原机动车销售统一发票存根联内容一致的机动车销售统一发票

图2-8 补开机动车销售统一发票的具体程序

2.3.11 收购业务发票开具规定

纳税人通过税控发票开票系统使用增值税普通发票开具收购发票，系统在发票左上角自动打印"收购"字样。

2.3.12 稀土企业发票开具规定

从事稀土产品生产、商贸流通的增值税一般纳税人必须通过税控发票开票系统开具增值税专用发票和增值税普通发票。

（1）销售稀土产品必须开具增值税专用发票，增值税专用发票的"货物或应税劳务"栏内容通过系统中的稀土产品目录库选择，"单位"栏选择公斤或吨，"数量"栏按照折氧化物计量填写，系统在发票左上角自动打印"XT"字样。

（2）销售稀土产品以及其他货物或应税劳务，应当分别开具发票。销售稀土矿产品和稀土冶炼分离产品也应当分别开具发票，不得在同一张发票上混开。

稀土企业不得汇总开具增值税专用发票。

2.3.13 预付卡业务发票开具规定

（1）单用途商业预付卡（以下简称"单用途卡"）业务按照图2-9所示规定执行。

规定一：单用途卡发卡企业或者售卡企业（以下统称"售卡方"）销售单用途卡，或者接受单用途卡持卡人充值取得的预收资金，不缴纳增值税。售卡方可按照规定，向购卡人、充值人开具增值税普通发票，不得开具增值税专用发票

规定二：持卡人使用单用途卡购买货物或服务时，货物或者服务的销售方应按照现行规定缴纳增值税，且不得向持卡人开具增值税发票

规定三：销售方与售卡方不是同一个纳税人的，销售方在收到售卡方结算的销售款时，应向售卡方开具增值税普通发票，并在备注栏注明"收到预付卡结算款"，不得开具增值税专用发票

图2-9 单用途商业预付卡（以下简称"单用途卡"）业务开票规定

售卡方从销售方取得的增值税普通发票，作为其销售单用途卡或接受单用途卡充值取得预收资金不缴纳增值税的凭证，留存备查。

（2）支付机构预付卡（以下简称"多用途卡"）业务按照图2-10所示规定执行。

规定一：支付机构销售多用途卡取得的等值人民币资金，或者接受多用途卡持卡人充值取得的充值资金，不缴纳增值税。支付机构可按照规定，向购卡人、充值人开具增值税普通发票，不得开具增值税专用发票

规定二：持卡人使用多用途卡，向与支付机构签署合作协议的特约商户购买货物或服务，特约商户应按照现行规定缴纳增值税，且不得向持卡人开具增值税发票

规定三：特约商户收到支付机构结算的销售款时，应向支付机构开具增值税普通发票，并在备注栏注明"收到预付卡结算款"，不得开具增值税专用发票

图2-10 支付机构预付卡业务开票规定

支付机构从特约商户取得的增值税普通发票,作为其销售多用途卡或接受多用途卡充值取得预收资金不缴纳增值税的凭证,留存备查。

(3)发售加油卡、加油凭证销售成品油的纳税人(以下简称"预售单位")在售卖加油卡、加油凭证时,应按预收账款方法作相关账务处理,不征收增值税。

预售单位在发售加油卡或加油凭证时可开具普通发票,如购油单位要求开具增值税专用发票,待用户凭卡或加油凭证加油后,根据加油卡或加油凭证回笼记录,向购油单位开具增值税专用发票。接受加油卡或加油凭证销售成品油的单位与预售单位结算油款时,接受加油卡或加油凭证销售成品油的单位根据实际结算的油款向预售单位开具增值税专用发票。

2.3.14 不征收增值税项目发票开具规定

商品和服务税收分类与编码的"6未发生销售行为的不征税项目",用于纳税人收取款项但未发生销售货物、应税劳务、服务、无形资产或不动产的情形。

"未发生销售行为的不征税项目"下设601"预付卡销售和充值"、602"销售自行开发的房地产项目预收款"、603"已申报缴纳营业税未开票补开票"等。

使用"未发生销售行为的不征税项目"编码,发票税率栏应填写"不征税",不得开具增值税专用发票。

2.4 发票查验、丢失处理

2.4.1 发票查验

取得增值税发票的单位和个人可登录全国增值税发票查验平台(https://inv-veri.chinatax.gov.cn),对税控发票开票系统开具的增值税专用发票、增值税普通发票、机动车销售统一发票、二手车销售统一发票和增值税电子普通发票的发票信息进行查验,单位和个人通过网页浏览器首次登录平台时,应下载安装根证书文件,查看平台提供的发票查验操作说明。

2.4.2 发票丢失处理

纳税人丢失增值税专用发票的,按图2-11所示方法处理。

情形一　一般纳税人丢失已开具增值税专用发票的抵扣联,如果丢失前已认证相符的

可使用增值税专用发票发票联复印件留存备查,如果丢失前未认证的,可使用增值税专用发票发票联认证,增值税专用发票发票联复印件留存备查

情形二　一般纳税人丢失已开具增值税专用发票的发票联

可将增值税专用发票抵扣联作为记账凭证,增值税专用发票抵扣联复印件留存备查

情形三　一般纳税人丢失已开具增值税专用发票的发票联和抵扣联

（1）如果丢失前已认证相符的,购买方可凭销售方提供的相应增值税专用发票记账联复印件及销售方主管税务机关出具的《丢失增值税专用发票已报税证明单》（以下统称《证明单》）,作为增值税进项税额的抵扣凭证
（2）如果丢失前未认证的,购买方凭销售方提供的相应增值税专用发票记账联复印件进行认证,认证相符的可凭增值税专用发票记账联复印件及销售方主管税务机关出具的《证明单》,作为增值税进项税额的抵扣凭证。增值税专用发票记账联复印件和《证明单》留存备查

图2-11　纳税人丢失增值税专用发票的处理方法

2.5 发票违章处理

（1）违反《中华人民共和国发票管理办法》的规定,有下列情形之一的,由税务机关责令改正,可以处1万元以下的罚款;有违法所得的予以没收。

① 应当开具而未开具发票,或者未按照规定的时限、顺序、栏目,全部联次一次性开具发票,或者未加盖发票专用章的。

② 使用税控装置开具发票，未按期向主管税务机关报送开具发票的数据的。
③ 扩大发票使用范围的。
④ 以其他凭证代替发票使用的。
⑤ 跨规定区域开具发票的。
⑥ 未按照规定缴销发票的。
⑦ 未按照规定存放和保管发票的。

（2）跨规定的使用区域携带、邮寄、运输空白发票，以及携带、邮寄或者运输空白发票出入境的，由税务机关责令改正，可以处1万元以下的罚款；情节严重的，处1万元以上3万元以下的罚款；有违法所得的予以没收。

丢失发票或者擅自损毁发票的，依照前款规定处罚。

（3）违反《中华人民共和国发票管理办法》第二十二条第二款的规定虚开发票的，由税务机关没收违法所得；虚开金额在1万元以下的，可以并处5万元以下的罚款；虚开金额超过1万元的，并处5万元以上50万元以下的罚款；构成犯罪的，依法追究刑事责任。

非法代开发票的，依照前款规定处罚。

（4）有下列情形之一的，由税务机关处1万元以上5万元以下的罚款；情节严重的，处5万元以上50万元以下的罚款；有违法所得的予以没收。

① 转借、转让、介绍他人转让发票、发票监制章和发票防伪专用品的。
② 知道或者应当知道是私自印制、伪造、变造、非法取得或者废止的发票而受让、开具、存放、携带、邮寄、运输的。

（5）对违反发票管理法规情节严重构成犯罪的，税务机关应当依法移送司法机关处理。

（6）一般纳税人有下列情形之一的（见图2-12），不得使用增值税专用发票。

会计核算不健全，不能向税务机关准确提供增值税销项税额、进项税额、应纳税额数据及其他有关增值税税务资料的。上列其他有关增值税税务资料的内容，由省、自治区、直辖市和计划单列市国家税务总局确定

应当办理一般纳税人资格登记而未办理的

有《中华人民共和国税收征收管理法》规定的税收违法行为，拒不接受税务机关处理的

图2-12

有下列行为之一，经税务机关责令限期改正而仍未改正的：
（1）虚开增值税专用发票
（2）私自印制增值税专用发票
（3）向税务机关以外的单位和个人买取增值税专用发票
（4）借用他人增值税专用发票
（5）未按《增值税专用发票使用规定》第十一条开具增值税专用发票
（6）未按规定保管增值税专用发票和专用设备
（7）未按规定申请办理防伪税控系统变更发行
（8）未按规定接受税务机关检查

图 2-12　不得使用增值税专用发票的情形

特别提示

有上列情形的，如已领取增值税专用发票，主管税务机关应暂扣其结存的增值税专用发票和税控专用设备。

2.6　代开发票

代开发票是指由税务机关根据收款方（或提供劳务服务方）的申请，依照法规、规章以及其他规范性文件的规定，代为向付款方（或接受劳务服务方）开具发票以及作废代开发票的行为。

2.6.1　代开发票范围

（1）可以申请代开增值税专用发票的情形。已办理税务登记的小规模纳税人（包括个体工商户）以及国家税务总局确定的其他可予代开增值税专用发票的纳税人，发生增值税应税行为，可以申请代开增值税专用发票。

（2）可以向税务机关申请代开增值税普通发票的情形。有下列情形之一的（见图 2-13），可以向税务机关申请代开增值税普通发票。

情形一 被税务机关依法收缴发票或者停止发售发票的纳税人，取得经营收入需要开具增值税普通发票的

情形二 正在申请办理税务登记的单位和个人，对其自领取营业执照之日起至取得税务登记证件期间发生的业务收入需要开具增值税普通发票的

情形三 应办理税务登记而未办理的单位和个人，主管税务机关应当依法予以处理，并在补办税务登记手续后，对其自领取营业执照之日起至取得税务登记证件期间发生的业务收入需要开具增值税普通发票的

情形四 依法不需要办理税务登记的单位和个人，临时取得收入，需要开具增值税普通发票的

图2-13 可向税务机关申请代开增值税普通发票的情形

（3）不得到税务机关代开增值税专用发票的情形如表2-3所示。

表2-3 不得到税务机关代开增值税专用发票的情形

序号	不得开具增值税专用发票	文件依据
1	购买方为消费者个人的	中华人民共和国增值税暂行条例
2	不征税项目	总局公告2017年45号
3	销售免税货物，法律、法规及国家税务总局另有规定的除外（如国有粮食购销企业销售免税农产品可开）	国税发〔2006〕156号
4	实行增值税退（免）税办法的增值税零税率应税服务不得开具增值税专用发票	总局公告2014年11号
5	出口货物劳务除输入特殊区域的水电气外，出口企业和其他单位不得开具增值税专用发票。	总局公告2012年24号
6	纳税人2016年5月1日前发生的营业税涉税业务	总局公告2017年11号
7	销售自己使用过的固定资产，适用简易办法依3%征收率减按2%征收增值税政策的	国税函〔2009〕90号，财税〔2009〕9号，财税〔2014〕57号
8	纳税人销售旧货	国税函〔2009〕90号，财税〔2014〕57号
9	零售的烟、酒、食品、服装、鞋帽（不包括劳保专用部分）、化妆品等消费品	国税发〔2006〕156号

续表

序号	不得开具增值税专用发票	文件依据
10	单采血浆站销售非临床用人体血液	国税函〔2009〕456号，总局公告2014年36号
11	提供劳务派遣服务选择差额纳税的，向用工单位收取用于支付给劳务派遣员工工资、福利和为其办理社会保险及住房公积金的费用	总局公告2016年47号
12	提供安全保护服务选择差额纳税的，向用工单位收取用于支付给安全保护员工工资、福利和为其办理社会保险及住房公积金的费用	总局公告2016年47号，总局公告2016年68号
13	金融商品转让	财税〔2016〕36号附件2
14	经纪代理服务，向委托方收取的政府性基金或者行政事业性收费	财税〔2016〕36号附件2
15	选择继续按照有形动产融资租赁服务缴纳增值税的，向承租方收取的有形动产价款本金	财税〔2016〕36号附件2
16	试点纳税人提供旅游服务，向旅游服务购买方收取并支付费用	财税〔2016〕36号附件2
17	纳税人提供人力资源外包服务，向委托方收取并代为发放的工资和代理缴纳的社会保险、住房公积金	财税〔2016〕47号
18	境外单位通过教育部考试中心及其直属单位在境内开展考试，代为收取并支付给境外单位的考试费	总局公告2016年69号
19	纳税人提供签证代理服务，向服务接受方收取并代为支付的签证费、认证费	总局公告2016年69号
20	纳税人代理进口按规定免征进口增值税的货物，向委托方收取并代为支付的款项	总局公告2016年69号

其中不征税项目如表2-4所示。

表2-4 不征税项目

编码	不征税项目	释义
6	未发生销售行为的不征税项目	指纳税人收取款项但未发生销售货物、应税劳务、服务、无形资产或不动产的情形
601	预付卡销售和充值	单用途卡发卡企业或者售卡企业销售单用途卡，或者接受单用途卡持卡人充值取得的预收资金，不缴纳增值税
		支付机构销售多用途卡取得的等值人民币资金，或者接受多用途卡持卡人充值取得的充值资金，不缴纳增值税（总局公告2016年第53号）

续表

编码	不征税项目	释义
602	销售自行开发的房地产项目预收款	收款预收款时纳税义务未发生（财税〔2016〕36号附件1（实施办法））
603	已申报缴纳营业税未开票补开票	在地税机关已申报营业税未开具发票的，补开增值税普通发票
604	代收印花税	非税务机关等其他单位为税务机关代收的印花税
605	代收车船使用税	代收车船税，代收行为
606	融资性售后回租承租方出售资产	融资性售后回租业务是指承租方以融资为目的将资产出售给经批准从事融资租赁业务的企业后，又将该项资产从该融资租赁企业租回的行为。融资性售后回租业务中承租方出售资产时，资产所有权以及与资产所有权有关的全部报酬和风险并未完全转移（总局2010年第13号公告）
607	资产重组涉及的不动产	在资产重组过程中，通过合并、分立、出售、置换等方式，将全部或者部分实物资产以及与其相关联的债权、负债和劳动力一并转让给其他单位和个人，其中涉及的不动产、土地使用权转让行为（财税〔2016〕36号附件2）
608	资产重组涉及的土地使用权	
609	代理进口免税货物货款	纳税人代理进口按规定免征进口增值税的货物，其销售额不包括向委托方收取并代为支付的货款。向委托方收取并代为支付的款项，不得开具增值税专用发票，可以开具增值税普通发票（总局公告2016年69号）
610	有奖发票奖金支付	未发生销售行为
611	不征税自来水	原对城镇公共供水用水户在基本水价（自来水价格）外征收水资源费的试点省份，在水资源费改税试点期间，按照不增加城镇公共供水企业负担的原则，城镇公共供水企业缴纳的水资源税所对应的水费收入，不计征增值税，按"不征税自来水"项目开具增值税普通发票（总局公告2016年47号）
612	建筑服务预收款	收款预收款时纳税义务未发生（财税〔2017〕58号）

2.6.2 代开发票种类

税务机关使用税控发票开票系统代开增值税专用发票和增值税普通发票。代开增值税专用发票使用六联票，代开增值税普通发票使用五联票。

纳税人销售其取得的不动产和其他个人出租不动产申请代开增值税专用发票，第四联由代开发票岗位留存，以备发票扫描补录；第五联交征收岗位留存，用于代开发票与征收税款的定期核对；其他联次交纳税人。纳税人因其他业务申请代开增值税专用发票的,第五联由代开发票岗位留存,以备发票的扫描补录;第六联交税款征收岗位,用于代开发票税额与征收税款的定期核对;其他联次交增值税纳税人。

税务机关代开发票部门通过税控发票开票系统代开增值税发票,系统自动在发票上打印"代开"字样。

2.6.3 到税务机关代开发票要哪些税

代开增值税专用发票都要交税。一般来说,零散个人临时经营申请代开增值税发票,可能需要缴纳的税(费)包括:增值税、城市维护建设税(城建税)、教育费附加、地方教育附加费、水利建设基金和个人所得税等,有的还需要征收城镇土地使用税、房产税、土地增值税、印花税、消费税。具体税种及税率如表2-5所示。

表2-5 到税务机关代开发票要交的税种及税率

序号	税种	税率
1	增值税	(1)代开普通发票如果是免税项目不交,个人按次纳税的,每次代开销售额不超过500元的不交;小规模纳税人当月代开发票金额、自领发票开具金额及其他未开票收入,累计不超过10万元,季度代开累计不超过30万元免征。对于按次纳税和按期纳税,实际执行时,各地不大统一,一般是对于未办证的凭身份证代开的自然人,每次代开销售额不超过500元不交,超过500元要交。对于个人代理人汇总代开以及组织临时登记户享受按月10万元按季30万元政策,如电信、旅游、保险等汇总代开的,还有各类村委会、事业单位及组织临时登记的按季享受 (2)其他个人采取一次性收取租金的形式出租不动产,取得的租金收入可在租金对应的租赁期内平均分摊,分摊后的月租金收入不超过10万元的,可享受小微企业免征增值税优惠政策。个体工商户和其他个人出租住房,按照5%的征收率减按1.5%计算应纳税额 (3)光伏发电项目发电户(其他个人和不经常发生应税行为的非企业性单位),销售电力产品时可以享受小规模纳税人月销售额10万元以下免税政策
2	消费税	根据《国家税务总局关于印发〈调整和完善消费税政策征收管理规定〉的通知》(国税发〔2006〕49号)规定,主管税务机关在为纳税人代开增值税专用发票时,应同时征收消费税
3	城建税	(1)零散个人代开增值税发票,没有增值税的,就没有城建税;缴了增值税的,就有城建税 (2)代开发票地点在市区的,税率为7%;在县城、镇的,税率为5%;不在市区、县城或镇的,税率为1% (3)小规模纳税人可享受减半优惠

续表

序号	税种	税率
4	教育费附加	（1）以各单位和个人实际缴纳的增值税、消费税的税额为计征依据，教育费附加率为3%，按月纳税的月销售额或营业额不超过10万元（按季度纳税的季度销售额或营业额不超过30万元）的缴纳义务人免征 （2）小规模纳税人可享受减半优惠
5	地方教育附加	（1）以各单位和个人实际缴纳的增值税、消费税的税额为计征依据，地方教育附加率为2%，按月纳税的月销售额或营业额不超过10万元（按季度纳税的季度销售额或营业额不超过30万元）的缴纳义务人免征 （2）小规模纳税人可享受减半优惠
6	个人所得税	存在着较大的行业和地区差异。 （1）对自然人从事经营所得，代开发票采取按照开票销售额的一定比率（征收率或附征率，一般是1%或1.5%）核定计算个人所得税；对自然人纳税人取得劳务报酬所得、稿酬所得和特许权使用费所得申请代开发票的，部分税务机关以及接受税务机关委托代开发票的单位为其代开发票时，不再征收上述所得应缴纳的个人所得税，由扣缴义务人按照税法规定依法履行预扣预缴义务，并办理个人所得税全员全额扣缴申报；对个人出租房产的个人所得税一般采取据实征收和核定征收两种方式 （2）采取据实征收的，个人出租住房，按10%的税率征收个人所得税；个人出租非住房，按20%的税率征收个人所得税；对个人转让房产取得的所得属于"财产转让所得"项目，以房产转让收入减除房产原值和合理费用后的余额为应纳税所得，适用20%的比例税率 （3）对个人未提供完整、准确的房产原值凭证，不能正确计算房产原值和应纳税额的，按照房产转让收入和规定的征收率计算个人所得税，即应纳税额＝房产转让收入×征收率 （4）对个人转让自用5年以上，并且是家庭唯一生活用房取得的所得，免征个人所得税
7	房产税	（1）代开出租不动产发票时，需要缴纳出租房产的房产税。对于享受减征、免征增值税优惠的纳税人，确定计税依据时，成交价格、租金收入、转让房地产取得的收入不扣减增值税额 （2）对个人出租住房，不区分用途，按4%的税率征收房产税 （3）小规模纳税人可享受减半优惠
8	土地增值税	（1）代开转让不动产发票时，需要按照《土地增值税暂行条例》及其实施细则等文件计算缴纳土地增值税 （2）对个人销售住房暂免征收土地增值税
9	城镇土地使用税	（1）代开出租不动产发票时，需要缴纳城镇土地使用税 （2）对个人出租住房，不区分用途，免征城镇土地使用税 （3）小规模纳税人可享受减半优惠
10	印花税	（1）对于从事购销、加工、承揽、仓储、运输、技术等业务的零散个人，申请开具发票时，还可能需要附征印花税 （2）小规模纳税人可享受减半优惠 （3）对个人销售或购买住房暂免征收印花税

2.6.4 代开发票办理流程

（1）提交《代开增值税发票缴纳税款申报单》。

（2）自然人申请代开发票，提交身份证件及复印件。

其他纳税人申请代开发票，提交加载统一社会信用代码的营业执照（或税务登记证或组织机构代码证）、经办人身份证件及复印件。

（3）申报缴纳增值税等有关税费。

（4）领取发票。

2.6.5 税务机关代开发票具体规定

（1）开具发票。税务机关代开发票岗位应按下列要求填开增值税发票。

①"单价"和"金额"栏分别填写不含增值税税额的单价和销售额。

②"税率"栏填写增值税征收率。

③"销售方名称"栏填写代开税务机关名称。

④"销售方纳税人识别号"栏填写代开税务机关的统一代码。

⑤"销售方开户行及账号"栏填写税收完税凭证字轨及号码或系统税票号码（免税代开增值税普通发票可不填写）。

⑥备注栏内注明纳税人名称和纳税人识别号。税务机关为跨县（市、区）提供不动产经营租赁服务、建筑服务的小规模纳税人（不包括其他个人），代开增值税发票时，在发票备注栏中自动打印"YD"字样。税务机关为纳税人代开建筑服务发票时应在发票的备注栏注明建筑服务发生地县（市、区）名称及项目名称。税务机关为个人保险代理人汇总代开增值税发票时，应在备注栏内注明"个人保险代理人汇总代开"字样。税务机关为出售或出租不动产代开发票时应在备注栏注明不动产的详细地址。

> **特别提示**
>
> 代开增值税普通发票的，购买方为自然人或符合下列4项条件之一的单位（机构），纳税人识别号可不填写。
>
> （1）我国在境外设立的组织机构。
>
> （2）非常设组织机构。

（3）组织机构的内设机构。
（4）军队、武警部队的序列单位等。

（2）印章加盖。增值税纳税人应在代开增值税专用发票的备注栏上，加盖本单位的发票专用章（为其他个人代开的特殊情况除外）。税务机关在代开增值税普通发票以及为其他个人代开增值税专用发票的备注栏上，加盖税务机关代开发票专用章。

特别提示

增值税小规模纳税人月销售额不超过3万元（按季纳税9万元）的，当期因代开增值税专用发票已经缴纳的税款，在增值税专用发票全部联次追回或者按规定开具红字增值税专用发票后，可以向主管税务机关申请退还。

2.6.6 代开发票填写错误、销货退回或销售折让等情形的处理

（1）代开发票填写错误、销货退回或销售折让等情形的处理按发现时间的处理如图2-14所示。

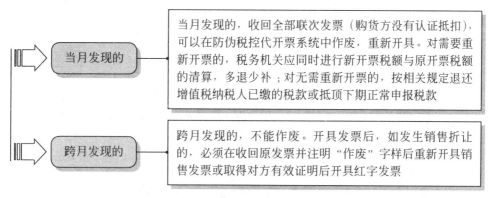

图2-14 代开发票填写错误、销货退回或销售折让等情形的处理

（2）如果是普通发票，到代开税务机关开具红字普通发票，可以在所对应的蓝字发票金额范围内开具多份红字发票。红字机动车销售统一发票需与原蓝字机

动车销售统一发票一一对应。

（3）如果是增值税专用发票，分图2-15所示三种情形处理。

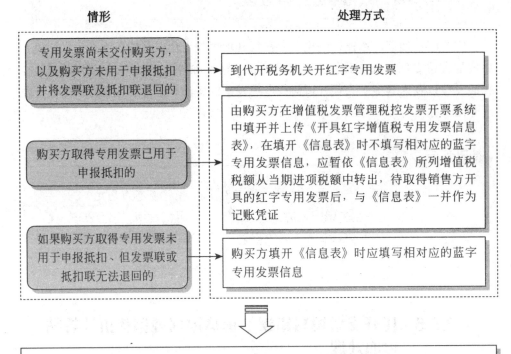

图2-15 代开增值税专用发票填写错误、销货退回或销售折让的处理

2.7 发票备注栏不可忽略

2.7.1 没按规定填写将面临的税务风险

（1）增值税。根据《中华人民共和国增值税暂行条例》第九条规定，纳税人购进货物、劳务、服务、无形资产、不动产，取得的增值税扣税凭证不符合法

律、行政法规或者国务院税务主管部门有关规定的，其进项税额不得从销项税额中抵扣。

（2）企业所得税。根据《国家税务总局关于发布〈企业所得税税前扣除凭证管理办法〉的公告》（国家税务总局公告2018年第28号）第十二条规定，企业取得私自印制、伪造、变造、作废、开票方非法取得、虚开、填写不规范等不符合规定的发票，以及取得不符合国家法律、法规等相关规定的其他外部凭证，不得作为税前扣除凭证。

（3）土地增值税。根据《国家税务总局关于营改增后土地增值税若干征管规定的公告》（国家税务总局公告2016年第70号）第五条规定，营改增后，土地增值税纳税人接受建筑安装服务取得的增值税发票，应按照《国家税务总局关于全面推开营业税改征增值税试点有关税收征收管理事项的公告》（国家税务总局公告2016年第23号）规定，在发票的备注栏注明建筑服务发生地县（市、区）名称及项目名称，否则不得计入土地增值税扣除项目金额。

2.7.2 增值税发票备注栏的信息要求

（1）自行开具。自行开具发票的备注栏信息如表2-6所示。

表2-6 自行开具发票的备注栏信息

业务类型	备注栏信息	文件依据
货物运输服务	填写起运地、到达地、车种车号以及运输货物信息	总局公告2015年第99号
铁路运输企业提供货物运输服务	注明受托代征的印花税款信息	总局公告2015年第99号
建筑服务	注明建筑服务发生地县（市、区）名称及项目名称	总局公告2016年第23号
销售、出租不动产	注明不动产的详细地址	总局公告2016年第23号
差额征税开票	自动打印"差额征税"字样	总局公告2016年第23号
销售预付卡	收到预付卡结算款	总局公告2016年第53号
保险代收车船税发票	保险单号、税款所属期（详细至月）、代收车船税金额、滞纳金金额、金额合计等	总局公告2016年第51号
互联网物流平台企业代开货物运输发票	注册会员的纳税人名称和统一社会信息代码（或税务登记证号码或组织机构代码）	税总函〔2017〕579号
生产企业委托综服企业代办出口退税	代办退税专用	总局公告2017年第35号

(2) 税务机关代开

① 《国家税务总局关于印发〈税务机关代开增值税专用发票管理办法（试行）〉的通知》（国税发〔2004〕153号）规定，代开发票岗位应按以下要求填写专用发票的有关项目。"备注"栏内注明增值税纳税人的名称和纳税人识别号。

——"单价"栏和"金额"栏分别填写不含增值税税额的单价和销售额。

——"税率"栏填写增值税征收率。

——"销货单位"栏填写代开税务机关的统一代码和代开税务机关名称。

——销方开户银行及账号栏内填写税收完税凭证号码。

——备注栏内注明增值税纳税人的名称和纳税人识别号。

——其他项目按照专用发票填开的有关规定填写。

② 税务机关为跨县（市、区）提供不动产经营租赁服务、建筑服务的小规模纳税人（不包括其他个人）代开增值税发票时在发票备注栏中自动打印"YD"字样。

③ 税务机关在代开增值税普通发票以及为其他个人代开增值税专用发票的备注栏上加盖税务机关代开发票专用章。

④ 税务机关代开发票各项业务的备注栏信息要求如表2-7所示。

表2-7 税务机关代开发票的备注栏信息要求

序号	业务类型	备注栏信息	法律依据
1	建筑服务	建筑服务发生地县（市、区）名称及项目名称	国家税务总局公告2016年第23号
2	出售或出租不动产	销售或出租不动产纳税人的名称、纳税人识别号（或者组织机构代码）、不动产的详细地址；按照核定计税价格征税的，"金额"栏填写不含税计税价格，备注栏注明"核定计税价格，实际成交含税金额×××元"	税总函〔2016〕145号
3	个人保险代理人汇总代开增值税发票	注明"个人保险代理人汇总代开"字样	国家税务总局公告2016年第45号
4	差额征税代开发票	通过系统中差额征税开票功能，录入含税销售额（或含税评估额）和扣除额，系统自动计算税额和金额，备注栏自动打印"差额征税"字样	国家税务总局公告2016年第23号
5	代开专用发票	增值税纳税人的名称和纳税人识别号	国税发〔2004〕150号

第 2 章 增值税发票开具规定

特别提示

以上列举备注栏应填写的信息,也是取得发票的纳税人需要重点审核的内容,根据《中华人民共和国增值税暂行条例》第九条规定,纳税人购进货物、劳务、服务、无形资产、不动产,取得的增值税扣税凭证不符合法律、行政法规或者国务院税务主管部门有关规定的,其进项税额不得从销项税额中抵扣。

2.8 电子发票

电子发票是指经营活动中开具或收取的数据电文形式的收付款凭证,即电子形式的发票。电子发票一般为PDF格式文件,可以供纳税人下载储存在手机、U盘等其他电子储存设备中,需要时可用PDF软件系统进行浏览、打印。如图2-16所示。

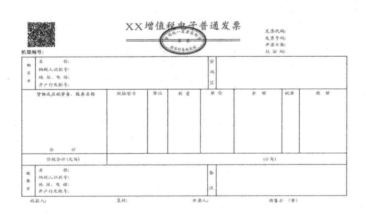

图2-16 增值税电子发票图片

(1)电子发票可用于入账报销。电子发票可以入账作为报销依据,根据《国家税务总局关于推行通过增值税电子发票系统开具的增值税电子普通发票有关问题的公告》(国家税务总局公告2015年第84号),增值税电子普通发票法律效力、基本用途、基本使用规定等与税务机关监制的增值税普通发票相同。电子档案凭证在2016年1月1日起施行的《会计档案管理办法》也合法应用。

开票人和受票人可以自行选择纸张打印(彩色、黑白均可)电子发票的版式文件,其法律效力、基本用途、基本使用规定等与税务机关监制的增值税普通发票相同。电子发票可以打印分别作为发票联、记账联等凭证使用。

(2)电子发票的查验。受票人可以登录全国增值税发票查验平台(https://inv-veri.chinatax.gov.cn)查询电子发票真伪,也可以使用手机微信扫一扫功能扫描发票上的二维码进行自动识别。发现查验结果不相符,可向税务机关进行举报。如图2-17所示。

图2-17　全国增值税发票查验平台

第3章

发票办理业务

3.1 领用发票

3.2 发票代开

3.3 发票相关服务

3.1 领用发票

3.1.1 增值税发票核定（首次）

税务机关依据增值税纳税人的申请，核定其使用增值税税控系统开具的发票种类［包括增值税专用发票、增值税普通发票、增值税电子普通发票、增值税普通发票（卷票）及机动车销售统一发票］、单次（月）领用数量及增值税普通发票、增值税电子普通发票、增值税普通发票（卷票）及机动车销售统一发票的最高开票限额。同时登记一名或多名购票员。

【报送资料】

（1）《纳税人领用发票票种核定表》2份。

（2）加载统一社会信用代码的营业执照（或税务登记证或组织机构代码证）1份，已进行实名身份信息采集的纳税人可取消报送。

（3）经办人身份证明原件及复印件（首次办理或经办人发生变化时提供）1份，已进行实名身份信息采集的纳税人可取消报送复印件。

（4）发票专用章印模1份，首次申请发票票种核定时提供。

（5）购票员授权委托证明书1份，网站下载或办税服务厅表格区领取，在表格公章区处加盖公章，法定代表人签名或加盖私人印章。

（6）购票员本人持身份证明原件及复印件1份，复印件加盖公章，已进行实名身份信息采集的纳税人可取消报送复印件。

【办理渠道】

办税服务厅，自助办税终端，网上办理：电子税务局。

【办理时限】

（1）纳税人办理时限。无。

（2）税务机关办结时限。5个工作日。同时满足下列条件的新办纳税人首次申领增值税发票，自受理申请之日起2个工作日内办结。

① 纳税人的办税人员、法定代表人已经进行实名信息采集和验证（需要采集、验证法定代表人实名信息的纳税人范围由各省税务机关确定）。

② 纳税人有开具增值税发票需求，主动申领发票。

③ 纳税人按照规定办理税控设备发行等事项。

④ 增值税专用发票最高开票限额不超过10万元，每月最高领用数量不超过

25份；增值税普通发票最高开票限额不超过10万元，每月最高领用数量不超过50份。

【办理流程】

办理流程如图3-1所示。

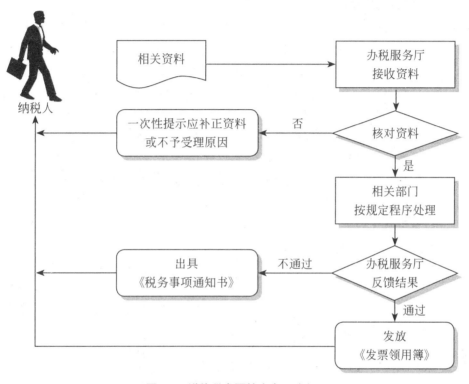

图3-1 增值税发票核定办理流程

3.1.2 增值税专用发票（增值税税控系统）最高开票限额审批

税务机关根据增值税一般纳税人和自开增值税专用发票小规模纳税人的申请，审批其开具增值税专用发票最高限额。税务机关按照纳税人的申请，根据其生产经营变化情况，对其使用增值税发票税控系统开具增值税专用发票最高限额进行审批。

【报送资料】

《增值税专用发票最高开票限额申请单》，《税务行政许可申请表》，经办人身份证件，代理委托书，代理人身份证件。

【办理渠道】

办税服务厅，自助办税终端，网上办理：电子税务局。

【办理时限】

（1）纳税人办理时限。无。

（2）税务机关办结时限。20个工作日。同时满足下列条件的新办纳税人首次申领增值税发票，自受理申请之日起2个工作日内办结。

① 纳税人的办税人员、法定代表人已经进行实名信息采集和验证（需要采集、验证法定代表人实名信息的纳税人范围由各省税务机关确定）。

② 纳税人有开具增值税发票需求，主动申领发票。

③ 纳税人按照规定办理税控设备发行等事项。

④ 增值税专用发票最高开票限额不超过10万元，每月最高领用数量不超过25份；增值税普通发票最高开票限额不超过10万元，每月最高领用数量不超过50份。

【办理流程】

办理流程如图3-2所示。

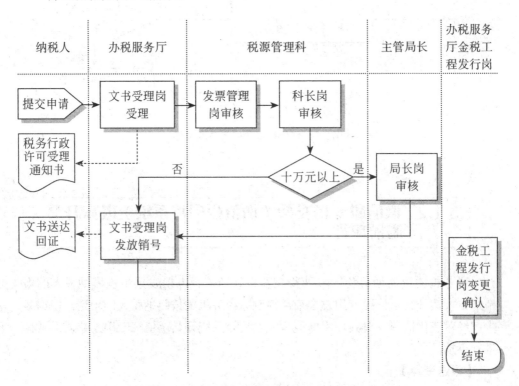

图3-2 增值税专用发票最高开票限额办理流程

3.1.3 普通发票核定

税务机关根据已经办理税务登记需要领用发票的单位和个人的经营范围和规模，核定其领用普通发票的种类、数量、开票限额以及领用的方式。

【报送资料】

《纳税人领用发票票种核定表》1份，加载统一社会信用代码的营业执照（或税务登记证或组织机构代码证）（已进行实名身份信息采集的纳税人可取消报送），发票专用章印模（首次核定时提供），经办人身份证明原件。

【办理渠道】

办税服务厅，自助办税终端，网上办理：电子税务局。

【办理时限】

（1）纳税人办理时限。无。

（2）税务机关办结时限。即时办结。

【办理流程】

办理流程如图3-3所示。

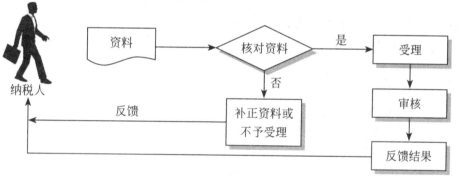

图3-3　普通发票核定办理流程

3.1.4 印有本单位名称发票核定

用票单位书面向税务机关要求使用印有本单位名称的发票，税务机关依据《中华人民共和国发票管理办法》的规定，确认印有该单位名称发票的种类和数量。

【报送资料】

《印有本单位名称发票印制表》1份；加载统一社会信用代码的营业执照（或税务登记证或组织机构代码证）（已进行实名身份信息采集的纳税人可取消报送）；经办人身份证明原件。

【办理渠道】

办税服务厅，自助办税终端，网上办理：电子税务局。

【办理时限】

（1）纳税人办理时限。无。

（2）税务机关办结时限。即时办结。

【办理流程】

同3.1.3普通发票核定业务办理流程。

3.1.5 印有本单位名称增值税普通发票印制申请

用票单位书面向税务机关要求使用印有本单位名称的增值税普通发票，税务机关依据《中华人民共和国发票管理办法》的规定，确认印有该单位名称增值税普通发票的种类和数量。

【报送资料】

《印有本单位名称增值税普通发票印制申请表》1份；加载统一社会信用代码的营业执照（或税务登记证或组织机构代码证）（已进行实名身份信息采集的纳税人可取消报送）；经办人身份证明原件。

【办理渠道】

办税服务厅。

【办理时限】

（1）纳税人办理时限。无。

（2）税务机关办结时限。2个工作日。

【办理流程】

同3.1.3普通发票核定业务办理流程。

3.1.6 申请使用经营地发票

税务机关对已报验登记的跨省、自治区、直辖市经营的纳税人，根据其生产经营情况，核定其使用发票种类、数量和最高开具限额。

【报送资料】

《纳税人领用发票票种核定表》1份，《外出经营活动税收管理证明》，发票专用章印模，经办人身份证明原件。

【办理渠道】

办税服务厅。

【办理时限】

(1) 纳税人办理时限。无。

(2) 税务机关办结时限。即时办结。

【办理流程】

办理流程如图3-4所示。

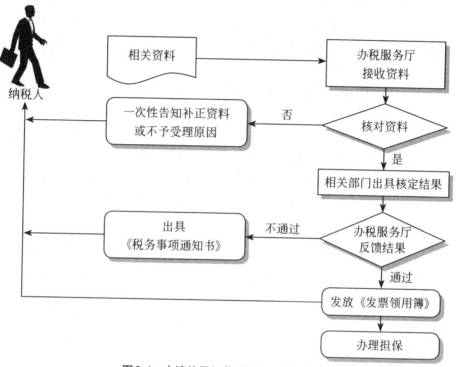

图3-4 申请使用经营地发票办理流程

3.1.7 增值税发票核定调整

税务机关依据增值税纳税人的申请,核定调整其使用增值税税控系统开具的发票种类［包括增值税专用发票、增值税普通发票、增值税电子普通发票、增值税普通发票（卷票）及机动车销售统一发票］、单次（月）领用数量及增值税普通发票、增值税电子普通发票、增值税普通发票（卷票）及机动车销售统一发票的最高开票限额、离线开具时限、离线开具总金额。登记一名或多名购票员。

【报送资料】

《纳税人领用发票票种核定表》2份,经办人身份证明原件1份（首次办理或经办人发生变化时提供）,《购票员授权委托证明书》原件（变更或增加购票员的需提供；网站下载或办税服务厅表格区领取，在表格公章区处加盖公章，法定代表人签名或加盖私人印章），购票员本人持身份证明原件1份。

【办理渠道】

办税服务厅，自助办税终端，网上办理：电子税务局、微信（税务局）。

【办理时限】

（1）纳税人办理时限。无。

（2）税务机关办结时限。办税服务厅自受理之日起5个工作日内向纳税人反馈核定调整结果。通过的，调整《发票领用簿》；未通过的，出具《税务事项通知书》。

以下纳税人需要调整增值税发票用量，手续齐全的，办税服务厅按照纳税人需要即时办理。

① 纳税信用等级评定为A类的纳税人。

② 市局确定的纳税信用好、税收风险等级低的其他类型纳税人。

上述纳税人2年内有涉税违法行为、移交司法机关处理记录，或者正在接受税务机关立案稽查的，不适用本项即时办理规定。

【办理流程】

办理流程如图3-5所示。

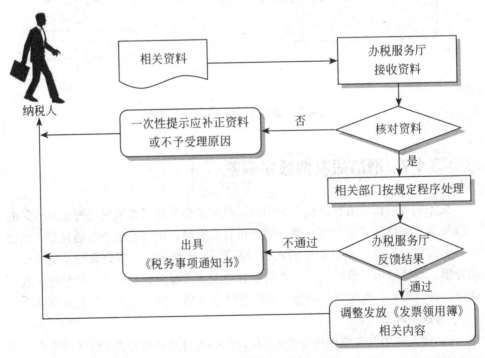

图3-5　增值税发票核定调整办理流程

3.1.8 普通发票核定调整

税务机关按照已办理普通发票核定的纳税人的申请，根据其生产经营变化情况，重新核定其使用的普通发票种类、数量和最高开票限额。

【报送资料】

《纳税人领用发票票种核定表》1份；加载统一社会信用代码的营业执照（或税务登记证或组织机构代码证），已进行实名身份信息采集的纳税人可取消报送；经办人身份证明原件。

【办理渠道】

办税服务厅，自助办税终端，网上办理：电子税务局。

【办理时限】

（1）纳税人办理时限。无。

（2）税务机关办结时限。即时办结。

【办理流程】

同3.1.3普通发票核定的业务办理流程。

3.1.9 增值税税控系统专用设备初始发行

税务机关依据纳税人的申请，在增值税税控系统中将税务登记信息、资格认定信息、税种税目认定信息、票种核定信息、增值税发票系统升级版离线开票时限和离线开票总金额等信息载入金税盘（税控盘）。

【报送资料】

加载统一社会信用代码的营业执照（或税务登记证或组织机构代码证），已进行实名身份信息采集的纳税人可取消报送，并提供办税人本人身份证原件当场查验；经办人身份证复印件1份，已进行实名身份信息采集的纳税人可取消报送；《票种核定通知书》（系统查验）；增值税税控专用设备。

【办理渠道】

办税服务厅。

【办理时限】

（1）纳税人办理时限。无。

（2）税务机关办结时限。资料齐全、符合法定形式、填写内容完整的，税务机关受理后即时办结。

【办理流程】

办理流程如图3-6所示。

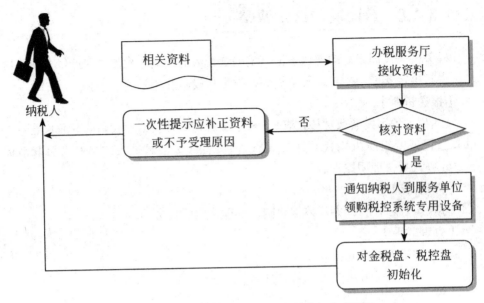

图3-6 增值税税控系统专用设备初始发行办理流程

3.1.10 增值税税控系统专用设备变更发行

税务机关根据纳税人的申请,在增值税发票税控系统中对纳税人金税盘(税控盘)、报税盘的信息(包括税率授权和新增开票分机)作相应变更。如纳税人调升开票限额,应先办理空白票缴销。纳税人名称、开票限额、购票限量、开票机数量等事项发生变更的,纳税人应到主管税务机关办理变更发行。

【报送资料】

加载统一社会信用代码的营业执照(或税务登记证或组织机构代码证),已进行实名身份信息采集的纳税人可取消报送,并提供办税人本人身份证件原件供当场查验;经办人身份证复印件1份,已进行实名身份信息采集的纳税人可取消报送;《票种核定通知书》(系统查验)原件;金税盘(税控盘)、报税盘。

【办理渠道】

办税服务厅。

【办理时限】

(1)纳税人办理时限。无。

(2)税务机关办结时限。资料齐全、符合法定形式、填写内容完整的,税务机关受理后即时办结。

【办理流程】

办理流程如图3-7所示。

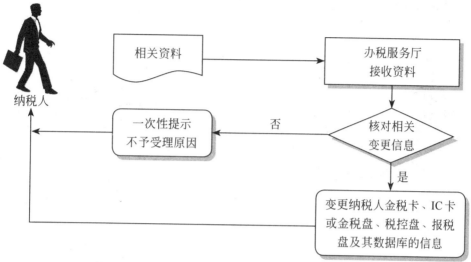

图3-7 增值税税控系统专用设备变更发行办理流程

3.1.11 增值税税控系统专用设备注销发行

已纳入防伪税控系统管理的纳税人,发生按规定需办理税控设备缴销或注销情形的,必须向主管税务机关提出申请,并办理有关缴销或注销手续,收缴金税卡、IC卡或金税盘(税控盘)、报税盘。

① 要予以缴销的情形。依法注销税务登记、终止纳税义务;被取消一般纳税人资格;减少分开票机;购买新型号防伪税控机,其旧型号防伪税控机办理缴销;其他需要缴销的情形。

② 要予以注销情形。跨区迁移。

【报送资料】

加载统一社会信用代码的营业执照(或税务登记证或组织机构代码证),已进行实名身份信息采集的纳税人可取消报送,并提供办税人本人身份证件原件供当场查验;金税盘(税控盘)、报税盘。

【办理渠道】

办税服务厅。

【办理时限】

(1)纳税人办理时限。无。

(2) 税务机关办结时限。资料齐全、符合法定形式、填写内容完整的，税务机关受理后即时办结。

【办理流程】

办理流程如图3-8所示。

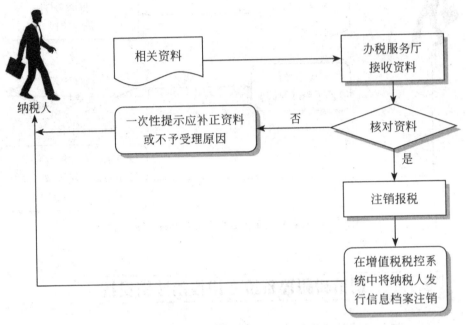

图3-8 增值税税控系统专用设备注销发行办理流程

3.1.12 发票领用（普通发票）

税务机关按照已办理普通发票核定的纳税人的申请，在核定范围内根据其需要发放普通发票。

【报送资料】

加载统一社会信用代码的营业执照（或税务登记证或组织机构代码证），已进行实名身份信息采集的纳税人可取消报送；《发票领用簿》；经办人身份证明原件。

【办理渠道】

办税服务厅，网上办理：客户端（网络发票系统可提供网上购票功能）。

【办理时限】

（1）纳税人办理时限。无。

（2）税务机关办结时限。即时办结。
【办理流程】
办理流程如图3-9所示。

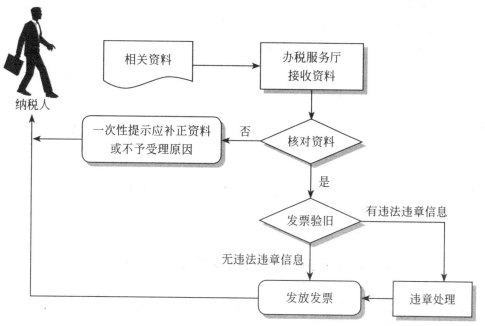

图3-9　发票领用（普通发票）办理流程

3.1.13　发票退票（普通发票）

因发票发放错误、发票发放信息登记错误等原因，税务机关为纳税人办理退票。

【报送资料】
《发票领用簿》，需要退回的空白发票，经办人身份证明原件。
【办理渠道】
办税服务厅。
【办理时限】
（1）纳税人办理时限。无。
（2）税务机关办结时限。即时办结。
【办理流程】
办理流程如图3-10所示。

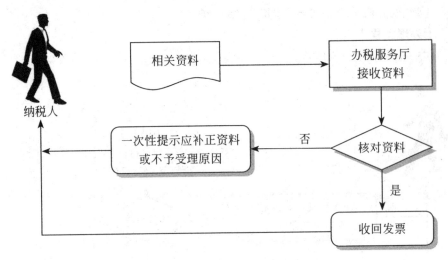

图3-10 发票退票（普通发票）办理流程

3.1.14 发票发放（增值税发票）

税务机关按照已办理发票核定的纳税人的申请，在核定范围内根据其需要发放发票。

【报送资料】

（1）加载统一社会信用代码的营业执照（或税务登记证或组织机构代码证）。已进行实名身份信息采集的纳税人可取消报送。

（2）购票员身份证及复印件1份。已进行实名身份信息采集的纳税人可取消报送复印件。

（3）《发票领用簿》。

（4）金税盘（税控盘）、报税盘。

【办理渠道】

办税服务厅。

【办理时限】

（1）纳税人办理时限。无。

（2）税务机关办结时限。资料齐全、符合法定形式、填写内容完整的，税务机关受理后即时办结。

【办理流程】

办理流程如图3-11所示。

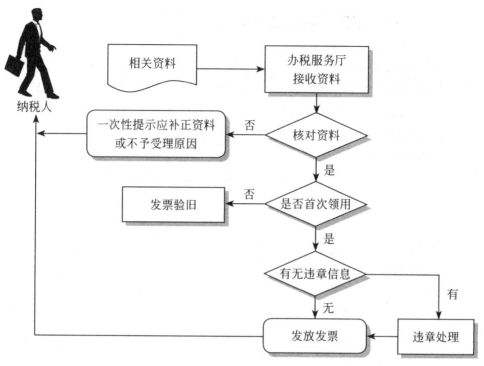

图 3-11 发票发放（增值税发票）办理流程

3.1.15 发票退回（增值税发票）

因发票发放错误、发票发放信息登记错误、纳税人领票信息电子数据丢失、金税盘（税控盘）或报税盘故障等原因，税务机关为纳税人办理退票。

【报送资料】
《发票领用簿》，金税盘（税控盘）、报税盘，已领用的空白发票。

【办理渠道】
办税服务厅。

【办理时限】
（1）纳税人办理时限：无。
（2）税务机关办结时限：资料齐全、符合法定形式、填写内容完整的，税务机关受理后即时办结。

【办理流程】
同 3.1.13 发票退票（普通发票）业务。

3.1.16 超限量购买普通发票

纳税人因业务量临时增加,税务机关核定的发票用量无法满足其经营需要的,可向税务机关申请增购发票,经主管税务机关核准后,可在税务机关核准的准购期限内按核准数量购领发票。

【报送资料】

《超限量购买发票申请表》1份;加载统一社会信用代码的营业执照(或税务登记证或组织机构代码证),已进行实名身份信息采集的纳税人可取消报送;经办人身份证明原件。

【办理渠道】

办税服务厅,自助办税终端,网上办理:电子税务局。

【办理时限】

(1)纳税人办理时限。无。

(2)税务机关办结时限。3个工作日。

【办理流程】

同3.1.3普通发票核定业务办理流程。

3.1.17 超限量购买增值税发票

税务机关核定的发票用量无法满足其经营需要的,可向税务机关申请增购增值税发票(包括:增值税专用发票、增值税普通发票、机动车销售统一发票、增值税电子普通发票),经主管税务机关审核后,可在规定期限内按批准数量购领发票。不适用于一般纳税人(含辅导期)通过预缴税款方式超限量购买增值税专用发票、增值税普通发票。

【报送资料】

《超限量购买发票申请表》;加载统一社会信用代码的营业执照(或税务登记证或组织机构代码证),已进行实名身份信息采集的纳税人可取消报送,并提供办税人本人身份证件原件供当场查验。

【办理渠道】

办税服务厅,自助办税终端,网上办理:电子税务局。

【办理时限】

(1)纳税人办理时限。无。

(2)办结时限。3个工作日。

【办理流程】

办理流程如图3-12所示。

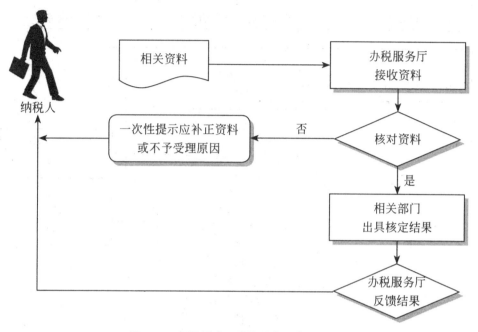

图3-12 超限量购买增值税发票办理流程

3.1.18 辅导期一般纳税人增购增值税专用发票

辅导期一般纳税人专用发票当月限量购领并使用完毕后,因需要增购增值税专用发票的,可在办理抄税手续后,直接到发票供售窗口按当月已领购并开具的正数专用发票上注明的销售额按规定的征收率预缴税款后购买不超过原月限量的发票。

【报送资料】

《预缴税款超限量领购发票申请表》,发票领购簿(查验后退回)。

【办理渠道】

办税服务厅。

【办理时限】

(1)纳税人办理时限。无。

(2)税务机关办结时限。资料齐全、符合法定形式、填写内容完整的,税务机关受理后即时办结。

【办理流程】

办理流程如图3-13所示。

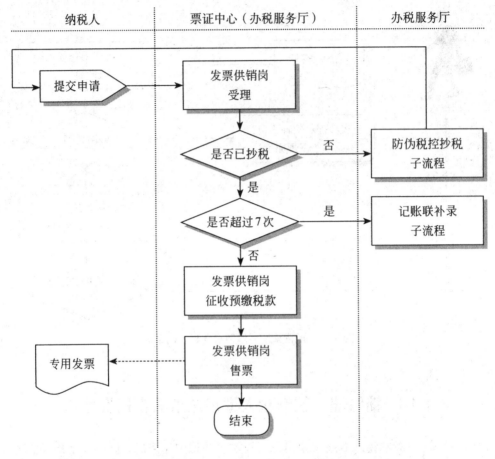

图3-13 辅导期一般纳税人增购增值税专用发票办理流程

3.1.19 购票特批

纳税人停供发票期间,因发生经营业务等原因需要领购发票的,可以通过购票特批申请,经税务机关批准后购买所需要的发票。

【报送资料】

《购票特批申请表》1份;加载统一社会信用代码的营业执照(或税务登记证或组织机构代码证),已进行实名身份信息采集的纳税人可取消报送;经办人身份证明原件;税务机关需要提供的其他资料。

【办理渠道】

办税服务厅。

【办理时限】

（1）纳税人办理时限。无。

（2）税务机关办结时限。2.5个工作日。

【办理流程】

同3.1.3普通发票核定业务办理流程。

3.1.20 发票验旧

纳税人应当将已开具发票的相关信息通过电子或纸质方式，报送税务机关查验。

【报送资料】

《发票领用簿》；需提供发票电子信息的，提供存储介质，已上传电子信息的不需要提供；已开具发票存根联（记账联），已上传电子信息的不需要提供；作废发票全部联次；原件查验退还。

【办理渠道】

办税服务厅，自助办税终端，网上办理：电子税务局。

【办理时限】

（1）纳税人办理时限。无。

（2）税务机关办结时限。即时办结。

【办理流程】

同3.1.3普通发票核定业务办理流程。

3.1.21 发票缴销

纳税人发生清税注销或发票换版、损毁等情况的，应当到税务机关缴销空白纸质发票。

【报送资料】

《发票领用簿》，需缴销的空白发票，缴销税控类发票需提供税控设备。

【办理渠道】

办税服务厅。

【办理时限】

（1）纳税人办理时限。无。

(2)税务机关办结时限。即时办结。

【办理流程】

办理流程如图3-14所示。

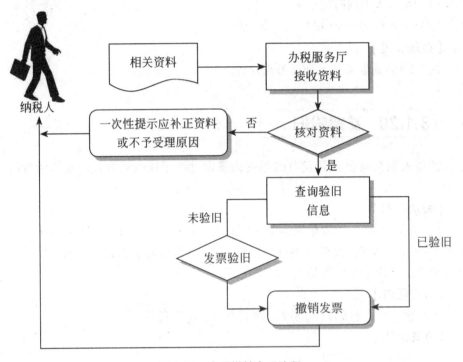

图3-14 发票缴销办理流程

3.1.22 增值税专用发票存根联数据采集

税务机关通过税控系统接收纳税人按月报送的存根联报税信息,并对数据进行比对校验,比对正确的数据予以接收。

【报送资料】

IC卡、报税盘。

【办理渠道】

办税服务厅。

【办理时限】

(1)纳税人办理时限。无。

(2)税务机关办结时限。资料齐全、符合法定形式、填写内容完整的,税务机关受理后即时办结。

【办理流程】

办理流程如图3-15所示。

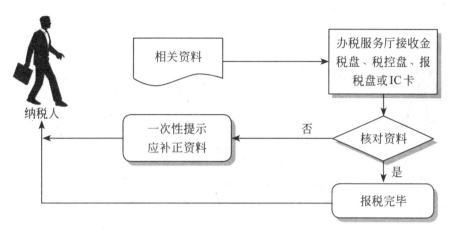

图3-15 增值税专用发票存根联数据采集办理流程

3.1.23 发票认证

税务机关通过增值税税控系统对纳税人增值税专用发票、货物运输业增值税专用发票和机动车销售统一发票的抵扣联进行识别、确认。

【报送资料】

增值税专用发票、机动车销售统一发票的抵扣联原件；专用发票抵扣联无法认证的，可使用专用发票发票联到税务机关认证；纳税人丢失已开具专用发票的发票联和抵扣联且丢失前未认证的，购买方凭销售方提供的相应专用发票记账联复印件到税务机关进行认证。

【办理渠道】

办税服务厅；网上办理：防伪税控系统。

【办理时限】

（1）纳税人办理时限。增值税一般纳税人取得2017年7月1日及以后开具的增值税发票（包括增值税专用发票、机动车销售统一发票、收费公路通行费增值税电子普通发票，下同），应自开具之日起360日内认证或登录增值税发票选择确认平台进行确认。可以自愿使用增值税发票选择确认平台查询、选择用于申报抵扣、出口退税或者代办退税的增值税发票信息，并在规定的纳税申报期内，向税务机关申报抵扣进项税额。通过选择确认的增值税发票，不再进行扫描认证。

（2）税务机关办结时限。资料齐全、符合法定形式、填写内容完整的，税务机关受理后即时办结。

【办理流程】

办理流程如图3-16所示。

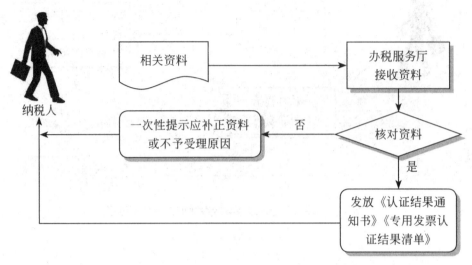

图3-16　发票认证办理流程

3.1.24　未按期申报增值税扣税凭证继续抵扣审批

增值税一般纳税人取得的增值税扣税凭证已认证或已采集上报信息但未按照规定期限申报抵扣；实行纳税辅导期管理的增值税一般纳税人以及实行海关进口增值税专用缴款书"先比对后抵扣"管理办法的增值税一般纳税人，取得的增值税扣税凭证稽核比对结果相符但未按规定期限申报抵扣，属于发生真实交易且属于客观原因的，经主管税务机关审核，允许纳税人继续申报抵扣其进项税额。

【报送资料】

《未按期申报抵扣增值税扣税凭证抵扣申请单》1份；《已认证增值税扣税凭证清单》1份；增值税扣税凭证未按期申报抵扣情况说明及证明1份；未按期申报抵扣增值税扣税凭证复印件1份。

【办理渠道】

办税服务厅。

【办理时限】

（1）纳税人办理时限。无。

（2）税务机关办结时限。20个工作日。

【办理流程】

办理流程如图3-17所示。

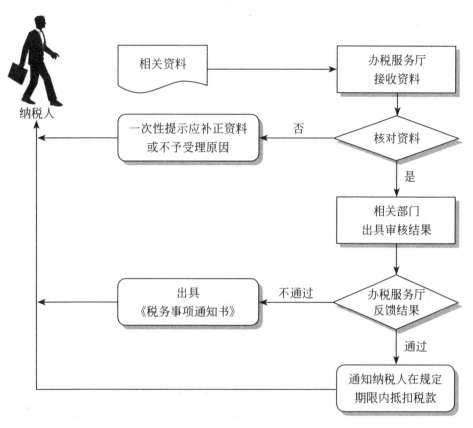

图3-17 未按期申报增值税扣税凭证继续抵扣审批办理流程

3.1.25 逾期增值税扣税凭证继续抵扣审批

增值税一般纳税人发生真实交易,开具的增值税扣税凭证由于客观原因造成未能按照规定期限办理认证或者稽核比对抵扣的,经税务机关审核、逐级上报,由省国税局认证、稽核比对后,对比对相符的增值税扣税凭证,允许纳税人继续抵扣其进项税额。

【报送资料】

《逾期增值税扣税凭证抵扣申请单》2份;增值税扣税凭证逾期情况说明,客观原因涉及第三方的,应同时提供第三方证明或说明;逾期增值税扣税凭证电子信息；逾期增值税扣税凭证复印件1份，复印件必须整洁、清晰，在凭证备注栏注明"与原件一致"并加盖纳税人公章，增值税专用发票复印件必须裁剪成与原票大小一致。

【办理渠道】

办税服务厅。

【办理时限】

（1）纳税人办理时限。无。

（2）税务机关办结时限。无。

【办理流程】

办理流程如图3-18所示。

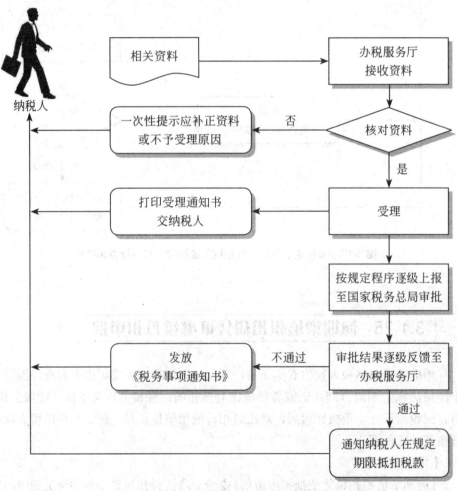

图3-18 逾期增值税扣税凭证继续抵扣审批办理流程

3.2 发票代开

3.2.1 代开增值税专用发票

税务机关根据纳税人申请，为其开具增值税专用发票。

【报送资料】

《代开增值税发票缴纳税款申报单》；加载统一社会信用代码的营业执照（或税务登记证或组织机构代码证）1份，已进行实名身份信息采集的纳税人可取消报送，并提供办税人本人身份证件原件供当场查验；经办人身份证件及复印件1份，已进行实名身份信息采集的纳税人可取消报送复印件。

【办理渠道】

办税服务厅，自助办税终端，网上办理：电子税务局。可自助终端打印、税务局办税服务厅领取、EMS邮寄方式领取。

【办理时限】

（1）纳税人办理时限。无。

（2）税务机关办结时限。资料齐全、符合法定形式、填写内容完整的，税务机关受理后即时办结。

【办理流程】

办理流程如图3-19所示。

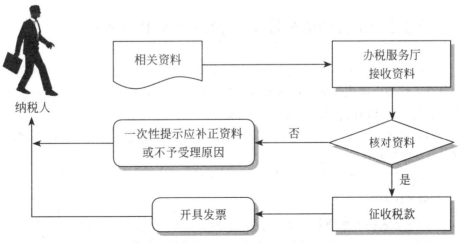

图3-19 代开增值税专用发票办理流程

3.2.2 代开增值税普通发票

税务机关依据纳税人申请,为符合代开条件的单位和个人开具增值税普通发票。

【报送资料】

《代开增值税发票缴纳税款申报单》;自然人申请代开发票,提交身份证件及复印件,其他纳税人申请代开发票,提交加载统一社会信用代码的营业执照(或税务登记证或组织机构代码证)1份,已进行实名身份信息采集的自然人可取消报送身份证复印件,已进行实名身份信息采集的其他纳税人可取消报送营业执照,并提供办税人本人身份证件原件供当场查验;经办人身份证明原件及复印件1份,已进行实名身份信息采集的纳税人可取消报送复印件。

【办理渠道】

办税服务厅;自助办税终端;网上办理:电子税务局。可自助终端打印、税务局办税服务厅领取、EMS邮寄方式领取。

微信(税务局),目前只适用于自然人代开增值税普通发票。

【办理时限】

(1)纳税人办理时限。无。

(2)税务机关办结时限。资料齐全、符合法定形式、填写内容完整的,税务机关受理后即时办结。

【办理流程】

同3.2.1代开增值税专用发票业务办理流程。

3.2.3 代开增值税发票(其他个人出租不动产)

其他个人出租其不动产,承租方不属于其他个人的,纳税人缴纳增值税后可以向税务机关申请代开增值税普通发票及专用发票。纳税人向其他个人出租不动产,不得开具或申请代开增值税专用发票。

如果存在多个承租方,每个承租方根据购买方承租比例和纳税份额分别提供材料,分别采集信息,分别开具发票。

出租不动产是指以经营租赁方式出租其取得的不动产。

【报送资料】

(1)《个人房屋租赁信息采集表》;承租方记载统一社会信用代码的营业执照或《税务登记证》《组织机构代码证》(开具增值税专用发票的纳税人需提供,开具增值税普通发票的纳税人不需要提供该项资料）；经办人身份证明材料（验原件留复印件）；《代开增值税发票申请表》各1份，首次办理房屋租赁业务的纳税人需提交。

（2）《代开增值税发票申请表》；经办人身份证明（验原件留复印件）各1份。已采集房屋信息进行后续申报的纳税人需提供。已在微信税务局上申报、缴税的纳税人，办理领取发票业务需提供。

（3）转租代开发票纳税人在上述情况需增加可抵扣的完税凭证1份。

【办理渠道】

办税服务厅；网上办理：电子税务局、微信税务局。

【办理时限】

（1）纳税人办理时限。填开发票的个人必须在发生经营业务确认营业收入时开具发票。

（2）税务机关办结时限。资料齐全、符合法定形式、填写内容完整的，税务机关受理后即时办结。

【办理流程】

办理流程如图3-20所示。

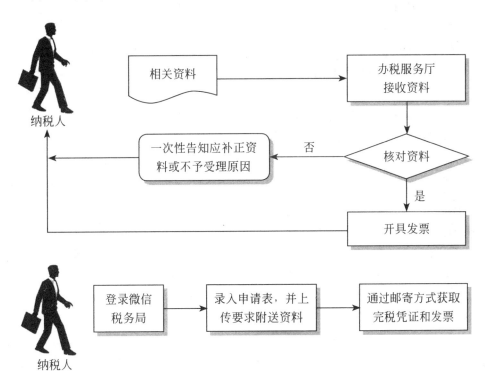

图3-20 代开增值税发票（其他个人出租不动产）办理流程

3.2.4 代开增值税专用发票(销售取得的不动产)

纳税人销售取得不动产代开发票。增值税小规模纳税人销售其取得的不动产,购买方不属于其他个人的,纳税人缴纳增值税后可以向税务机关申请代开增值税专用发票。纳税人向其他个人转让其取得的不动产,不得开具或申请代开增值税专用发票。

如果存在多个购买方,每个购买方根据购买方产权比例和纳税份额分别提供材料,分别开具发票。

取得的不动产,包括以直接购买、接受捐赠、接受投资入股、自建以及抵债等各种形式取得的不动产。

【报送资料】

《代开增值税专用发票申请表》;《房地产交易税费申报表》及复印件,已加盖委托代征专用章或区局税收业务专用章,验原件,留复印件;购买方记载统一社会信用代码的营业执照及复印件;完税凭证或税务机关电子缴款凭证,验原件,如果纳税人提供税务机关电子缴款凭证需先换取税收完税凭证;经办人身份证明材料,包括居民身份证、军人证、护照,验原件。

【办理渠道】

不动产所在地税务机关。

【办理时限】

(1)纳税人办理时限。填开发票的单位和个人必须在发生经营业务确认营业收入时开具发票。

(2)税务机关办结时限。即时办结。

【办理流程】

办理流程如图3-21所示。

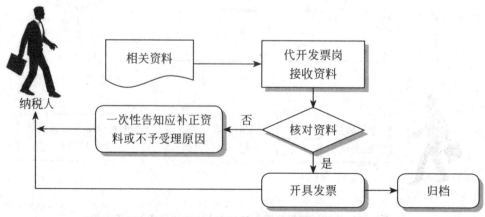

图3-21 代开增值税专用发票(销售取得的不动产)办理流程

3.2.5 代开增值税普通发票（销售取得的不动产）

不能自行开具增值税普通发票的小规模纳税人销售其取得的不动产，可以向税务机关或不动产所在地登记中心申请代开增值税普通发票。

如果存在多个购买方，每个购买方根据购买方产权比例和纳税份额分别提供材料，分别开具发票。

取得的不动产，包括以直接购买、接受捐赠、接受投资入股、自建以及抵债等各种形式取得的不动产。

【报送资料】

《代开增值税普通发票申请表》；《房地产交易税费申报表》及复印件，加盖委托代征专用章或区局税收业务专用章，验原件，留复印件；完税凭证或税务机关电子缴款凭证，验原件，如果纳税人提供税务机关电子缴款凭证需先换取税收完税凭证；经办人身份证明材料，包括居民身份证、军人证、护照，验原件。

【办理渠道】

不动产所在地税务机关。

【办理时限】

（1）纳税人办理时限。填开发票的单位和个人必须在发生经营业务确认营业收入时开具发票。

（2）税务机关办结时限。即时办结。

【办理流程】

同3.2.4代开增值税专用发票（销售取得不动产）业务办理流程。

3.2.6 代开发票作废

因开具错误、销货退回、销售折让、服务中止等原因，已代开发票需作废的，税务机关为纳税人作废已代开的发票。

【报送资料】

已开具发票各联次；作废原因的书面证明材料1份；经办人身份证明（经办人变更的提供复印件）1份，已进行实名身份信息采集的纳税人可取消报送复印件。

【办理渠道】

办税服务厅

【办理时限】

（1）纳税人办理时限。无。

（2）税务机关办结时限。资料齐全、符合法定形式、填写内容完整的，税务机关受理后即时办结。

【办理流程】

办理流程如图3-22所示。

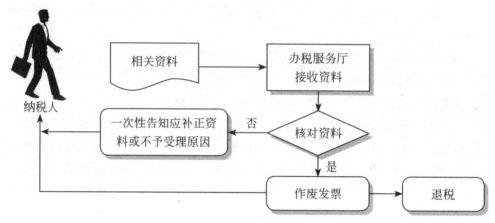

图3-22 代开发票作废办理流程

3.2.7 申请开具红字增值税专用发票的审核

增值税一般纳税人开具增值税专用发票后，发生销货退回、开票有误等情形但不符合作废条件的，或者因销售部分货物退回及发生销售折让的，购买方或销售方向税务机关提出《开具红字增值税专用发票申请单》申请，经税务机关系统审核后出具。

【报送资料】

（1）购买方取得专用发票已用于申报抵扣的，在增值税发票管理新系统中填开并上传《开具红字增值税专用发票信息表》，在填开《信息表》时不填写相对应的蓝字专用发票信息，应暂依《信息表》所列增值税税额从当期进项税额中转出，待取得销售方开具的红字专用发票后，与《信息表》一并作为记账凭证。

（2）销售方开具专用发票尚未交付购买方，以及购买方未用于申报抵扣并将发票联及抵扣联退回的，销售方可在新系统中填开并上传《信息表》，销售方填开《信息表》时应填写相对应的蓝字专用发票信息。

（3）未使用增值税发票系统升级版的纳税人《开具红字增值税专用发票申请单》。

（4）载有申请单信息的储存介质。

【办理渠道】

办税服务厅；网上办理：防伪税控设备。

【办理时限】

（1）纳税人办理时限。无。

（2）税务机关办结时限。资料齐全、符合法定形式、填写内容完整的，税务机关受理后即时办结。

【办理流程】

办理流程如图3-23所示。

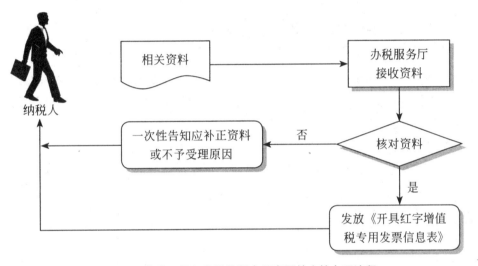

图3-23　申请开具红字增值税专用发票的审核办理流程

3.2.8　红字货物运输业增值税专用发票开具申请

纳税人开具货物运输业增值税专用发票后，发生应税服务中止、折让、开票有误以及发票抵扣联、发票联均无法认证等情形，且不符合发票作废条件，实际受票方或承运人向税务机关提出开具红字货物运输业增值税专用发票申请，经税务机关通过系统核对后开具。

【报送资料】

使用增值税发票系统升级版的纳税人《开具货物运输业增值税专用发票信息表》；未使用增值税发票系统升级版的纳税人《开具红字货物运输业增值税专用发票申请单》；载有申请单信息的储存介质：金税盘（税控盘）、报税盘（使用增值税税控系统的企业提供）。

【办理渠道】

办税服务厅;网上办理:防伪税控设备。

【办理时限】

(1)纳税人办理时限。无。

(2)税务机关办结时限。资料齐全、符合法定形式、填写内容完整的,税务机关受理后即时办结。

【办理流程】

同3.2.7申请开具红字增值税专用发票的审核业务办理流程。

3.2.9 代开增值税普通发票冲红

税务机关为纳税人开具增值税普票后,当已代开增值税普通发票内容开具有误、购货方退货、销售货物发生折让或服务中止不符合作废条件。需要冲红已代开增值税普通发票。

【报送资料】

(1)代开增值税普通发票的全部联次;无法提供全部联次的,提供对方有效证明1份;购方提供有效证明,需要写上冲红原因、发票代码、号码、数量、金额,同时加盖公章。

(2)自然人申请代开发票,提交身份证件及复印件(已进行实名身份信息采集的自然人可取消报送复印件);其他纳税人申请代开发票,提交加载统一社会信用代码的营业执照(或税务登记证或组织机构代码证)(已进行实名身份信息采集的纳税人可取消报送,并提供办税人本人身份证件原件供当场查验)1份。

(3)经办人身份证明原件及复印件1份,已进行实名身份信息采集的纳税人可取消报送复印件。

【办理渠道】

办税服务厅。

【办理时限】

(1)纳税人办理时限。无。

(2)税务机关办结时限。资料齐全、符合法定形式、填写内容完整的,税务机关受理后即时办结。

【办理流程】

办理流程如图3-24所示。

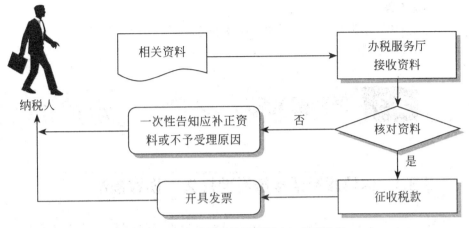

图 3-24 代开增值税普通发票冲红办理流程

3.2.10 代开增值税专用发票冲红

税务机关为纳税人开具增值税专用后，当已代开增值税专用发票内容开具有误、购货方退货、销售货物发生折让或服务中止不符合作废条件，需要冲红已代开增值税专用发票。

【报送资料】

（1）代开增值税专用发票的全部联次和《开具红字增值税专用发票信息表》；无法提供全部联次的、购买方已认证的，提供《开具红字增值税专用发票信息表》1份。

（2）提交加载统一社会信用代码的营业执照（或税务登记证或组织机构代码证）1份，已进行实名身份信息采集的纳税人可取消报送，并提供办税人本人身份证件原件供当场查验。

（3）经办人身份证明原件及复印件1份，已进行实名身份信息采集的纳税人可取消报送复印件。

【办理渠道】

办税服务厅。

【办理时限】

（1）纳税人办理时限。无。

（2）税务机关办结时限。资料齐全、符合法定形式、填写内容完整的，税务机关受理后即时办结。

【办理流程】

同3.2.9代开增值税普通发票冲红业务办理流程。

3.3 发票相关服务

3.3.1 增值税发票系统发票挂失、损毁报备

增值税专用发票、货物运输业增值税专用发票及增值税普通发票丢失、被盗、损毁致无法辨认代码或号码、灭失的，纳税人向税务机关报告，税务机关备案。

【报送资料】

（1）《发票挂失/损毁报告表》。

（2）丢失的需提供公安部门受理报案的有关材料。如公安机关不予受理纳税人报案，提供公安机关不予受理的回执。对公安机关确实不受理且不提供不受理回执的，纳税人书面报告税务机关，并登报声明丢失被盗后，再按规定办理相关事宜。

（3）刊登遗失声明的版面复印件1份。

【办理渠道】

办税服务厅。

【办理时限】

（1）纳税人办理时限。纳税人丢失发票，应及时报告主管税务机关。

（2）税务机关办结时限。资料齐全、符合法定形式、填写内容完整的，税务机关受理后即时办结。

【办理流程】

办理流程如图3-25所示。

【注意事项】

（1）一般纳税人丢失已开具专用发票的发票联和抵扣联，如果丢失前已认证相符的，购买方可凭销售方提供的相应专用发票记账联复印件及销售方主管税务机关出具的《丢失增值税专用发票已报税证明单》或《丢失货物运输业增值税专用发票已报税证明单》，作为增值税进项税额的抵扣凭证；如果丢失前未认证的，购买方凭销售方提供的相应专用发票记账联复印件进行认证，认证相符的可凭专

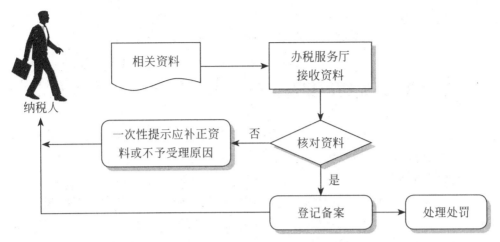

图3-25 增值税发票系统发票挂失、损毁报备办理流程

用发票记账联复印件及销售方主管税务机关出具的《证明单》,作为增值税进项税额的抵扣凭证。专用发票记账联复印件和《证明单》留存备查。

(2)一般纳税人丢失已开具专用发票的抵扣联,如果丢失前已认证相符的,可使用专用发票发票联复印件留存备查;如果丢失前未认证的,可使用专用发票发票联认证,专用发票发票联复印件留存备查。

(3)一般纳税人丢失已开具专用发票的发票联,可将专用发票抵扣联作为记账凭证,专用发票抵扣联复印件留存备查。

(4)纳税人违反发票管理规定的,启动处理处罚业务流程。

3.3.2 普通发票丢失(损毁)报备

纳税人发生发票丢失、被盗、损毁致无法辨认代码或号码、灭失的,应当向税务机关报告备案。

【报送资料】

《发票挂失/损毁报告表》1份;登报声明发票遗失作废的版面复印件等证明材料1份;经办人身份证明。

【办理渠道】

办税服务厅。

【办理时限】

(1)纳税人办理时限。应当于发现丢失当日报告。

(2)税务机关办结时限。即时办结。

【办理流程】

同 3.3.1 增值税发票系统发票挂失、损毁报备业务办理流程。

3.3.3 丢失防伪税控设备

增值税一般纳税人丢失、被盗金税卡、IC卡，应及时向主管税务机关报告，税务机关按照规定进行处理。

【报送资料】

《丢失、被盗防伪税控系统专用设备情况表》；提供公安部门受理报案的有关材料，如公安机关不予受理纳税人报案，提供公安机关不予受理的回执。对公安机关确实不受理且不提供不受理回执的，纳税人书面报告税务机关，并登报声明丢失被盗后，再按规定办理相关事宜；有关新闻媒体发布声明作废（注明企业名称、专用设备编号、丢失被盗时间等）的公告。

【办理渠道】

办税服务厅。

【办理时限】

（1）纳税人办理时限。纳税人丢失"金税卡、IC卡"，应于丢失后立即书面报告主管税务机关。

（2）税务机关办结时限。资料齐全、符合法定形式、填写内容完整的，税务机关受理后即时办结。

【办理流程】

办理流程如图3-26所示。

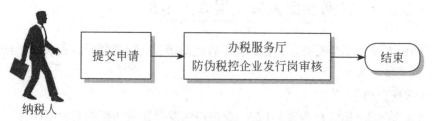

图3-26 丢失防伪税控设备办理流程

3.3.4 发票真伪鉴别

用票单位和个人、法定第三方需鉴别本省、自治区、直辖市税务机关监制的发票真伪以及国家税务总局监制的发票真伪的，可以向税务机关提出鉴别需求。

【报送资料】

（1）待鉴别发票原件；经办人身份证明。

（2）行政执法部门。工作证原件及复印件1份；待鉴别发票原件、复印件1份，发票数量较多时，提供电子数据代替复印件，数据应包括发票名称、代码、号码、数量等；单位介绍信1份。

（3）申请人为单位的。加载统一社会信用代码的营业执照或登记证件，依法不需要办理税务登记的单位应提供组织机构代码证，已实名认证的取消报送。

（4）自然人。身份证明。

【办理渠道】

办税服务厅。

【办理时限】

（1）纳税人办理时限。无。

（2）税务机关办结时限。即时办结。

【办理流程】

办理流程如图3-27所示。

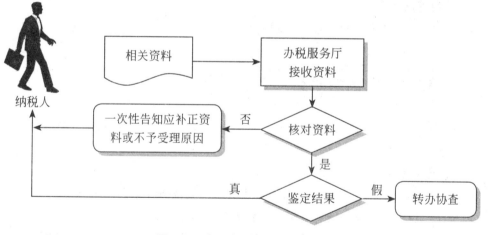

图3-27　发票真伪鉴别办理流程

3.3.5 《发票领用簿》核发、缴销

纳税人办理了税务登记后需要领用发票的，应当持税务登记证件、经办人身份证明、按照国务院税务主管部门规定式样制作的发票专用章的印模等资料，向主管税务机关申请办理发票领用手续。

【报送资料】

（1）加载统一社会信用代码的营业执照（或税务登记证或组织机构代码证），已进行实名身份信息采集的纳税人可取消报送。

（2）《购票员授权委托证明书》1份。核发时提供，税务机关网站下载或办税服务厅表格区领取，在表格公章区处加盖公章，法定代表人签名或加盖私人印章，法定代表人本人办理不需此表。

（3）购票员身份证明原件、复印件（加盖公章）1份，已进行实名身份信息采集的纳税人可取消报送复印；办理缴销业务时，企业法定代表人、办税员、购票员、财务负责人均可办理。

（4）发票领用簿，办理缴销业务时提供。

【办理渠道】

办税服务厅。

【办理时限】

（1）纳税人办理时限。无。

（2）税务机关办结时限。即时办结。

【办理流程】

同3.1.3普通发票核定业务办理流程。

3.3.6 增加购票员

纳税人办理了《发票领用簿》后，为保障发票领购安全，需要在税务机关登记一名或多名购票员。

【报送资料】

（1）加载统一社会信用代码的营业执照（或税务登记证或组织机构代码证）原件，已进行实名身份信息采集的纳税人可取消报送。

（1）《购票员授权委托证明书》1份，税务机关网站下载或办税服务厅表格区领取，在表格公章区处加盖公章，法定代表人签名或加盖私人印章。

（3）购票员身份证明原件1份，须购票员本人现场办理。

（4）发票领用簿。

【办理渠道】

办税服务厅，自助办税终端，网上办理：电子税务局。目前，电子税务局可在"票种核定申请调整"模块单独增加或变更购票员信息，如在"发票票种核定申请"模块办理需跟发票票种核定业务同时提交申请。

【办理时限】

（1）纳税人办理时限。无。

（2）税务机关办结时限。办结时限与票种核定一致。

【办理流程】

同3.1.3普通发票核定业务办理流程。

3.3.7　取消购票员

纳税人可取消已有购票员。

【报送资料】

（1）取消他人购票员资格的。加载统一社会信用代码的营业执照（或税务登记证或组织机构代码证）原件，已进行实名身份信息采集的纳税人可取消报送；经办人身份证明原件1份；发票领用簿。

（2）取消本人购票员资格的。购票员身份证明原件1份，须购票员本人现场办理。

【办理渠道】

办税服务厅

【办理时限】

（1）纳税人办理时限。无。

（2）税务机关办结时限。即时办结。

【办理流程】

同3.1.3普通发票核定业务办理流程。

第4章

税收优惠办理业务

4.1 增值税优惠

4.2 消费税优惠

4.3 车辆购置税优惠

4.4 企业所得税优惠

4.5 个人所得税优惠

4.6 房产税优惠

4.7 城镇土地使用税优惠

4.8 土地增值税优惠

4.9 耕地占用税优惠备案

4.10 资源税优惠核准

4.11 契税优惠备案

4.12 印花税优惠备案

4.13 车船税优惠备案

4.14 环境保护税优惠备案

4.15 城市维护建设税优惠备案

4.16 教育费附加优惠

4.17 纳税人放弃增值税免（减）税权声明

4.1 增值税优惠

4.1.1 增值税留抵税额退税批准类优惠办理

对符合条件的集成电路重大项目、石脑油、燃料油等企业增值税留抵税额予以退税。

【报送资料】

（1）符合条件的集成电路重大项目增值税留抵税额退税，应报送：《退（抵）税申请审批表》；减免税申请报告（列明减免税理由、依据、范围、期限、数量、金额等，加盖公章）；增值税专用发票或海关进口增值税专用缴款书。

（2）石脑油、燃料油等企业增值税留抵税额退税，应报送：《退（抵）税申请审批表》；减免税申请报告（列明减免税理由、依据、范围、期限、数量、金额等，加盖公章）；生产乙烯、芳烃类化工产品企业购进合同复印件1份；生产乙烯、芳烃类化工产品企业进口协议复印件1份；生产乙烯、芳烃类化工产品企业进口货物报关单复印件1份。

【办理渠道】

办税服务厅。

【办理流程】

办理流程如图4-1所示。

【办理时限】

（1）纳税人办理时限。每月纳税申报期结束后10个工作日内。

（2）税务机关办结时限。20个工作日。

4.1.2 增值税备案类优惠办理

享受备案类减免税的纳税人，依据法律、行政法规的规定向主管税务机关提出备案申请。已享受减税、免税优惠的纳税人，其减税、免税条件发生变化的，应当向税务机关报告，重新备案。如不再符合减免税规定，应当停止享受减免税，按照规定进行纳税申报。

在符合减免税条件期间内，备案资料内容不发生变化的，可进行一次性备案。

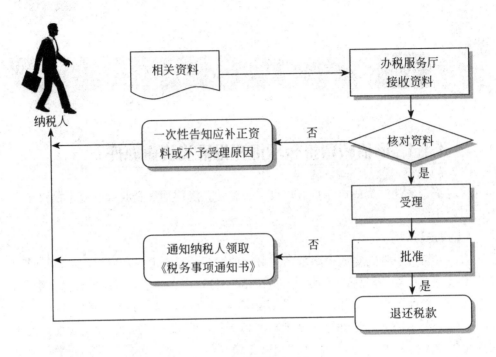

图4-1 办理流程(一)

【报送资料】

(1)图书批发、零售环节免征增值税。自2017年1月1日起至2020年12月31日,免征图书批发、零售环节增值税,应报送《纳税人减免税备案登记表》。

(2)尿素产品免征增值税,应报送《纳税人减免税备案登记表》。

(3)饲料产品免征增值税,应报送《纳税人减免税备案登记表》。

(4)横琴、平潭各自的区内企业之间销售其在本区内的货物,免征增值税,应报送《纳税人减免税备案登记表》。但上述企业之间销售的用于其本区内商业性房地产开发项目的货物,以及财税〔2014〕51号第五条规定被取消退税或免税资格的企业销售的货物,应按规定征收增值税。

(5)抗艾滋病病毒药品免征增值税。自2019年1月1日至2020年12月31日,继续对国产抗艾滋病病毒药品免征生产环节和流通环节增值税。抗艾滋病病毒药品的生产企业和流通企业对于免税药品和其他货物应分别核算;不分别核算的,不得享受增值税免税政策。应报送《纳税人减免税备案登记表》、加盖企业公章的药品供货合同复印件1份、中标通知书复印件1份。

(6)铁路系统内部单位为本系统修理货车业务免征增值税,应提供《纳税人减免税备案登记表》、证明为铁路系统内部单位的文件复印件1份。

(7)对农业生产者销售的自产农业产品,避孕药品和用具,古旧图书,直接用于科学研究、科学试验和教学的进口仪器、设备，外国政府、国际组织无偿援助的进口物资和设备，由残疾人组织直接进口供残疾人专用的物品，销售的自己使用过的物品等项目免征增值税，应提供《纳税人减免税备案登记表》。

（8）军队、军工系统所属单位军品免征增值税，应提供《纳税人减免税备案登记表》、军队系统及军工系统企事业单位资质证明（查验）及复印件1份、购销合同（查验）、购销合同复印件1份。

（9）生产销售支线飞机免征增值税，应报送《纳税人减免税备案登记表》。

（10）对农膜、复混肥，批发和零售的种子、种苗、农药、农机等农业生产资料免征增值税，应报送《纳税人减免税备案登记表》。

（11）金融资产管理公司收购、承接、处置不良资产免征增值税，应报送《纳税人减免税备案登记表》、转让、融资租赁合同或协议原件（查验）及复印件1份、处置不良资产收入相关证明材料。

（12）农村电网维护费免征增值税，应报送《纳税人减免税备案登记表》。

（13）医疗卫生机构免征增值税，应报送《纳税人减免税备案登记表》。

（14）对劳改工厂生产的民警服装销售给公安、司法以及国家安全系统使用的，免征增值税。应报送《纳税人减免税备案登记表》、企业主管部门批文（查验）及复印件1份、购销合同（查验）及复印件1份。

（15）大亚湾核电站和广东核电投资有限公司销售、转售电力增值税免征，应报送《纳税人减免税备案登记表》。

（16）通过钻交所销售的国内开采或加工的钻石在国内销售环节免征增值税，应报送《纳税人减免税备案登记表》、上海钻石交易所会员资格证明复印件1份。

（17）人民银行对按国际市场价格配售的黄金免征增值税，应报送《纳税人减免税备案登记表》。

（18）生产销售和批发、零售滴灌带和滴灌管产品免征增值税，应报送《纳税人减免税备案登记表》、具有相关资质的产品质量检验机构出具的质量技术检测合格报告复印件1份。

（19）黄金生产和经营单位销售黄金（不包括以下品种：成色为Au9999、Au9995、Au999、Au995；规格为50克、100克、1公斤、3公斤、12.5公斤的黄金，以下简称标准黄金）和黄金矿砂（含伴生金），免征增值税。黄金交易所会员单位通过黄金交易所销售标准黄金（持有黄金交易所开具的《黄金交易结算凭证》），未发生实物交割的，免征增值税。从2011年2月1日，纳税人销售含有伴生金的货物并申请伴生金免征增值税的，应当出具伴生金含量的有效证明，分别核算伴生金和其他成分的销售额。应提供《纳税人减免税备案登记表》、伴生金含量的有效证明。

（20）各级政府及主管部门委托自来水厂（公司）随水费收取的污水处理费免征增值税，应报送《纳税人减免税备案登记表》。

（21）血站供应给医疗机构的临床用血免征增值税，应报送《纳税人减免税备案登记表》。

（22）公安部门所属企业销售给内部的侦察保卫器材免征增值税，应报送《纳税人减免税备案登记表》。

（23）生产销售批发零售有机肥产品免征增值税，应报送《纳税人减免税备案登记表》、肥料登记证复印件1份、有机肥产品质量技术检测合格报告、省级农业行政主管部门办理备案的证明、生产企业的肥料登记证复印件1份、生产企业提供的产品质量技术检验合格报告、农业行政主管部门办理备案的证明复印件1份。

（24）国有商业银行划转给金融资产管理公司的资产免征增值税，应报送《纳税人减免税备案登记表》。

（25）电影企业销售电影拷贝收入免征增值税，应报送《纳税人减免税备案登记表》。

自2019年1月1日至2023年12月31日，新闻出版广电行政主管部门（包括中央、省、地市及县级）按照各自职能权限批准从事电影制片、发行、放映的电影集团公司（含成员企业）、电影制片厂及其他电影企业取得的销售电影拷贝（含数字拷贝）收入、转让电影版权（包括转让和许可使用）收入、电影发行收入以及在农村取得的电影放映收入免征增值税。

（26）自2019年1月1日至2023年12月31日，党报、党刊将其发行、印刷业务及相应的经营性资产剥离组建的文化企业，自注册之日起所取得的党报、党刊发行收入和印刷收入免征增值税，应报送《纳税人减免税备案登记表》。

（27）供残疾人专用的假肢、轮椅、矫形器（包括上肢矫形器、下肢矫形器、脊椎侧弯矫形器）免征增值税，应报送《纳税人减免税备案登记表》。

（28）残疾人个人提供加工、修理修配劳务免征增值税，应报送《纳税人减免税备案登记表》。

（29）特殊单位销售给特殊单位图书免征增值税，应报送《纳税人减免税备案登记表》。

（30）拍卖行拍卖免税货物免征增值税，应报送《纳税人减免税备案登记表》、营业执照副本、减免税申请报告（列明减免税理由、依据、范围、期限、数量、金额等，加盖公章）。

（31）上海期货交易所的会员和客户通过上海期货交易所交易的期货保税交割标的物，暂免征收增值税，应报送《纳税人减免税备案登记表》。

（32）合同能源管理项目收入免征增值税，应报送《纳税人减免税备案登记表》；营业执照（副本）复印件1份；节能服务公司与用能企业签订节能效益分享型合同复印件1份；节能服务公司实施合同能源管理项目相关技术应符合《合同能源管理技术通则》（GB/T 24915—2010）规定的技术要求的说明；节能服务公司实施合同能源管理项目相关技术应符合《合同能源管理技术通则》（GB/T 24915—2010）规定的技术要求的证明文件复印件1份；节能服务公司与用能企业签订《节能效益分享型》合同，其合同格式和内容，符合《合同法》和《合同能源管理技术通则》（GB/T 24915—2010）等规定的鉴定报告复印件1份；项目所得核算情况说明。

（33）对企业改制、资产整合过程中涉及的增值税予以免征，应报送《纳税人减免税备案登记表》。

（34）经国务院批准，自2012年1月1日起，免征蔬菜流通环节增值税。经挑选、清洗、切分、晾晒、包装、脱水、冷藏、冷冻等工序加工的蔬菜，属于本通知所述蔬菜的范围。各种蔬菜罐头不属于免税范围。应报送《纳税人减免税备案登记表》。

（35）饮水工程运营管理单位向农村居民提供生活用水取得的自来水销售收入免征增值税，应报送《纳税人减免税备案登记表》。

（36）被撤销金融机构清偿债务免征增值税，应报送《纳税人减免税备案登记表》、被撤销金融机构文件复印件1份。

（37）个人（不含个体工商户）销售自己使用过的废旧物品免征增值税，应报送《纳税人减免税备案登记表》、身份证件、身份证件复印件1份。

（38）从事农产品批发、零售的纳税人销售的部分鲜活肉蛋产品免征增值税，应报送《纳税人减免税备案登记表》。

（39）熊猫普制金币免征增值税，应报送《纳税人减免税备案登记表》、"中国熊猫普制金币授权经销商"相关资格证书复印件1份、《中国熊猫普制金币经销协议》复印件1份、中国银行保险监督管理委员会批准开办个人黄金买卖业务的相关批件材料复印件1份。

（40）政府储备食用植物油的销售免征增值税，应报送《纳税人减免税备案登记表》、营业执照副本、县及县以上政府批准储备食用植物油的批文复印件1份。

（41）国有粮食购销企业销售的粮食免征增值税，应报送《纳税人减免税备案登记表》、营业执照副本、县级以上粮食主管部门批准其从事承担粮食收储、销售任务的批准文件、县级以上粮食主管部门批准其从事承担粮食收储、销售任务的批准文件复印件1份。

（42）其他粮食经营企业经营免税项目免税资格认定是指其他粮食经营企业经营军队用粮、救灾救济粮、水库移民口粮免征增值税的资格认定。应报送《纳税人减免税备案登记表》、营业执照副本，军队用粮、救灾救济粮、水库移民口粮的单位、供应数量等有关证明资料。

（43）公益性捐赠免征增值税，应报送《纳税人减免税备案登记表》。

（44）生产销售新支线飞机暂减按5%征收增值税，应报送《纳税人减免税备案登记表》。

（45）自2019年1月1日至2021年12月31日，对科技企业孵化器、大学科技园、众创空间向在孵对象提供经纪代理、经营租赁、研发和技术、信息技术、鉴证咨询服务等服务收入免征增值税。应报送《纳税人减免税备案登记表》、国家级科技企业孵化器名单原件、国家级科技企业孵化器名单原件复印件1份。

（46）美国船级社免征增值税，应报送《纳税人减免税备案登记表》。

（47）个人转让著作权免征增值税，应报送《纳税人减免税备案登记表》。

（48）残疾人个人提供应税服务免征增值税，应报送《纳税人减免税备案登记表》。

（49）航空公司提供飞机播撒农药服务免征增值税，应报送《纳税人减免税备案登记表》。

（50）海峡两岸直航免征增值税，应报送《纳税人减免税备案登记表》。

（51）跨境应税服务免征增值税，应报送《跨境应税行为免税备案表》、跨境服务合同复印件1份、实际发生国际运输业务或者港澳台运输业务的证明材料、服务接受方机构所在地在境外的证明材料、服务地点在境外的证明材料复印件1份。

（52）国际货物运输代理服务免征增值税，应报送《纳税人减免税备案登记表》。

（53）邮政服务免征增值税，应报送《纳税人减免税备案登记表》。

（54）邮政集团及其所属企业代理收入免征增值税，应报送《纳税人减免税备案登记表》。

（55）青藏铁路公司提供的铁路运输服务免征增值税，应报送《纳税人减免税备案登记表》。

（56）安置随军家属就业新办企业、从事个体经营免征增值税，应报送《纳税人减免税备案登记表》、营业执照副本、企业必须持军（含）以上政治和后勤机关出具的证明复印件1份、师以上政治机关出具的可以表明其身份的证明复印件1份、减免税申请报告（列明减免税理由、依据、范围、期限、数量、金额等，加盖公章）。

（57）军队转业干部从事个体经营免征增值税，应报送《纳税人减免税备案登记表》、营业执照副本、居民身份证及复印件1份、师（含）以上部队颁发的转业证件及复印件1份、减免税申请报告（列明减免税理由、依据、范围、期限、数量、金额等，加盖公章）。

（58）为安置自主择业的军队转业干部就业而新开办的企业，凡安置自主择业的军队转业干部占企业总人数60%（含）以上的，自领取税务登记证之日起，其提供的应税服务3年内免征增值税。应报送《纳税人减免税备案登记表》、营业执照副本、师（含）以上部队颁发的转业证件及复印件1份。

（59）托儿所、幼儿园提供的保育和教育服务免征增值税，应提供《纳税人减免税备案登记表》、县级以上教育部门出具的办园许可证原件及复印件1份、物价主管部门核准收费的批准或备案材料原件及复印件1份。

（60）养老机构提供的养老服务免征增值税，应报送《纳税人减免税备案登记表》、民政部门核发的社会福利机构设置批准证书原件及复印件1份。

（61）残疾人福利机构提供的育养服务免征增值税，应报送《纳税人减免税备案登记表》、社会福利机构设置批准证书原件及复印件1份。

（62）婚姻介绍服务免征增值税，应报送《纳税人减免税备案登记表》、婚姻介绍服务证明材料。

（63）殡葬服务免征增值税，应报送《纳税人减免税备案登记表》。

（64）从事学历教育的学校提供的教育服务免征增值税，应报送《纳税人减免税备案登记表》、经主管部门批准成立学校的有关证明原件及复印件1份、物价主管部门核准收费的批准或备案材料原件及复印件1份、取得收入的相关证明材料。

（65）学生勤工俭学提供的服务免征增值税，应提供《纳税人减免税备案登记表》、学校勤工助学管理服务组织出具的证明材料、取得收入的相关证明材料。

（66）农业相关技术培训业务、动物的配种和疾病防治服务免征增值税，应提供《纳税人减免税备案登记表》、开展相关业务合同、协议原件及复印件1份。

（67）提供文化体育服务取得的第一道门票收入免征增值税，应提供《纳税人减免税备案登记表》。

（68）被撤销金融机构以货物、不动产、无形资产、有价证券、票据等财产清偿债务取得的收入免征增值税，应报送《纳税人减免税备案登记表》、中国人民银行依法决定撤销的证明复印件1份、财产处置合同（协议）原件及复印件1份、被撤销金融机构清理和处置财产取得收入的证明材料。

（69）保险公司开办的一年期以上人身保险产品取得的保费收入免征增值税，应报送《纳税人减免税备案登记表》、保监会对保险产品的备案回执或批复文件原件及复印件1份、保险产品的保险条款原件及复印件1份、保险产品的保险条款原件及复印件1份。

（70）金融商品转让收入免征增值税，应报送《纳税人减免税备案登记表》、证监会批准管理人设立的证明材料，运用基金买卖股票、债券等证明材料，证监会颁发的证券投资业务许可证原件及复印件，个人从事外汇、有价证券、非货物期货和其他金融取得收入的相关证明材料，商品买卖的相关证明材料，取得收入的相关证明材料。

（71）金融同业往来利息收入免征增值税，应报送《纳税人减免税备案登记表》。

（72）担保机构从事中小企业信用担保或者再担保业务取得的收入免征增值税，应报送《纳税人减免税备案登记表》，免税申请报告（包括项目、依据、范围、期限等内容），营业执照和公司章程原件及复印件1份、《中小企业信用担保机构免征增值税备案登记表》。

（73）国家商品储备管理单位取得的利息补贴收入和价差补贴收入免征增值税，应报送《纳税人减免税备案登记表》。

（74）科普门票收入（至2020年12月31日）免征增值税，应报送《纳税人减免税备案登记表》、科技部门对科普活动、科普基地认定的证明材料复印件。

（75）政府举办进修班、培训班的收入免征增值税，应报送《纳税人减免税备案登记表》、经相关部门批准成立的证件原件及复印件1份、预算外资金财政专户缴款书原件及复印件1份、学校提供的统一账户证明材料，举办进修班、培训班取得收入的相关证明材料。

（76）政府举办的职业学校设立的企业从事"现代服务""生活服务"取得的收入免征增值税，应报送《纳税人减免税备案登记表》、经相关部门批准成立的证件原件及复印件1份、职业学校取得相关收入情况证明材料。

（77）家政服务收入免征增值税，应报送《纳税人减免税备案登记表》，与家政服务员、接受家政服务的客户就提供家政服务签订的三方协议原件及复印件，工资支付记录原件及复印件1份。

（78）福利彩票、体育彩票的发行收入免征增值税，应报送《纳税人减免税备案登记表》。

（79）军队空余房产租赁收入免征增值税，应报送《纳税人减免税备案登记表》、军队空闲房屋租赁合同原件及复印件1份。

（80）按房改成本价、标准价出售住房取得的收入免征增值税，应报送《纳税人减免税备案登记表》、房改批文等有关证明材料原件及复印件1份、出售住房合同及收入证明材料原件及复印件1份。

（81）将土地使用权转让给农业生产者用于农业生产免征增值税，应报送《纳税人减免税备案登记表》、转让或发包（或出租）土地使用权合同原件及复印件1份。

（82）个人无偿转让不动产、土地使用权免征增值税，应报送《纳税人减免税备案登记表》，赠与双方当事人或遗嘱继承受赠人的身份证明原件及复印件1份，证明赠与人和受赠人亲属关系的人民法院判决书，公证机构出具的证明赠与人和受赠人亲属关系的公证书及复印件1份，证明赠与人和受赠人抚养关系或者赡养关系的人民法院判决书及复印件1份，公证机构出具的证明赠与人和受赠人抚养关系或者赡养关系的公证书及复印件1份，乡镇政府（街道办事处）出具的证明赠与人和受赠人抚养关系或者赡养关系的证明材料及复印件1份，房屋产权证及复印件1份，公证机关出具的"继承权公证书"及复印件1份，公证机关出具的"遗嘱公证书"和"遗嘱继承公证书"或"接受遗赠公证书"及复印件，房产所有人"赠与公证书"和受赠人"接受赠与公证书"，或持双方共同办理的"赠与合同公证书"复印件1份，个人无偿赠与不动产登记表及复印件1份，离婚证明原件及复印件1份，民政部门确认的财产分割协议或法院判决书原件及复印件1份。

（83）土地所有者出让土地使用权免征增值税，应报送《纳税人减免税备案登记表》。

（84）出让、转让或收回自然资源使用权免征增值税，应报送《纳税人减免税备案登记表》。

（85）高校学生公寓和食堂免征增值税，应报送《纳税人减免税备案登记表》。

（86）国际航运保险业务免征增值税，应报送《纳税人减免税备案登记表》、营业执照原件及复印件1份。

（87）再保险服务免征增值税，应报送《纳税人减免税备案登记表》、再保险合同原件及复印件1份。

（88）纳税人采取转包、出租、互换、转让、入股等方式将承包地流转给农业生产者用于农业生产，免征增值税，应报送《纳税人减免税备案登记表》。

（89）行政单位之外的其他单位收取符合条件的政府性基金和行政事业性收费免征增值税，应报送《纳税人减免税备案登记表》，国务院或者省级人民政府及其财政、价格主管部门批准设立行政事业性收费和政府性基金的文件原件及复印件1份，所收款项已经全部上缴财政的缴款书原件及复印件1份，已开具票据存根。

（90）个人销售自建自用住房免征增值税，应报送《纳税人减免税备案登记表》，房管部门出具的自建证明材料，房产产权证明原件及复印件1份、个人身份证明原件及复印件1份。

（91）购置税控设备价款及维护费全额抵减增值税，应报送《纳税人减免税备案登记表》、购置税控设备价款及维护费增值税发票复印件。

【办理渠道】

办税服务厅、自助办税终端、电子税务局。

【办理时限】

（1）纳税人办理时限。申报期或申报时。

（2）税务机关办结时限。资料齐全、符合法定形式、填写内容完整的，税务机关受理后即时办结。

【办理流程】

办理流程如图4-2所示。

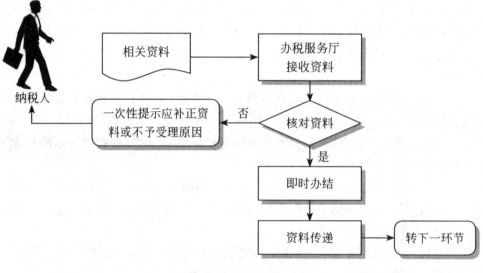

图4-2　办理流程（二）

4.1.3　税务资格备案

享受增值税即征即退或者先征后退优惠政策的纳税人，应当在政策规定的期限内，向税务机关提出税务资格备案的书面申请，并按要求报送相应的材料。纳税人对报送材料的真实性和合法性承担责任。

【报送资料】

（1）安置残疾人就业企业增值税即征即退。应报送《税务资格备案表》；安置残疾人的《中华人民共和国残疾人证》或者《中华人民共和国残疾军人证（1至8级）》复印件1份，注明与原件一致，并逐页加盖公章。安置精神残疾人的，提供精神残疾人同意就业的书面声明以及其法定监护人签字或印章的证明精神残疾人具有劳动条件和劳动意愿的书面材料；纳税人与残疾人签订的劳动合同或服务协议（副本）原件及复印件1份；纳税人为职工（残疾人）缴纳社会保险费缴费记录原件及复印件1份；纳税人向职工（残疾人）通过银行等金融机构实际支付工资凭证原件及复印件1份。

（2）软件产品增值税即征即退。应报送《税务资格备案表》、省级软件产业主管部门认可的软件检测机构出具的检测证明材料、软件产业主管部门颁发的《软件产品登记证书》或著作权行政管理部门颁发的《计算机软件著作权登记证书》。

（3）飞机维修劳务增值税即征即退。自2000年1月1日起对飞机维修劳务增值税实际税负超过6%的部分实行由税务机关即征即退。应报送《税务资格备案表》、从事飞机维修劳务的相关资质材料。

（4）黄金期货交易增值税即征即退。应报送《税务资格备案表》、黄金期货交易资格证明材料。

（5）国内铂金生产企业自产自销的铂金实行增值税即征即退。应报送《税务资格备案表》、国内生产企业自产自销铂金的证明材料、上海黄金交易所开具的《上海黄金交易所发票》结算联。

（6）中博世金公司销售进口铂金增值税即征即退。应报送《税务资格备案表》、上海黄金交易所开具的《上海黄金交易所发票》结算联。

（7）以工业废气为原料生产的高纯度二氧化碳、工业氢气、甲烷实行增值税70%即征即退。应报送《税务资格备案表》；纳税人销售的综合利用产品和劳务，不属于国家发展改革委《产业结构调整指导目录》中的禁止类、限制类项目；不属于生态环境部《环境保护综合名录》中的"高污染、高环境风险"产品或者重污染工艺的书面声明；产品或劳务符合相关技术标准的材料或证明；《危险废物经营许可证》及复印件1份。

（8）以垃圾以及利用垃圾发酵产生的沼气生产的电力或者热力实行增值税100%即征即退。报送资料同第（7）项。

（9）以煤炭开采过程中伴生的舍弃物油母页岩为原料生产的页岩油实行增值税70%即征即退。报送资料同第（7）项。

（10）以废旧沥青混凝土为原料生产的再生沥青混凝土实行增值税50%即征即退。报送资料同第（7）项。

（11）采用废渣生产的水泥、水泥熟料实行增值税70%即征即退。报送资料同第（7）项。

（12）以退役军用发射药为原料生产的涂料硝化棉粉实行增值税50%即征即退。报送资料同第（7）项。

（13）对燃煤发电厂及各类工业企业产生的烟气、高硫天然气生产的石膏、硫酸、硫酸铵、硫黄实行增值税50%即征即退。报送资料同第（7）项。

（14）以废弃酒糟和酿酒底锅水、淀粉、粉丝加工废液、废渣为原料生产的蒸汽、活性炭、白炭黑、乳酸、乳酸钙、沼气、饲料、植物蛋白实行增值税70%即征即退。报送资料同第（7）项。

（15）以煤矸石、煤泥、石煤、油母页岩为燃料生产的电力和热力实行增值税50%即征即退。报送资料同第（7）项。

（16）销售自产的利用风力生产的电力实行增值税50%即征即退。应报送《税务资格备案表》；纳税人销售的综合利用产品和劳务，不属于国家发展改革委《产业结构调整指导目录》中的禁止类、限制类项目；不属于生态环境部《环境保护综合名录》中的"高污染、高环境风险"产品或者重污染工艺的书面声明。

（17）部分新型墙体材料产品实行增值税50%即征即退。报送资料同第（16）项。

（18）以餐厨垃圾、畜禽粪便、稻壳、花生壳、玉米芯、油茶壳、棉籽壳、三剩物、次小薪材、农作物秸秆、蔗渣，以及利用上述资源发酵产生的沼气等为原料生产的生物质压块、沼气等燃料，电力、热力实行增值税100%即征即退。应报送资料同第（7）项。

（19）利用工业生产过程中产生的余热、余压生产的电力或热力实行增值税100%即征即退。报送资料同第（7）项。

（20）以含油污水、有机废水、污水处理后产生的污泥，油田采油过程中产生的油污泥（浮渣），包括利用上述资源发酵产生的沼气生产的微生物蛋白、干化污泥、燃料、电力、热力实行增值税70%即征即退。报送资料同第（7）项。

（21）以煤炭开采过程中产生的煤层气（煤矿瓦斯）生产的电力实行增值税100%即征即退。报送资料同第（7）项。

（22）以废矿物油为原料生产的润滑油基础油、汽油、柴油等工业油料实行增值税50%即征即退。报送资料同第（7）项。

（23）以油田采油过程中产生的油污泥（浮渣）为原料生产的乳化油调和剂及防水卷材辅料产品实行增值税70%即征即退。报送资料同第（7）项。

（24）以人发为原料生产的档发实行增值税70%即征即退。报送资料同第（7）项。

（25）以三剩物、次小薪材、农作物秸秆、沙柳为原料生产的纤维板、刨花板、细木工板、生物炭、活性炭、栲胶、水解酒精、纤维素、木质素、木糖、阿拉伯糖、糠醛、箱板纸实行增值税70%即征即退。报送资料同第（7）项。

（26）以蔗渣为原料生产的蔗渣浆、蔗渣刨花板和纸实行增值税50%即征即退。报送资料同第（7）项。

（27）以粉煤灰、煤矸石为原料生产的氧化铝、活性硅酸钙、瓷绝缘子、煅烧高岭土实行增值税50%即征即退。报送资料同第（7）项。

（28）利用氧化铝赤泥、电石渣为原料生产的氧化铁、氢氧化钠溶液、铝酸钠、铝酸三钙、脱硫剂实行增值税50%即征即退。报送资料同第（7）项。

（29）以废塑料、废旧聚氯乙烯（PVC）制品、废铝塑（纸铝、纸塑）复合纸包装材料为原料生产的汽油、柴油、石油焦、炭黑、再生纸浆、铝粉、塑木（木塑）制品、（汽车、摩托车、家电、管材用）改性再生专用料、化纤用再生聚酯专用料、瓶用再生聚对苯二甲酸乙二醇酯（PET）树脂及再生塑料制品实行增值税即征即退。应报送《税务资格备案表》；纳税人销售的综合利用产品和劳务，不属于国家发展改革委《产业结构调整指导目录》中的禁止类、限制类项目；不属于生态环境部《环境保护综合名录》中的"高污染、高环境风险"产品或者重污染工艺的书面声明；产品或劳务符合相关技术标准的材料或证明；ISO9000、ISO14000认证证书及复印件1份；《危险废物经营许可证》及复印件1份。

（30）以环己烷氧化废液为原料生产的环氧环己烷、正戊醇、醇醚溶剂实行增值税60%即征即退。报送资料同第（29）项。

（31）以煤焦油、荒煤气（焦炉煤气）为原材料生产的柴油、石脑油实行增值税50%即征即退。报送资料同第（29）项。

（32）以废显（定）影液、废胶片、废相纸、废感光剂等废感光材料为原料生产的银实行增值税30%即征即退。报送资料同第（29）项。

（33）以废催化剂、电解废弃物、电镀废弃物、废旧线路板、烟尘灰、湿法泥、熔炼渣、线路板蚀刻废液，锡箔纸灰经冶炼、提纯或化合生产的金属、合金及金属化合物（不包括铁及铁合金），冰晶石实行增值税30%即征即退。报送资料同第（29）项。

（34）以废纸、农作物秸秆为原料生产的纸浆、秸秆浆和纸实行增值税50%即征即退。报送资料同第（29）项。

（35）以废旧轮胎、废橡胶制品为原料生产的胶粉、翻新轮胎、再生橡胶实行增值税50%即征即退。报送资料同第（29）项。

（36）以废旧电机、废旧电线电缆、废铝制易拉罐、报废汽车、报废摩托车、报废船舶、废旧电器电子产品、废旧太阳能光伏器件、废旧灯泡（管），及其拆解物经冶炼、提纯生产的金属及合金（不包括铁及铁合金）实行增值税30%即征即退。报送资料同第（7）项之外，还应报送废旧产品拆解相关资质证明文件及复印件1份。

（37）以报废汽车、报废摩托车、报废船舶、废旧电器电子产品、废旧农机具、报废机器设备、废旧生活用品、工业边角余料、建筑拆解物等产生或拆解出来的废钢铁生产的炼钢炉料实行增值税30%即征即退。报送资料同第（29）项外还须提供：符合工业和信息化部《废钢铁加工行业准入条件》的证明文件或证书及复印件1份；炼钢炉料的销售对象为符合工业和信息化部《钢铁行业规范条件》或《铸造行业准入条件》并公告的钢铁企业或铸造企业的证明文件及复印件1份。

（38）以废弃天然纤维、化学纤维及其制品为原料生产的纤维纱及织布、无纺布、毡、黏合剂及再生聚酯产品实行增值税50%即征即退。报送资料同第（7）项。

（39）以废旧石墨为原料生产的石墨异形件、石墨块、石墨粉和石墨增碳剂实行增值税50%即征即退。报送资料同第（7）项。

（40）以废渣为原材料生产的砖瓦（不含烧结普通砖）、砌块、陶粒、墙板、管材（管桩）、混凝土、砂浆、道路井盖、道路护栏、防火材料、耐火材料（镁铬砖除外）、保温材料、矿（岩）棉、微晶玻璃、U型玻璃实行增值税70%即征即退。报送资料同第（7）项。

（41）以建（构）筑废物、煤矸石为原材料生产的建筑砂石骨料实行增值税50%即征即退。报送资料同第（7）项。

（42）以污水处理厂出水、工业排水（矿井水）、生活污水、垃圾处理厂渗透（滤）液等为原料生产的再生水实行增值税50%即征即退。报送资料同第（7）项。

（43）以废旧电池及其拆解物为原料生产的金属及镍钴锰氢氧化物、镍钴锰酸锂、氯化钴实行增值税30%即征即退。报送资料同第（7）项。

（44）以稀土产品加工废料、废弃稀土产品及拆解物生产的稀土金属及稀土氧化物实行增值税30%即征即退。报送资料同第（7）项。

（45）以废玻璃为原料生产的玻璃熟料实行增值税50%即征即退。报送资料同第（7）项。

（46）以废弃动物油和植物油为原料生产的生物柴油、工业级混合油实行增值税70%即征即退。报送资料同第（7）项外，还须提供工业级混合油的销售对象为化工企业的证明材料及复印件1份。

（47）垃圾处理、污泥处理处置劳务实行增值税70%即征即退。应报送：《税务资格备案表》；纳税人销售的综合利用产品和劳务，不属于国家发展改革委《产业结构调整指导目录》中的禁止类、限制类项目；不属于生态环境部《环境保护综合名录》中的"高污染、高环境风险"产品或者重污染工艺的书面声明。

（48）污水处理劳务实行增值税70%即征即退。报送资料同第（47）项之外，还须报送产品或劳务符合相关技术标准的材料或证明。

（49）工业废气处理劳务实行增值税70%即征即退。报送资料同第（47）项之外，还须报送产品或劳务符合相关技术标准的材料或证明。

（50）经人民银行、中国银行保险监督管理委员会或者商务部批准从事融资租赁业务的试点纳税人中的一般纳税人，提供有形动产融资租赁服务和有形动产融资性售后回租服务，对其增值税实际税负超过3%的部分实行增值税即征即退。应报送《税务资格备案表》。

【办理渠道】

办税服务厅；自助办税终端；网上办理：电子税务局。

【办理时限】

（1）纳税人办理时限。申报期或申报时。

（2）税务机关办结时限。资料齐全、符合法定形式、填写内容完整的，税务机关受理后即时办结。

【办理流程】

办理流程如图4-3所示。

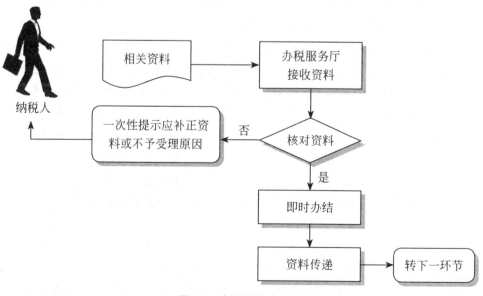

图4-3 办理流程（三）

4.2 消费税优惠

4.2.1 消费税事后备案类优惠办理

消费税事后备案类优惠包括以下事项。

① 自产石脑油、燃料油生产乙烯、芳烃产品免税。

② 对用外购或委托加工收回的已税汽油生产的乙醇汽油免税;用自产汽油生产的乙醇汽油,按照生产乙醇汽油所耗用的汽油数量申报纳税。

③ 利用废弃的动物油和植物油为原料生产的纯生物柴油免征消费税。

④ 成品油生产企业在生产成品油过程中,作为燃料、动力及原料消耗掉的自产成品油,免征消费税。

⑤ 以回收的废矿物油为原料生产的润滑油、基础油、汽油、柴油等工业油料免征消费税。

⑥ 无汞原电池、金属氢化物镍蓄电池(又称"氢镍蓄电池"或"镍氢蓄电池")、锂原电池、锂离子蓄电池、太阳能电池、燃料电池和全钒液流电池。

⑦ 对施工状态下挥发性有机物含量低于420克/升(含)的涂料。

【报送资料】

(1)自产石脑油、燃料油生产乙烯、芳烃产品免税。备案所需资料:《纳税人减免税备案登记表》。石脑油、燃料油用于生产乙烯、芳烃类化工产品的工艺设计方案、装置工艺流程以及相关生产设备情况;物料平衡图,要求标注每套生产装置的投入产出比例及年处理能力;原料储罐、产成品储罐和产成品仓库的分布图、用途、储存容量的相关资料;乙烯、芳烃类化工产品生产装置的全部流量计的安装位置图和计量方法说明,以及原材料密度的测量和计算方法说明;上一年度用石脑油、燃料油生产乙烯、芳烃类化工产品的分品种的销售明细表。

(2)乙醇汽油备案所需资料:《纳税人减免税备案登记表》。

(3)纯生物柴油备案所需资料:《纳税人减免税备案登记表》。

(4)燃料、动力及原料消耗掉的自产成品油备案所需资料:《纳税人减免税备案登记表》。

(5)工业油料备案所需资料:《纳税人减免税备案登记表》;生产经营范围为"综合经营"的纳税人,还同时提供颁发《危险废物(综合)经营许可证》的环境保护部门出具的能证明其生产经营范围包括"利用"的材料;污染物排放地环境保护部门确定的纳税人执行的污染物排放标准,以及污染物排放地生态环境部门在此前6个月以内出具的该纳税人的污染物排放符合上述标准的证明材料；纳税人回收的废矿物油具备能显示其名称、特性、数量、接收日期等项目的《危险废物转移单》；生产原料中废矿物油重量占90%以上及产成品中必须包括润滑油基础油，且每吨废矿物油生产的润滑油基础油不少于0.65吨的相关证明材料；利用废矿物油生产的产品与利用其他原料生产的产品分别核算的相关证明材料。

（6）无汞原电池、金属氢化物镍蓄电池（又称"氢镍蓄电池"或"镍氢蓄电池"）、锂原电池、锂离子蓄电池、太阳能电池、燃料电池和全钒液流电池。备案所需资料：《纳税人减免税备案登记表》；持有省级以上质量技术监督部门认定的检测机构出具的产品检测报告复印件1份。

（7）对施工状态下挥发性有机物含量低于420克/升（含）的涂料。备案所需资料：《纳税人减免税备案登记表》；持有省级以上质量技术监督部门认定的检测机构出具的产品检测报告复印件1份。

【办理渠道】

办税服务厅，自助办税终端，电子税务局。

【办理时限】

（1）纳税人办理时限。申报期或申报时。

（2）税务机关办结时限。资料齐全、符合法定形式、填写内容完整的，税务机关受理后即时办结。

【办理流程】

同4.1.3税务资格备案的业务流程。

4.2.2 消费税批准类优惠办理

消费税批准类优惠包括以下事项：使用石脑油、燃料油生产乙烯、芳烃的企业购进并用于生产乙烯、芳烃类化工产品的石脑油、燃料油，按实际耗用数量暂退还所含消费税。

【报送资料】

（1）乙烯、芳烃生产企业退税资格备案。纳税人在申请退（免）消费税的首个纳税申报期内，将资格备案资料作为申报资料的一部分，一并提交主管税务机关。应提交：《石脑油、燃料油消费税退税资格备案表》；如使用企业处于试生产阶段，应提供省级以上安全生产监督管理部门出具的试生产备案意见书原件及复印件1份；上一年度用石脑油、燃料油生产乙烯、芳烃类化工产品的分品种的销售明细表。

（2）乙烯、芳烃产品生产企业石脑油、燃料油消费税退税。应提交：《用于生产乙烯、芳烃类化工产品的石脑油、燃料油消费税应退税额计算表》；《使用企业外购石脑油、燃料油凭证明细表》；《石脑油、燃料油生产、外购、耗用、库存月度统计表》；《乙烯、芳烃生产装置投入产出流量计统计表》；《使用企业外购石脑油、燃料油凭证明细表》中"外购含税油品"项"消费税完税凭证号码"所对应的消费税完税凭证的复印件1份；当期外购石脑油、燃料油取得认证相符的普通版及汉字防伪版（非DDZG）增值税专用发票复印件1份；进口货物报关单、海关进口消费税专用缴款书、自动进口许可证等材料复印件1份。

（3）定点直供石脑油、燃料油免税数量审批。应提交：《纳税人减免税申请审批表》。

【办理渠道】

办税服务厅，自助办税终端，网上办理——电子税务局。

【办理时限】

（1）纳税人办理时限。申报期或申报时。

（2）税务机关办结时限。20个工作日。

【办理流程】

同4.1.3税务资格备案的业务流程。

4.3 车辆购置税优惠

4.3.1 车辆购置税事后备案类优惠办理

车辆购置税事后备案类优惠办理是指符合车辆购置税优惠条件的纳税人将相关资料报税务机关备案，具体包括以下内容。

① 外国驻华使馆、领事馆和国际组织驻华机构及外交人员自用的车辆免税。

② 中国人民解放军和中国人民武装警察部队列入军队武器装备订货计划的车辆免税。

③ 设有固定装置的非运输车辆。

④ 回国服务的在外留学人员购买自用国产小汽车免税。

⑤ 长期来华定居专家进口自用小汽车免税。

⑥ 国务院规定予以免税或者减税的车辆。

⑦ 县级业务。

【报送资料】

（1）《车辆购置税纳税申报表》2份。

（2）《车辆购置税免（减）税申报表》2份。

（3）纳税人身份证明原件及复印件1份（依据保留）。内地居民，提供内地居民身份证或者《居民户口簿》（上述证件上的签发机关所在地与车辆登记注册地不一致的，纳税人在申报纳税时需同时提供车辆登记注册地户籍管理部门出具的居住证明或者其他相关证明文书）或者军人（含武警）身份证明；香港、澳门特别行政区、台湾地区居民，提供入境的身份证明和居住证明；外国人，提供入境的身份证明和居住证明；组织机构，提供《营业执照》或者《税务登记证》或者《组织机构代码证》或者其他有效机构证明。

（4）车辆价格证明原件及复印件1份。境内购置车辆，提供销售者开具给纳税人购买应税车辆所支付的全部价款和价外费用的凭证，包括《机动车销售统一发票》（发票联和报税联）或者其他有效凭证；进口自用车辆，提供《海关进口关税专用缴款书》《海关进口消费税专用缴款书》或者海关进出口货物征免税证明。

（5）车辆合格证明及复印件1份。国产车辆，提供整车出厂合格证明或者车辆电子信息单；进口车辆，提供车辆电子信息单、车辆一致性证书、《中华人民共和国海关货物进口证明书》或者《中华人民共和国海关监管车辆进（出）境领（销）牌照通知书》或者《没收走私汽车、摩托车证明书》。

（6）根据不同情况，分别提供下列资料：外国驻华使馆、领事馆和国际组织驻华机构的车辆，提供机构证明原件和复印件1份；外交人员自用车辆，提供外交部门出具的身份证明原件和复印件1份（保留）；中国人民解放军和中国人民武装警察部队列入军队武器装备订货计划的车辆，提供订货计划的证明原件和复印件1份；设有固定装置的非运输车辆，提供车辆内、外观彩色5寸照片；回国服务的在外留学人员购买自用国产小汽车，提供中华人民共和国驻留学人员学习所在国的大使馆或领事馆（中央人民政府驻香港特别行政区联络办公室、中央人民政府驻澳门特别行政区联络办公室）出具的留学证明；本人护照；海关核发的《中华人民共和国海关回国人员购买国产汽车准购单》；来华专家提供国家外国专家局或其授权单位核发的专家证；公安部门出具的境内居住证明、本人护照；其他车辆，提供国务院或国务院税务主管部门的批准文件，以及国务院或国务院税务主管部门规定的税务机关或其他部门的相关文件。

（7）免税车辆重新申报车辆，应提供以下资料：发生二手车交易行为地提供纳税人身份证明原件及复印件1份（保留）、《二手车销售统一发票》《车辆购置税纳税申报表》和《车辆购置税完税证明》正本原件；未发生二手车交易行为的，需提供纳税人身份证明原件及复印件1份、《车辆购置税纳税申报表》《车辆购置税完税证明》正本原件及有效证明资料。

【办理渠道】

办税服务厅。

【办理时限】

（1）纳税人办理时限。纳税人购买自用应税车辆的，应当自购买之日起60日内办理申报；进口自用应税车辆的，应当自进口之日起60日内办理申报；自产、受赠、获奖或者以其他方式取得并自用应税车辆的，应当自取得之日起60日内办理申报。免税车辆发生转让，但仍属于免税范围的，受让方应当自购买或取得车辆之日起60日内到主管税务机关重新申报免税。

（2）税务机关办结时限。资料齐全、符合法定形式、填写内容完整的，税务机关受理后即时办结（需要主管税务机关到车辆存放地核实的除外）。

【办理流程】

办理流程如图4-4所示。

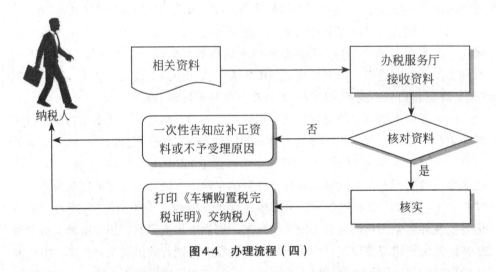

图4-4　办理流程（四）

4.3.2　列入车辆购置税免税图册的办理

需列入免税图册的车辆，由机动车生产企业或纳税人向税务机关提出申请，税务机关进行办理。

【报送资料】

《设有固定装置非运输车辆信息表》；车辆合格证明原件、复印件1份；国产车辆，提供合格证和《中华人民共和国工业和信息化部车辆生产及产品公告》；进口车辆，提供《中华人民共和国海关货物进口证明书》；车辆内、外观彩色五寸照片1套；车辆内、外观彩色照片电子文档。

【办理渠道】

办税服务厅。

【办理时限】

（1）纳税人办理时限。无。

（2）税务机关办结时限。办税服务厅1个工作日内将相关资料转下一环节。

【办理流程】

办理流程如图4-5所示。

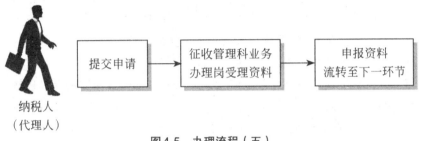

图4-5　办理流程（五）

4.4 企业所得税优惠

企业享受企业所得税优惠事项采取"自行判别、申报享受、相关资料留存备查"的办理方式。企业应当按照相关规定根据经营情况以及相关税收规定自行判断是否符合优惠事项规定的条件。符合条件的自行计算减免税额，并通过填报企业所得税纳税申报表享受税收优惠，同时归集和留存相关资料备查。

【报送资料】

其中第（8）至（17）项、（23）至（26）项的优惠事项，相关留存备查资料应在年度汇算清缴期内报送至主管税务机关。

（1）扶持自主就业退役士兵创业就业企业限额减征企业所得税，应留存：新招用自主就业退役士兵的《中国人民解放军义务兵退出现役证》或《中国人民解放军士官退出现役证》；企业当年已享受增值税和附加税抵减税额优惠的证明资料。

（2）安置残疾人员所支付的工资加计扣除，应留存：为安置的每位残疾人按月足额缴纳了企业所在区县人民政府根据国家政策规定的基本养老保险、基本医疗保险、失业保险和工伤保险等社会保险证明资料；通过非现金方式支付工资薪酬的证明；安置残疾职工名单及其《残疾人证》或《残疾军人证》；与残疾人员签订的劳动合同或服务协议。

（3）符合条件的生产和装配伤残人员专门用品企业免征企业所得税，应留存：生产和装配伤残人员专门用品，在民政部《中国伤残人员专门用品目录》范围之内的说明；伤残人员专门用品制作师名册、《执业资格证书》（假肢制作师、矫形器制作师）；企业的生产和装配条件以及帮助伤残人员康复的其他辅助条件的说明材料。

（4）支持和促进重点群体创业就业企业限额减征企业所得税（下岗失业人员再就业），应留存：县以上人力资源社会保障部门核发的《企业实体吸纳失业人员认定证明》《持〈就业创业证〉人员本年度实际工作时间表》；企业当年已享受增值税和附加税抵减税额优惠的证明资料。

（5）支持和促进重点群体创业就业企业限额减征企业所得税（高校毕业生就业），应留存：县以上人力资源社会保障部门核发的《企业实体吸纳失业人员认定证明》《持〈就业创业证〉人员本年度实际工作时间表》；企业当年已享受增值税和附加税抵减税额优惠的证明资料。

（6）符合条件的技术转让所得减免征收企业所得税，应留存：所转让的技术产权证明；企业发生境内技术转让：技术转让合同（副本）；技术合同登记证明；技术转让所得归集、分摊、计算的相关资料；实际缴纳相关税费的证明资料。企业向境外转让技术：技术出口合同（副本）；技术出口合同登记证书或技术出口许可证；技术出口合同数据表；技术转让所得归集、分摊、计算的相关资料；实际缴纳相关税费的证明资料；有关部门按照商务部、科技部发布的《中国禁止出口限制出口技术目录》出具的审查意见转让技术所有权的，其成本费用情况；转让使用权的，其无形资产费用摊销情况。技术转让年度，转让双方股权关联情况。

（7）投资于未上市的中小高新技术企业的有限合伙制创业投资企业法人合伙人按投资额的一定比例抵扣应纳税所得额，应留存：发展改革或证监部门出具的符合创业投资企业条件的年度证明材料；中小高新技术企业投资合同（协议）、章程、实际出资等相关材料；由省、自治区、直辖市和计划单列市高新技术企业认定管理机构出具的中小高新技术企业有效的高新技术企业证书复印件（注明"与原件一致"，并加盖公章）；中小高新技术企业基本情况［包括企业职工人数、年销售（营业）额、资产总额、未上市等］说明。

（8）线宽小于0.8微米（含）的集成电路生产企业减免企业所得税，应在汇算清缴期结束前向税务机关提交以下资料：企业所得税优惠事项后续管理资料报送表；在发展改革或工业和信息化部门立项的备案文件（应注明总投资额、工艺线宽标准）复印件以及企业取得的其他相关资质证书复印件等；企业职工人数、学历结构、研究开发人员情况及其占企业职工总数的比例说明，以及汇算清缴年度最后一个月社会保险缴纳证明等相关证明材料；加工集成电路产品主要列表及国家知识产权局（或国外知识产权相关主管机构）出具的企业自主开发或拥有的一至两份代表性知识产权（如专利、布图设计登记、软件著作权等）的证明材料；经具有资质的中介机构鉴证的企业财务会计报告（包括会计报表、会计报表附注和财务情况说明书）以及集成电路制造销售（营业）收入、研究开发费用、境内研究开发费用等情况说明；主要客户签订的一至两份代表性销售合同复印件；保证产品质量的相关证明材料（如质量管理认证证书复印件等）。

（9）线宽小于0.25微米的集成电路生产企业减按15%税率征收企业所得税，应在汇算清缴期结束前向税务机关提交以下资料：同第（8）项。

（10）新办集成电路设计企业减免企业所得税，应在汇算清缴期结束前向税务机关提交以下资料：企业所得税优惠事项后续管理资料报送表；企业职工人数、学历结构、研究开发人员情况及其占企业职工总数的比例说明，以及汇算清缴年度最后一个月社会保险缴纳证明等相关证明材料；企业开发销售的主要集成电路产品列表，以及国家知识产权局（或国外知识产权相关主管机构）出具的企业自主开发或拥有的一至两份代表性知识产权（如专利、布图设计登记、软件著作权等）的证明材料；经具有资质的中介机构鉴证的企业财务会计报告（包括会计报表、会计报表附注和财务情况说明书）以及集成电路设计销售（营业）收入、集成电路自主设计销售（营业）收入、研究开发费用、境内研究开发费用等情况表；第三方检测机构提供的集成电路产品测试报告或用户报告，以及与主要客户签订的一至两份代表性销售合同复印件；企业开发环境等相关证明材料。

（11）符合条件的软件企业减免企业所得税，应在汇算清缴期结束前向税务机关提交以下资料：企业所得税优惠事项后续管理资料报送表；企业开发销售的主要软件产品列表或技术服务列表；主营业务为软件产品开发的企业，提供至少1个主要产品的软件著作权或专利权等自主知识产权的有效证明文件，以及第三方检测机构提供的软件产品测试报告；主营业务仅为技术服务的企业提供核心技术说明；企业职工人数、学历结构、研究开发人员及其占企业职工总数的比例说明，以及汇算清缴年度最后一个月社会保险缴纳证明等相关证明材料；经具有资质的中介机构鉴证的企业财务会计报告（包括会计报表、会计报表附注和财务情况说明书）以及软件产品开发销售（营业）收入、软件产品自主开发销售（营业）收入、研究开发费用、境内研究开发费用等情况说明；与主要客户签订的一至两份代表性的软件产品销售合同或技术服务合同复印件；企业开发环境相关证明材料。

（12）国家规划布局内重点软件企业可减按10%的税率征收企业所得税，应在汇算清缴期结束前向税务机关提交以下资料：除提供第（11）项资料外，符合财税〔2016〕49号文件第六条规定的第二类条件的，应提供在国家规定的重点软件领域内销售（营业）情况说明；符合财税〔2016〕49号文件第六条规定的第三类条件的，应提供商务主管部门核发的软件出口合同登记证书，以及有效出口合同和结汇证明等材料。

（13）投资额超过80亿元的集成电路生产企业减按15%税率征收企业所得税，应在汇算清缴期结束前向税务机关提交的资料同第（8）项。

（14）国家规划布局内集成电路设计企业可减按10%的税率征收企业所得税，应在汇算清缴期结束前向税务机关提交以下资料：除提供第（10）项的材料外，符合财税〔2016〕49号文件第五条规定的第二类条件的，应提供在国家规定的重点集成电路设计领域内销售（营业）情况说明。

（15）符合条件的集成电路封装、测试企业定期减免企业所得税，应留存：省级相关部门根据发展改革委等部门规定办法出具的证明。

（16）符合条件的集成电路关键专用材料生产企业、集成电路专用设备生产企业定期减免企业所得税，应留存：省级相关部门根据发展改革委等部门规定办法出具的证明。

（17）科技型中小企业开发新技术、新产品、新工艺发生的研究开发费用加计扣除，应留存：自主、委托、合作研究开发项目计划书和企业有权部门关于自主、委托、合作研究开发项目立项的决议文件；自主、委托、合作研究开发专门机构或项目组的编制情况和研发人员名单；经科技行政主管部门登记的委托、合作研究开发项目的合同；从事研发活动的人员（包括外聘人员）和用于研发活动的仪器、设备、无形资产的费用分配说明（包括工作使用情况记录及费用分配计算证据材料）；集中研发项目研发费决算表、集中研发项目费用分摊明细情况表和实际分享收益比例等资料；"研发支出"辅助账及汇总表；企业已取得的地市级（含）以上科技行政主管部门出具的鉴定意见；科技型中小企业取得的入库登记编号证明资料。

（18）符合条件的非营利组织（科技企业孵化器）的收入免征企业所得税，应留存：非营利组织免税资格有效认定文件或其他相关证明；非营利组织认定资料；当年资金来源及使用情况、公益活动和非营利活动的明细情况；当年工资薪金情况专项报告，包括薪酬制度、工作人员整体平均工资薪金水平、工资福利占总支出比例、重要人员工资薪金信息（至少包括工资薪金水平排名前10的人员）；当年财务报表；登记管理机关出具的事业单位、社会团体、基金会、社会服务机构、宗教活动场所、宗教院校当年符合相关法律法规和国家政策的事业发展情况或非营利活动的材料；应纳税收入及其有关的成本、费用、损失，与免税收入及其有关的成本、费用、损失分别核算的情况说明；取得各类免税收入的情况说明；各类免税收入的凭证。

（19）符合条件的非营利组织（国家大学科技园）的收入免征企业所得税，应留存：同第（18）项。

（20）企业为获得创新性、创意性、突破性的产品进行创意设计活动发生的相关费用加计扣除，应留存：创意设计活动相关合同；创意设计活动相关费用核算情况的说明。

（21）线宽小于130纳米的集成电路生产企业减免企业所得税，应在汇算清缴期结束前向税务机关提交以下资料：同第（8）项。

（22）线宽小于65纳米或投资额超过150亿元的集成电路生产企业减免企业所得税，应在汇算清缴期结束前向税务机关提交以下资料：同第（8）项。

（23）线宽小于130纳米的集成电路生产项目的所得减免企业所得税，应在汇算清缴期结束前向税务机关提交以下资料：同第（8）项。

（24）线宽小于65纳米或投资额超过150亿元的集成电路生产项目的所得减免企业所得税，应在汇算清缴期结束前向税务机关提交以下资料：同第（8）项。

（25）技术先进型服务企业减按15%的税率征收企业所得税，应留存：技术先进型服务企业认定文件；技术先进型服务企业认定资料；优惠年度技术先进型服务业务收入总额、离岸服务外包业务收入总额占本企业当年收入总额比例情况说明；企业具有大专以上学历的员工占企业总职工总数比例情况说明。

（26）经认定的技术先进型服务企业减按15%的税率征收企业所得税，应留存：同第（25）项。

（27）开发新技术、新产品、新工艺发生的研究开发费用加计扣除，应留存：自主、委托、合作研究开发项目计划书和企业有权部门关于自主、委托、合作研究开发项目立项的决议文件；自主、委托、合作研究开发专门机构或项目组的编制情况和研发人员名单；经科技行政主管部门登记的委托、合作研究开发项目的合同；从事研发活动的人员（包括外聘人员）和用于研发活动的仪器、设备、无形资产的费用分配说明（包括工作使用情况记录及费用分配计算证据材料）；集中研发项目研发费决算表、集中研发项目费用分摊明细情况表和实际分享收益比例等资料；"研发支出"辅助账及汇总表；企业如果已取得地市级（含）以上科技行政主管部门出具的鉴定意见，应作为资料留存备查。

（28）国家需要重点扶持的高新技术企业减按15%的税率征收企业所得税，

应留存：高新技术企业资格证书；高新技术企业认定资料；知识产权相关材料；年度主要产品（服务）发挥核心支持作用的技术属于《国家重点支持的高新技术领域》规定范围的说明，高新技术产品（服务）及对应收入资料；年度职工和科技人员情况证明材料；当年和前两个会计年度研发费用总额及占同期销售收入比例、研发费用管理资料以及研发费用辅助账，研发费用结构明细表。

（29）经济特区和上海浦东新区新设立的高新技术企业在区内取得的所得定期减免征收企业所得税，应留存：同第（28）项资料之外还要留存新办企业取得第一笔生产经营收入凭证（原始凭证及账务处理凭证）；区内区外所得的核算资料。

（30）投资于未上市的中小高新技术企业的创业投资企业按投资额的一定比例抵扣应纳税所得额，应报送：同第（7）项。

（31）投资于种子期、初创期科技型企业的创业投资企业按投资额的一定比例抵扣应纳税所得额，应留存：发展改革或证监部门出具的符合创业投资企业条件的年度证明材料；初创科技型企业接受现金投资时的投资合同（协议）、章程、实际出资的相关证明材料；创业投资企业与其关联方持有初创科技型企业的股权比例的说明；被投资企业符合初创科技型企业条件的有关资料：接受投资时从业人数、资产总额、年销售收入和大学本科以上学历的从业人数比例的情况说明；接受投资时设立时间不超过5年的证明材料；接受投资时以及接受投资后2年内未在境内外证券交易所上市情况说明；研发费用总额占成本费用总额比例的情况说明。

（32）投资于种子期、初创期科技型企业的有限合伙制创业投资企业法人合伙人按投资额的一定比例抵扣应纳税所得额，应留存：发展改革或证监部门出具的符合创业投资企业条件的年度证明材料；初创科技型企业接受现金投资时的投资合同（协议）、章程、实际出资的相关证明材料；创业投资企业与其关联方持有初创科技型企业的股权比例的说明；被投资企业符合初创科技型企业条件的有关资料：接受投资时从业人数、资产总额、年销售收入和大学本科以上学历的从业人数比例的情况说明；接受投资时设立时间不超过5年的证明材料；接受投资时以及接受投资后2年内未在境内外证券交易所上市情况说明；接受投资当年及下一纳税年度研发费用总额占成本费用总额比例的情况说明；法人合伙人投资于合伙创投企业的出资时间、出资金额、出资比例及分配比例的相关证明材料、合伙创投企业主管税务机关受理后的《合伙创投企业法人合伙人所得分配情况明细表》。

（33）广东横琴、福建平潭、深圳前海等地区的鼓励类产业企业减按15%税率征收企业所得税，应留存：主营业务属于企业所得税优惠目录中的具体项目的相关证明材料；符合目录的主营业务收入占企业收入总额70%以上的说明；企业所得税年度纳税申报表；年度财务报表；与主营业务收入相对应的相关服务合同；所在行业如有前置审批或经营资质的，须留存相关审批文件或经营许可证明文件。

（34）符合条件的小型微利企业减按20%的税率征收企业所得税（减低税率），应留存：所从事行业不属于限制和禁止行业的说明；从业人数的计算过程；资产总额的计算过程。

（35）小型微利企业普惠性所得税减免政策，应留存：同第（34）项。

（36）从事符合条件的环境保护、节能节水项目的所得定期减免企业所得税，应留存：符合《环境保护、节能节水项目企业所得税优惠目录》规定范围、条件和标准的情况说明及证据资料；环境保护、节能节水项目取得的第一笔生产经营收入凭证（原始凭证及账务处理凭证）；环境保护、节能节水项目所得分项目核算资料，以及合理分摊期间共同费用的核算资料；项目权属变动情况及转让方已享受优惠情况的说明及证明资料（优惠期间项目权属发生变动的）。

（37）实施清洁发展机制项目的所得定期减免企业所得税，应留存：清洁发展机制项目立项有关文件；企业将温室气体减排量转让的HFC和PFC类CDM项目，及将温室气体减排量转让的N20类CDM项目的证明材料；将温室气体减排量转让收入上缴给国家的证明资料；清洁发展机制项目第一笔减排量转让收入凭证（原始凭证及账务处理凭证）；清洁发展机制项目所得单独核算资料，以及合理分摊期间共同费用的核算资料。

（38）购置用于环境保护、节能节水、安全生产等专用设备的投资额按一定比例实行税额抵免，应留存：购买并自身投入使用的专用设备清单及发票；以融资租赁方式取得的专用设备的合同或协议；专用设备属于《环境保护专用设备企业所得税优惠目录》《节能节水专用设备企业所得税优惠目录》或《安全生产专用设备企业所得税优惠目录》中的具体项目的说明；专用设备实际投入使用时间的说明。

（39）符合条件的节能服务公司实施合同能源管理项目的所得定期减免征收企业所得税，应留存：能源管理合同；国家发展改革委、财政部公布的第三方机构出具的合同能源管理项目情况确认表，或者政府节能主管部门出具的合同能源管理项目确认意见；项目转让合同、项目原享受优惠的备案文件（项目发生转让的，受让节能服务企业）；合同能源管理项目取得第一笔生产经营收入凭证（原始凭证及账务处理凭证）；合同能源管理项目应纳税所得额计算表；合同能源管理项目所得单独核算资料，以及合理分摊期间共同费用的核算资料。

（40）综合利用资源生产产品取得的收入在计算应纳税所得额时减计收入，应留存：企业实际资源综合利用情况（包括综合利用的资源、技术标准、产品名称等）的说明；综合利用资源生产产品取得的收入核算情况说明。

（41）取得的地方政府债券利息收入免征企业所得税，应留存：购买地方政府债券证明，包括持有时间、票面金额、利率等相关材料；应收利息（投资收益）科目明细账或按月汇总表；减免税计算过程的说明。

（42）投资者从证券投资基金分配中取得的收入暂不征收企业所得税，应留存：购买证券投资基金记账凭证；证券投资基金分配公告；免税的分配收入明细账及按月汇总表。

（43）内地居民企业通过沪港通投资且连续持有H股满12个月取得的股息红利所得免征企业所得税，应留存：相关记账凭证、本公司持股比例以及持股时间超过12个月的情况说明；被投资企业股东会（或股东大会）利润分配决议或公告、分配表；投资收益、应收股利科目明细账或按月汇总表。

（44）内地居民企业通过深港通投资且连续持有H股满12个月取得的股息红利所得免征企业所得税，应留存：同第（43）项。

（45）境外投资者以分配利润直接投资暂不征收预提所得税，应留存：由利润分配企业填写的《中华人民共和国扣缴企业所得税报告表》；由境外投资者提交并经利润分配企业补填信息后的《非居民企业递延缴纳预提所得税信息报告表》。

（46）国债利息收入免征企业所得税，应留存：国债净价交易交割单；购买、转让国债的证明，包括持有时间、票面金额、利率等相关材料；应收利息（投资收益）科目明细账或按月汇总表；减免税计算过程的说明。

（47）符合条件的居民企业之间的股息、红利等权益性投资收益免征企业所得税，应留存：被投资企业的最新公司章程（企业在证券交易市场购买上市公司股票获得股权的，提供相关记账凭证、本公司持股比例以及持股时间超过12个月情况说明）；被投资企业股东会（或股东大会）利润分配决议或公告、分配表；被投资企业进行清算所得税处理的，留存被投资企业填报的加盖主管税务机关受理章的《中华人民共和国清算所得税申报表》及附表三《剩余财产计算和分配明细表》复印件；投资收益、应收股利科目明细账或按月汇总表。

（48）金融机构取得的涉农贷款利息收入在计算应纳税所得额时减计收入，应留存：相关利息收入的核算情况说明；相关贷款合同。

（49）小额贷款公司取得的农户小额贷款利息收入在计算应纳税所得额时减计收入，应留存：同第（48）项之外还要留存省级金融管理部门（金融办、局等）出具的小额贷款公司准入资格文件。

（50）保险机构取得的涉农保费收入在计算应纳税所得额时减计收入，应留存：相关保费收入的核算情况说明；相关保险合同。

（51）从事农、林、牧、渔业项目的所得减免征收企业所得税，应留存：企业从事相关业务取得的资格证书或证明资料，包括有效期内的远洋渔业企业资格证书、从事农作物新品种选育的认定证书、动物防疫条件合格证、林木种子生产经营许可证、兽医的资格证明等；与农户签订的委托养殖合同（"公司＋农户"经营模式的企业）；与家庭承包户签订的内部承包合同（国有农场实行内部家庭承包经营）；农产品初加工项目及工艺流程说明（两个或两个以上的分项目说明）；同时从事适用不同企业所得税待遇项目的，每年度单独计算减免税项目所得的计算过程及其相关账册，期间费用合理分摊的依据和标准；生产场地证明资料，包括土地使用权证、租用合同等；企业委托或受托其他企业或个人从事符合规定的农林牧渔业项目的委托合同、受托合同、支出明细等证明材料。

（52）动漫企业自主开发、生产动漫产品定期减免征收企业所得税，应留存：动漫企业认定证明、动漫企业认定资料、动漫企业年审通过名单、获利年度情况说明。

（53）经营性文化事业单位转制为企业的免征企业所得税，应留存：企业转制方案文件；有关部门对转制方案的批复文件；整体转制前已进行事业单位法人登记的，同级机构编制管理机关核销事业编制的证明，以及注销事业单位法人的证明；企业转制的工商登记情况；企业与职工签订的劳动合同；企业缴纳社会保险费记录；有关部门批准引入非公有资本、境外资本和变更资本结构的批准函；同级文化体制改革和发展工作领导小组办公室出具的同意变更函（已认定发布的转制文化企业名称发生变更，且主营业务未发生变化的）。

（54）符合条件的非营利组织的收入免征企业所得税，应留存：非营利组织免税资格有效认定文件或其他相关证明；非营利组织认定资料；当年资金来源及使用情况、公益活动和非营利活动的明细情况；当年工资薪金情况专项报告，包括薪酬制度、工作人员整体平均工资薪金水平、工资福利占总支出比例、重要人员工资薪金信息（至少包括工资薪金水平排名前10的人员）；当年财务报表；登记管理机关出具的事业单位、社会团体、基金会、社会服务机构、宗教活动场所、宗教院校当年符合相关法律法规和国家政策的事业发展情况或非营利活动的材料；应纳税收入及其有关的成本、费用、损失，与免税收入及其有关的成本、费用、损失分别核算的情况说明；取得各类免税收入的情况说明；各类免税收入的凭证。

（55）从事国家重点扶持的公共基础设施项目投资经营的所得定期减免征收企业所得税，应留存：有关部门批准该项目文件；公共基础设施项目建成并投入运行后取得的第一笔生产经营收入凭证（原始凭证及账务处理凭证）；公共基础设施项目完工验收报告；项目权属变动情况及转让方已享受优惠情况的说明及证明资料（优惠期间项目权属发生变动的）；公共基础设施项目所得分项目核算资料，以及合理分摊期间共同费用的核算资料；符合《公共基础设施项目企业所得税优惠目录》规定范围、条件和标准的情况说明及证据资料。

（56）取得铁路债券利息收入减半征收企业所得税，应留存：购买铁路债券证明资料，包括持有时间、票面金额、利率等相关资料；应收利息（投资收益）

科目明细账或按月汇总表；减免税计算过程的说明。

（57）固定资产或购入软件等可以加速折旧或摊销，应留存：固定资产的功能、预计使用年限短于规定计算折旧的最低年限的理由、证明资料及有关情况的说明；被替代的旧固定资产的功能、使用及处置等情况的说明；固定资产加速折旧拟采用的方法和折旧额的说明，外购软件拟缩短折旧或摊销年限情况的说明；集成电路生产企业证明材料；购入固定资产或软件的发票、记账凭证。

（58）固定资产加速折旧或一次性扣除，应留存：企业属于重点行业、领域企业的说明材料［以某重点行业业务为主营业务，固定资产投入使用当年主营业务收入占企业收入总额50%（不含）以上］；购进固定资产的发票、记账凭证（购入已使用过的固定资产，应提供已使用年限的相关说明）；核算有关资产税法与会计差异的台账。

（59）享受过渡期税收优惠定期减免企业所得税，应留存：符合过渡期税收优惠政策的情况说明。

【办理渠道】

办税服务厅；网上办理：电子税务局。

【办理时限】

（1）纳税人办理时限。相关留存备查资料应在年度汇算清缴期内报送至主管税务机关。

（2）税务机关办结时限。资料齐全、符合法定形式、填写内容完整的，税务机关受理后即时办结。

【办理流程】

办理流程如图4-6所示。

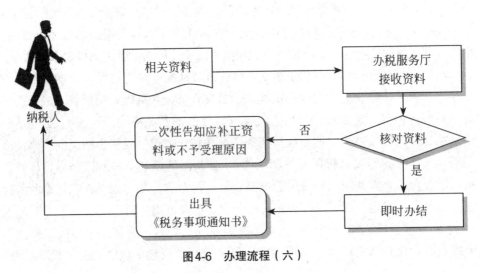

图4-6 办理流程（六）

4.5 个人所得税优惠

4.5.1 个人所得税优惠核准

符合个人所得税优惠核准条件的纳税人,可在政策规定的减免税期限内向主管税务机关申请办理个人所得税优惠核准。

【报送资料】

(1)自然灾害受灾减免个人所得税优惠,应报送:《纳税人减免税申请核准表》;减免税申请报告(列明减免税理由、依据、范围、期限、数量、金额等);个人身份证明原件;自然灾害损失证明材料原件及复印件。

(2)残疾、孤老、烈属减征个人所得税优惠,应报送:《纳税人减免税申请核准表》;减免税申请报告(列明减免税理由、依据、范围、期限、数量、金额等);个人身份证明原件;残疾、孤老、烈属的资格证明材料原件及复印件。

【办理渠道】

办税服务厅。

【办理时限】

(1)纳税人办理时限。纳税人发生减免税优惠时办理。

(2)税务机关办结时限。资料齐全、符合法定形式、填写内容完整的,税务机关受理之日起7个工作日内办结。

【办理流程】

办理流程如图4-7所示。

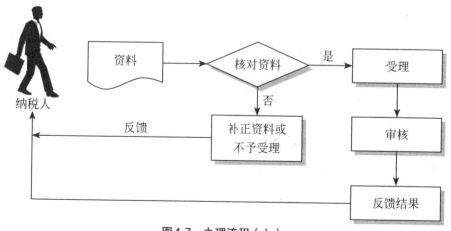

图4-7 办理流程(七)

4.5.2 个人所得税优惠备案

符合个人所得税备案优惠条件的纳税人,应向主管税务机关申请办理个人所得税优惠备案。

【报送资料】

(1)个人转让5年以上唯一住房免征个人所得税优惠,应报送:《纳税人减免税备案登记表》2份;双方当事人身份证明原件;房产证、契税完税凭证原件及复印件;原购房发票或其他合法有效凭证原件及复印件;售房合同或协议;家庭唯一生活用房证明材料。

(2)随军家属从事个体经营免征个人所得税优惠,应报送:《纳税人减免税备案登记表》2份;师(含)以上政治机关开具的证明随军家属身份的相关材料复印件;取得收入的相关证明材料。

(3)军转干部从事个体经营免征个人所得税优惠,应报送:《纳税人减免税备案登记表》2份;师(含)以上部队颁发的转业证件复印件;取得收入的相关证明材料。

(4)取消农业税从事四业所得暂免征收个人所得税优惠,应报送:《纳税人减免税备案登记表》2份;个人身份证明原件及复印件;从事四业所得证明材料原件及复印件。

(5)对外籍技术官员取得的由北京冬奥组委、测试赛赛事组委会支付的劳务报酬免征个人所得税优惠,应报送:《纳税人减免税备案登记表》2份。

(6)个人无偿受赠或继承不动产个人所得税优惠,应报送:《个人无偿赠予不动产登记表》;双方当事人的身份证明原件(继承或接受遗赠的,只需提供继承人或接受遗赠人的身份证明原件);房屋所有权证原件及复印件。下列情形分别应再报送:属于离婚分割财产的,提供离婚证原件及复印件、离婚协议或者人民法院判决书或者人民法院调解书原件及复印件;属于无偿赠予配偶的,提供结婚证原件及复印件;属于无偿赠予父母、子女、祖父母、外祖父母、孙子女、外孙子女、兄弟姐妹的,提供户口簿或者出生证明或者人民法院判决书或者人民法院调解书或者其他部门(有资质的机构)出具的能够证明双方亲属关系的证明资料原件及复印件;属于无偿赠予非亲属抚养或赡养关系的,提供人民法院判决书或者人民法院调解书或者乡镇政府或街道办事处出具的抚养(赡养)关系证明或者其他部门(有资质的机构)出具的能够证明双方抚养(赡养)关系的证明资料原件及复印件;属于继承或接受遗赠的,提供死亡证明原件及复印件、有权继承或接受遗赠的证明资料原件及复印件。

(7)内地个人投资者通过沪港通投资香港联交所上市股票取得的转让差价所

得，免征收个人所得税优惠，应报送：《纳税人减免税备案登记表》2份。

【办理渠道】

办税服务厅。

【办理时限】

（1）纳税人办理时限。纳税人发生减免税优惠事项时办理。

（2）税务机关办结时限。资料齐全、符合法定形式、填写内容完整的，自税务机关受理后即时办结。

【办理流程】

办理流程如图4-8所示。

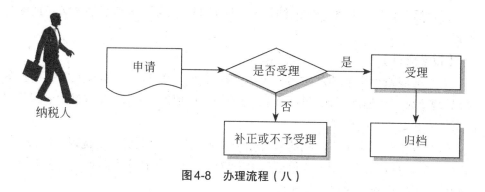

图4-8 办理流程（八）

4.6 房产税优惠

4.6.1 房产税优惠核准

符合房产税困难减免条件的纳税人，可在政策规定的减免税期限内向主管税务机关申请办理房产税优惠核准。

【报送资料】

《纳税人减免税（费）申请表》；减免税申请报告（列明减免税理由、依据、范围、期限、数量、金额等）；房屋产权证明复印件（初次登记）；证明纳税人困难的相关材料。

【办理渠道】

办税服务厅。

【办理时限】

(1) 纳税人办理时限。在政策规定的减免税期限内。

(2) 税务机关办结时限。资料齐全、符合法定形式、填写内容完整的,自受理之日起20个工作日内办结。

【办理流程】

同4.5.1个人所得税优惠核准的业务流程。

4.6.2 房产税优惠备案

符合房产税优惠备案条件的纳税人,应向主管税务机关申请办理房产税优惠备案。

【报送资料】

(1) 地震毁损不堪和危险房屋免房产税优惠,应报送:《纳税人减免税备案登记表》2份;房屋产权证明复印件;证明房产原值的资料(初次登记);有关部门出具的鉴定或证明材料。

(2) 按政府规定价格出租的公有住房和廉租住房免征房产税优惠,应报送:《纳税人减免税备案登记表》2份;房屋产权证明等公有住房和廉租住房证明材料复印件;租赁合同(协议)复印件。

(3) 公共租赁住房免征房产税优惠,应报送:《纳税人减免税备案登记表》2份;房屋产权证复印件;确认为公共租赁住房的证明材料。

(4) 非营利性老年服务机构自用房产免征房产税优惠,应报送:《纳税人减免税备案登记表》2份;房屋产权证明复印件;证明房产原值的资料(初次登记);民政部门出具的资质认定复印件。

(5) 农产品批发市场、农贸市场房产免征房产税优惠,应报送:《纳税人减免税备案登记表》2份;房屋产权证明复印件;证明房产原值的资料(初次登记);农产品批发市场和农贸市场经营主体的相关证明材料,对同时经营其他产品的农产品批发市场和农贸市场,应提供面积比例专项说明。

(6) 非营利性科研机构自用的房产免征房产税优惠,应报送:《纳税人减免税备案登记表》2份;房屋产权证明复印件;证明房产原值的资料(初次登记);非营利性科研机构执业登记证明复印件。

(7) 科技企业孵化器、大学科技园和众创空间自用以及无偿或通过出租等方式提供给在孵对象使用的房产免征房产税优惠,应报送:《纳税人减免税备案登记表》2份;房屋产权证明复印件;证明房产原值的资料或出租合同(初次登记);科技企业孵化器、大学科技园、众创空间面向孵化企业出租场地、房屋以及提供孵化服务的业务收入在财务上单独核算的相关证明材料。

（8）按照去产能和调结构政策要求停产停业、关闭的企业，自停产停业次月起，免征房产税，应报送：《纳税人减免税备案登记表》2份；房屋产权证明复印件；证明房产原值的资料或出租合同（初次登记）；去产能、调结构主管部门出具的名单或证明材料。

（9）大型客机和大型客机发动机整机设计制造企业免征房产税，应报送：《纳税人减免税备案登记表》2份。

（10）转制科研机构的科研开发用房免征房产税优惠，应报送：《纳税人减免税备案登记表》2份；房屋产权证明复印件；证明房产原值的资料（初次登记）；转制方案批复函；企业工商营业执照；整体转制前已进行事业单位法人登记的，应提供同级机构编制管理机关核销事业编制、注销事业单位法人的证明；同在职职工签订劳动合同、按企业办法参加社会保险制度的证明；引入非公有资本和境外资本、变更资本结构的，需出具相关部门批准文件。

（11）被撤销金融机构清算期间房地产免征房产税优惠，应报送：《纳税人减免税备案登记表》2份；房屋产权证明复印件；证明房产原值的资料（初次登记）；中国人民银行依法决定撤销的证明材料复印件；财产处置协议复印件。

（12）农村饮水工程运营管理单位房产免征房产税优惠，应报送：《纳税人减免税备案登记表》2份；房屋产权证明复印件；农村饮水工程运营相关证明资料原件及复印件。

（13）学校、托儿所、幼儿园自用的房产免征房产税优惠，应报送：《纳税人减免税备案登记表》2份；房屋产权证明复印件；证明房产原值的资料（初次登记）；教育部门出具的教育行业资质证明复印件。

（14）高校学生公寓免征房产税优惠，应报送：《纳税人减免税备案登记表》2份；房屋产权证明复印件；证明房产原值的资料（初次登记）；学生公寓相关证明资料复印件。

（15）符合条件的体育馆减免房产税优惠，应报送：《纳税人减免税备案登记表》2份；房屋产权证明或其他证明纳税人使用房产的文件复印件；确认为体育场馆的证明材料；证明房产原值的资料（初次登记）。

（16）转制文化企业自用房产免征房产税优惠，应报送：《纳税人减免税备案登记表》2份；房屋产权证明复印件；证明房产原值的资料（初次登记）；事业单位法人证书的注销手续复印件；与在职职工签订劳动合同、按企业办法参加社会保险制度的证明材料；引入非公有资本和境外资本、变更资本结构的，出具相关部门的批准文件；注销后已变更的法人营业执照；转制文件批复函。

(17) 铁路运输企业的房产税优惠，应报送：《纳税人减免税备案登记表》2份；房屋产权证明复印件；证明房产原值的资料（初次登记）；股改铁路运输企业应提供国务院批准股份制改革文件；合资铁路运输公司应提供其公司章程、验资报告等资料。

(18) 商品储备业务自用房产免征房产税优惠，应报送：《纳税人减免税备案登记表》2份；房屋产权证明复印件；与政府有关部门签订的承担储备任务的书面委托合同、取得财政储备经费或补贴的批复文件或相关凭证等相关证明资料复印件。

(19) 血站自用的房产免征房产税优惠，应报送：《纳税人减免税备案登记表》2份；房屋产权证明复印件；证明房产原值的资料（初次登记）；医疗执业注册登记证复印件。

(20) 非营利性医疗机构、疾病控制机构和妇幼保健机构等卫生机构自用的房产免征房产税优惠，应报送：《纳税人减免税备案登记表》2份；房屋产权证明复印件；证明房产原值的资料（初次登记）；医疗执业注册登记证复印件。

(21) 营利性医疗机构自用的房产，免征三年房产税优惠，应报送：《纳税人减免税备案登记表》2份；房屋产权证明复印件；证明房产原值的资料（初次登记）；医疗执业注册登记证复印件。

(22) 司法部门所属监狱等房产免征房产税优惠，应报送：《纳税人减免税备案登记表》2份；房屋产权证明复印件；证明房产原值的资料（初次登记）；司法系统所属监狱等房产的证明材料。

(23) 毁损房屋和危险房屋免征房产税优惠，应报送：《纳税人减免税备案登记表》2份；房屋产权证明复印件；证明房产原值的资料（初次登记）；房屋毁损鉴定证明材料。

(24) 工商行政管理部门集贸市场的房产税优惠，应报送：《纳税人减免税备案登记表》2份；房屋产权证明复印件；证明房产原值的资料（初次登记）；集贸市场经营主体的相关证明材料。

(25) 房管部门经租非营业用房免征房产税优惠，应报送：《纳税人减免税备案登记表》2份；房屋产权证明复印件；房屋租赁合同（协议）复印件；经租居民用房相关证明材料。

(26) 地下建筑减征房产税优惠，应报送：《纳税人减免税备案登记表》2份；房屋产权证明复印件；证明房产原值的资料（初次登记）；证明房产用途的资料。

(27) 基建工地临时性房屋免征房产税优惠，应报送：《纳税人减免税备案登记表》2份；房屋产权证明复印件；基建施工合同、临时房屋建造成本等证明材料。

（28）大修停用的房产免征房产税优惠，应报送：《纳税人减免税备案登记表》2份；房屋产权证明复印件；证明房产原值的资料（初次登记）；房屋大修相关证明材料。

（29）企事业单位向个人出租住房减按4%征收房产税优惠，应报送：《纳税人减免税备案登记表》2份；房屋产权证明复印件；租赁合同（协议）原件及复印件。

【办理渠道】

办税服务厅。

【办理时限】

（1）纳税人办理时限。在政策规定的减免税期限内。

（2）税务机关办结时限。资料齐全、符合法定形式、填写内容完整的，税务机关受理后即时办结。

4.7 城镇土地使用税优惠

4.7.1 城镇土地使用税优惠核准

符合城镇土地使用税困难减免条件的纳税人，可在政策规定的减免税政策期限内向主管税务机关申请办理城镇土地使用税优惠核准。

【报送资料】

《纳税人减免税（费）申请表》；证明纳税人困难的相关材料。

【办理渠道】

办税服务厅。

【办理时限】

（1）纳税人办理时限。在政策规定的减免税期限内。

（2）税务机关办结时限。资料齐全、符合法定形式、填写内容完整的，自受理之日起20个工作日内办结。

【办理流程】

同4.5.1个人所得税优惠核准的业务办理流程。

4.7.2 城镇土地使用税优惠备案

符合城镇土地使用税优惠备案条件的纳税人，应向主管税务机关申请办理城镇土地使用税优惠备案。

【报送资料】

（1）棚户区改造安置住房建设用地免城镇土地使用税优惠，应报送：《纳税人减免税备案登记表》2份；政府部门出具的棚户区改造安置住房建设用地证明材料；棚户区改造合同（协议）复印件。

（2）公共租赁住房用地免城镇土地使用税优惠，应报送：《纳税人减免税备案登记表》2份；确认为公共租赁住房的证明材料。

（3）安置残疾人就业单位用地减免城镇土地使用税优惠，应报送：《纳税人减免税备案登记表》2份；安置的残疾职工名单（各月）及相应的《中华人民共和国残疾人证》或《中华人民共和国残疾军人证（1至8级）》原件及复印件；劳动合同或服务协议，工资发放及社会保险费缴纳清单（应注明全体职工的个人明细情况）；职工名单，安置残疾人名单及岗位安排，符合安置比例及相关条件的用工情况说明。

（4）福利性非营利性老年服务机构土地免城镇土地使用税优惠，应报送：《纳税人减免税备案登记表》2份；民政部门出具的资质认定复印件。

（5）农产品批发市场、农贸市场城镇土地使用税优惠，应报送：《纳税人减免税备案登记表》2份；农产品批发市场和农贸市场经营主体的相关证明，同时经营其他产品的农产品批发市场和农贸市场，应提供面积比例专项说明。

（6）落实私房政策后的房屋用地减免城镇土地使用税优惠，应报送：《纳税人减免税备案登记表》2份；有关部门出具的落实私房政策证明材料；房屋租赁合同（协议）复印件。

（7）大宗商品仓储设施用地城镇土地使用税优惠，应报送：《纳税人减免税备案登记表》2份；单位性质证明材料。

（8）非营利性科研机构自用土地免城镇土地使用税优惠，应报送：《纳税人减免税备案登记表》2份；非营利性科研机构执业登记证明复印件。

（9）科技园自用及提供孵化企业使用土地免城镇土地使用税优惠，应报送：《纳税人减免税备案登记表》2份；大学科技园面向孵化企业出租场地、房屋以及提供孵化服务的业务收入在财务上单独核算的相关证明材料。

（10）孵化器自用及提供孵化企业使用土地免城镇土地使用税优惠，应报送：《纳税人减免税备案登记表》2份；孵化器面向孵化企业出租场地、房屋及提供孵化服务的业务收入在财务上单独核算的相关证明材料。

（11）转制科研机构的科研开发自用土地免城镇土地使用税优惠，应报送：《纳税人减免税备案登记表》2份；转制方案批复函；企业工商营业执照；整体转制前已进行事业单位法人登记的，应提供同级机构编制管理机关核销事业编制、注销事业单位法人的证明；同在职职工签订劳动合同、按企业办法参加社会保险制度的证明；引入非公有资本和境外资本、变更资本结构的，需出具相关部门批准文件。

（12）企业搬迁原场地不使用的免城镇土地使用税优惠，应报送：《纳税人减免税备案登记表》2份；有关部门对企业搬迁的批准文件或认定书复印件。

（13）企业厂区以外的公共绿化用地免城镇土地使用税优惠，应报送：《纳税人减免税备案登记表》2份；企业公共绿化用地证明材料。

（14）电力行业部分用地免城镇土地使用税优惠，应报送：《纳税人减免税备案登记表》2份；电力行业用地证明材料。

（15）核工业总公司所属企业部分用地免征城镇土地使用税优惠，应报送：《纳税人减免税备案登记表》2份；单位性质证明材料。

（16）核电站部分用地减免城镇土地使用税优惠，应报送：《纳税人减免税备案登记表》2份；单位性质证明材料。

（17）被撤销金融机构清算期间自有的或从债务方接收的房地产城镇土地使用税优惠，应报送：《纳税人减免税备案登记表》2份；中国人民银行撤销该机构的证明材料；财产处置协议复印件。

（18）农村饮水工程运营管理单位自用土地免城镇土地使用税优惠，应报送：《纳税人减免税备案登记表》2份；农村饮水工程运营相关证明资料原件及复印件。

（19）学校、托儿所、幼儿园自用土地免城镇土地使用税优惠，应报送：《纳税人减免税备案登记表》2份；教育部门出具的教育行业资质证明复印件。

（20）符合条件的体育场馆减免城镇土地使用税优惠，应报送：《纳税人减免税备案登记表》2份；确认为体育场馆的证明材料。

（21）航空航天公司专属用地免城镇土地使用税优惠，应报送：《纳税人减免税备案登记表》2份；确认为中国航空、航天、船舶工业总公司所属军工企业单位性质证明材料。

（22）铁道部所属铁路运输企业自用土地免城镇土地使用税优惠，应报送：《纳税人减免税备案登记表》2份；单位性质证明材料。

（23）地方铁路运输企业自用土地免城镇土地使用税优惠，应报送：《纳税人减免税备案登记表》2份；单位性质证明材料。

（24）港口的码头用地免城镇土地使用税优惠，应报送：《纳税人减免税备案登记表》2份；港口用地相关证明材料。

（25）民航机场规定用地免城镇土地使用税优惠，应报送：《纳税人减免税备案登记表》2份；民航机场用地相关证明材料。

（26）股改铁路运输企业及合资铁路运输公司自用的土地暂免征收城镇土地使用税优惠，应报送：《纳税人减免税备案登记表》2份；单位性质证明材料。

（27）厂区外未加隔离的企业铁路专用线用地、公路用地免城镇土地使用税优惠，应报送：《纳税人减免税备案登记表》2份；企业铁路专用线、公路用地证明材料。

（28）城市公交站场、道路客运站场、城市轨道交通系统的运营用地免城镇土地使用税优惠，应报送：《纳税人减免税备案登记表》2份；确认为城市公交站场、道路客运站场、城市轨道交通系统的有关证明材料。

（29）商品储备管理公司及其直属库储备业务自用土地免城镇土地使用税优惠，应报送：《纳税人减免税备案登记表》2份；与政府有关部门签订的承担储备任务的书面委托合同、取得财政储备经费或补贴的批复文件或相关凭证等确认为商品储备管理公司及其直属库的有关证明材料复印件。

（30）血站自用的土地免城镇土地使用税优惠，应报送：《纳税人减免税备案登记表》2份；医疗执业注册登记证复印件。

（31）非营利性医疗机构、疾病控制机构、妇幼保健机构自用的土地免城镇土地使用税优惠，应报送：《纳税人减免税备案登记表》2份；医疗执业注册登记证复印件。

（32）营利性医疗机构自用的土地3年内免城镇土地使用税优惠，应报送：《纳税人减免税备案登记表》2份；医疗执业注册登记证复印件。

（33）免税单位无偿使用征税单位土地的免城镇土地使用税优惠，应报送：《纳税人减免税备案登记表》2份；免税单位无偿使用证明材料。

（34）劳改单位相关用地免城镇土地使用税优惠，应报送：《纳税人减免税备案登记表》2份；司法系统所属的劳改单位的证明材料。

（35）地下建筑用地暂按50%征收城镇土地使用税优惠，应报送：《纳税人减免税备案登记表》2份；地下建筑用地相关证明材料。

（36）采摘观光的种植养殖土地免城镇土地使用税优惠，应报送：《纳税人减免税备案登记表》2份；采摘观光农业用地证明材料。

（37）水利设施及其管护用地免城镇土地使用税优惠，应报送：《纳税人减免税备案登记表》2份；水利设施用地证明材料。

（38）防火防爆防毒等安全用地免城镇土地使用税优惠，应报送：《纳税人减免税备案登记表》2份；有关部门出具的安全防范用地证明材料。

（39）矿山企业生产专用地免城镇土地使用税优惠，应报送：《纳税人减免税备案登记表》2份；单位性质证明材料。

（40）煤炭企业规定用地免城镇土地使用税优惠，应报送：《纳税人减免税备案登记表》2份；单位性质证明材料。

（41）盐场的盐滩、盐矿的矿井用地免城镇土地使用税优惠，应报送：《纳税人减免税备案登记表》2份；单位性质证明材料。

（42）林业系统相关用地免城镇土地使用税优惠，应报送：《纳税人减免税备案登记表》2份；单位性质证明材料。

（43）开山填海整治土地和改造废弃土地免城镇土地使用税优惠，应报送：《纳税人减免税备案登记表》2份；开山填海整治或废弃土地改造前的图纸、图片及其他能够证明目标土地整治或改造前状态的证明材料；国土资源部门批准占用滩涂、泽塘、山地等废弃土地的批复文件。

（44）企业已售房改房占地免城镇土地使用税优惠，应报送：《纳税人减免税备案登记表》2份；房改房销售合同（协议）复印件。

（45）个人出租住房用地城镇土地使用税优惠，应报送：《纳税人减免税备案登记表》2份；个人身份证件；租赁合同（协议）原件及复印件。

（46）企业的荒山、林地、湖泊等占地减半征收城镇土地使用税优惠，应报送：《纳税人减免税备案登记表》2份；对企业范围内的荒山、林地、湖泊等占地，尚未利用的相关证明材料。

（47）石油天然气生产企业部分用地免城镇土地使用税优惠，应报送：《纳税人减免税备案登记表》2份；单位性质证明材料。

（48）大型客机和大型客机发动机整机设计制造企业免征城镇土地使用税，应报送：《纳税人减免税备案登记表》2份。

（49）按照去产能和调结构政策要求停产停业、关闭的企业，自停产停业次月起，免征房产税，应报送：《纳税人减免税备案登记表》2份；房屋产权证明复印件；证明房产原值的资料或出租合同（初次登记）；去产能、调结构主管部门出具的名单或证明材料。

【办理渠道】

办税服务厅。

【办理时限】

（1）纳税人办理时限。在政策规定的减免税期限内。

（2）税务机关办结时限。资料齐全、符合法定形式、填写内容完整的，税务机关受理后即时办结。

4.8 土地增值税优惠

4.8.1 土地增值税优惠备案

符合土地增值税优惠条件的纳税人,如需享受税收优惠,应向主管税务机关申请办理土地增值税优惠备案。

【报送资料】

(1)对个人销售住房暂免征收土地增值税优惠,应报送:《纳税人减免税备案登记表》2份;房屋产权证、土地使用权证明原件及复印件;房地产转让合同(协议)原件及复印件;个人身份证件。

(2)转让旧房作为保障性住房且增值额未超过扣除项目金额20%的免征土地增值税,应报送:《纳税人减免税备案登记表》2份;房屋产权证、土地使用权证明复印件;房地产转让合同(协议)复印件;扣除项目金额证明材料(如评估报告、发票等);政府部门将有关旧房转为改造安置住房的证明材料。

(3)转让旧房作为公共租赁住房房源且增值额未超过扣除项目金额20%的免征土地增值税优惠,应报送:《纳税人减免税备案登记表》2份;房屋产权证、土地使用权证明复印件;房地产转让合同(协议)复印件;扣除项目金额证明材料(如评估报告、发票等);政府部门将有关旧房转为公共租赁住房的证明材料。

(4)企业改制重组土地增值税优惠,应报送:《纳税人减免税备案登记表》2份;相关房产、国有土地权证、价值证明等书面材料;改制重组合同(协议)原件及复印件。

(5)亚运会组委会赛后出让资产取得的收入免征土地增值税优惠,应报送:《纳税人减免税备案登记表》2份;相关房产、国有土地权证、价值证明等书面材料;房地产转让合同(协议)原件及复印件;单位性质证明材料。

(6)对北京冬奥组委、北京冬奥会测试赛赛事组委会赛后再销售物品和出让资产免征土地增值税,应报送:《纳税人减免税备案登记表》2份。

(7)被撤销金融机构清偿债务免征土地增值税优惠,应报送:《纳税人减免税备案登记表》2份;房屋产权证、土地使用权证明复印件;财产处置协议复印件;中国人民银行依法决定撤销的证明材料。

(8)合作建房自用的土地增值税减免优惠,应报送:《纳税人减免税备案登记表》2份;房屋产权证、土地使用权证明复印件;合作建房合同(协议)复印件。

【办理渠道】

办税服务厅。

【办理时限】

（1）纳税人办理时限。在政策规定的减免税期限内。

（2）税务机关办结时限。15个工作日。

【办理流程】

同4.5.2个人所得税优惠备案的业务办理流程。

4.8.2 土地增值税优惠核准

符合土地增值税优惠核准条件的纳税人，可在政策规定的减免税期限内向主管税务机关申请办理土地增值税优惠核准。

【报送资料】

（1）建造普通住宅出售，增值额未超过扣除项目金额之和20%的土地增值税减免优惠，应报送：《纳税人减免税申请核准表》；减免税申请报告（列明减免税理由、依据、范围、期限、数量、金额等，加盖公章）；开发立项及土地使用权等证明复印件；土地增值税清算报告；相关的收入、成本、费用等证明材料。

（2）因城市实施规划、国家建设需要而搬迁，纳税人自行转让房地产土地增值税减免优惠，应报送：《纳税人减免税申请核准表》；减免税申请报告（列明减免税理由、依据、范围、期限、数量、金额等，加盖公章）；房地产权属证明原件及复印件；城市实施规划、国家建设证明文件原件及复印件；房地产转让合同（协议）原件及复印件。

（3）因国家建设需要依法征用、收回的房地产土地增值税减免优惠，应报送：《纳税人减免税申请核准表》；减免税申请报告（列明减免税理由、依据、范围、期限、数量、金额等，加盖公章）；房地产权属证明原件及复印件；政府依法征用、收回房地产权文件原件及复印件；政府征用、收回房地产权补偿协议复印件。

【办理渠道】

办税服务厅。

【办理时限】

（1）纳税人办理时限。在政策规定的减免税期限内。

（2）税务机关办结时限。15个工作日。

【办理流程】

同4.5.1个人所得税优惠核准的业务办理流程。

4.9 耕地占用税优惠备案

符合耕地占用税优惠条件的纳税人,应向主管税务机关申请办理耕地占用税优惠备案。

【报送资料】

(1)农村宅基地减征耕地占用税优惠,应报送:《纳税人减免税备案登记表》2份;农村居民占用应税土地新建住宅的证明材料。

(2)学校、幼儿园、养老院、医院占用耕地免征耕地占用税优惠,应报送:《纳税人减免税备案登记表》2份;学校、幼儿园、养老院、医院占用应税土地的证明材料。

(3)军事设施占用耕地的耕地占用税优惠,应报送:《纳税人减免税备案登记表》2份;军事设施占用应税土地的证明材料。

(4)交通运输设施占用耕地减征耕地占用税优惠,应报送:《纳税人减免税备案登记表》2份;铁路线路、公路线路、飞机场跑道、停机坪、港口、航道占用应税土地的证明材料。

【办理渠道】

办税服务厅。

【办理时限】

(1)纳税人办理时限。在政策规定的减免税期限内。

(2)税务机关办结时限。资料齐全、符合法定形式、填写内容完整的,税务机关受理后即时办结。

【办理流程】

同4.5.2个人所得税优惠备案的业务办理流程。

4.10 资源税优惠核准

符合资源税优惠核准条件的纳税人,可在政策规定的减免税期限内向主管税务机关申请办理资源税优惠核准。

【报送资料】

《纳税人减免税申请核准表》2份;减免税申请报告(列明减免税理由、依据、范围、期限、数量、金额等）1份；开采或生产应税产品过程中，因意外事故或自然灾害等原因遭受重大损失的证明材料1份。

【办理渠道】

办税服务厅。

【办理时限】

（1）纳税人办理时限。政策规定的减免税期限内。

（2）税务机关办结时限。资料齐全、符合法定形式、填写内容完整的，税务机关受理之日起7个工作日内办结。

【办理流程】

同4.5.1个人所得税优惠核准的业务办理流程。

4.11 契税优惠备案

符合契税优惠备案条件的纳税人，应向主管税务机关申请办理契税优惠备案。

【报送资料】

（1）已购公有住房补缴土地出让金和其他出让费用免征契税优惠，应报送：补缴土地出让金和其他出让费用的相关证明原件及复印件；公有住房相关证明。

（2）经营管理单位回购经适房继续用于经适房房源免征契税优惠，应报送：房屋权属转移合同或具有合同性质的契约、协议、合约、单据、确认书复印件；经济适用房项目相关证明。

（3）军建离退休干部住房及附属用房移交地方政府管理的免征契税优惠，应报送：军地双方土地、房屋权属移交合同复印件；军地双方土地、房屋权属变更、过户文书复印件。

（4）城镇职工第一次购买公有住房优惠，应报送：购买公有住房或集资建房证明材料复印件；个人身份证明原件。

（5）经营管理单位回购改造安置住房仍为安置房免征契税优惠，应报送：改造安置住房相关证明材料；回购合同（协议）复印件。

（6）夫妻之间变更房屋、土地权属或共有份额免征契税优惠，应报送：《个人无偿赠与不动产登记表》；财产分割协议，房产权属证明，土地、房屋权属变更、过户文书复印件；结婚证、原件及复印件；双方身份证明验原件。

（7）土地使用权、房屋交换价格相等的免征，不相等的差额征收的契税优惠，应报送：交换双方土地、房屋权属转移合同，交换双方土地、房屋权属变更、过户文书复印件；单位或个人身份证明原件。

（8）土地、房屋被县级以上政府征用、占用后重新承受土地、房屋权属减免契税优惠，应报送：土地、房屋被政府征用、占用的文书复印件；拆迁补偿协议，纳税人重新承受被征用或占用的土地、房屋权属证明复印件；单位或个人身份证明原件。

（9）因不可抗力灭失住房而重新购买住房减征或免征契税优惠，应报送：住房灭失证明原件及复印件；重新购置住房合同、协议复印件；个人身份证明原件。

（10）棚户区个人首次购买90平方米以下改造安置住房减按1%征收契税，应报送：棚户区改造相关证明材料；房屋征收（拆迁）补偿协议及购买改造安置住房合同（协议）原件及复印件；个人身份证明原件。棚户区个人购买符合普通住房标准的改造安置住房减半征收契税，应报送：棚户区改造相关证明材料；房屋征收（拆迁）补偿协议及购买改造安置住房合同（协议）原件及复印件；个人身份证明原件。

（11）棚户区被征收房屋取得货币补偿用于购买安置住房免征契税优惠，应报送：棚户区改造相关证明材料；改造安置住房相关证明材料；房屋征收（拆迁）补偿协议及购买改造安置住房合同（协议）原件及复印件；个人身份证明原件。

（12）棚户区用改造房屋换取安置住房免征契税优惠，应报送：棚户区改造相关证明材料；改造安置住房相关证明材料；房屋征收（拆迁）补偿协议及购买改造安置住房合同（协议）原件及复印件；个人身份证明原件。

（13）公共租赁住房经营管理单位购买住房作为公共租赁住房免征契税优惠，应报送：房屋权属转移合同或具有合同性质的契约、协议、合约、单据、确认书，房屋权属变更、过户文书复印件；公共租赁住房相关证明。

（14）个人购买家庭唯一住房契税优惠，应报送：个人购买家庭唯一住房90平方米及以下减按1%征收契税，应报送：房屋转移合同或具有合同性质的契约、协议、合约、单据、确认书原件及复印件；身份证验原件；户口簿、结婚证（已婚的提供）原件及复印件或个人婚姻状况承诺书；家庭成员房产登记查询记录等家庭唯一住房证明材料。

（15）个人购买家庭唯一住房90平方米以上减按1.5%征收契税，应报送资料同第（14）项。

（16）青藏铁路公司承受土地、房屋权属用于办公及运输主业免征契税优惠，应报送：土地、房屋转移合同原件及复印件；土地、房屋用于办公及运输主业的证明复印件。

（17）企业事业单位改制重组的契税优惠，应报送：房屋产权证、土地使用权证明复印件；改制/合并/分立/破产/资产划转/债权转股权/股权转让（按符合条件选其一）相关证明文件；工商登记相关文书；房地产证；房地产权属转移合同（或其他文书）；改制前后的投资情况的证明材料。

（18）中国电信收购CDMA免征契税优惠，应报送：房屋产权证、土地使用权证明原件及复印件；收购合同、决议、批复等证明材料。

（19）被撤销金融机构接收债务方土地使用权、房屋所有权免征契税优惠，应报送：房屋产权证、土地使用权证明复印件；中国人民银行撤销该机构的证明材料；财产处置协议原件及复印件。

（20）农村信用社接收农村合作基金会的房屋、土地使用权免征契税优惠，应报送：土地、房屋转移合同原件及复印件；清理整顿证明复印件。

（21）饮水工程运营管理单位为建设饮水工程而承受土地使用权的契税优惠，应报送：土地权属转移合同复印件；农村饮水工程运营相关证明资料原件及复印件。

（22）承受荒山等土地使用权用于农、林、牧、渔业生产免征契税优惠，应报送：土地权属转移合同复印件；政府主管部门出具的土地用途证明、承受土地性质证明；单位或个人身份证明原件。

（23）社会力量办学、用于教学承受的土地、房屋免征契税优惠，应报送：土地、房屋权属转移合同或具有合同性质的契约、协议、合约、单据、确认书复印件；县级以上人民政府教育行政主管部门或劳动行政主管部门批准并核发的《社会力量办学许可证》复印件；项目主管部门批准的立项文书复印件；单位或个人身份证明原件。

（24）售后回租期满，承租人回购原房屋、土地权属免征契税优惠，应报送：售后回租合同，回购合同；售后回租房屋所有权证、土地使用权证明复印件。

（25）国家机关、事业单位、社会团体、军事单位公共单位用于教学、科研承受土地、房屋免征契税优惠，应报送：土地、房屋权属转移合同或具有合同性质的契约、协议、合约、单据、确认书复印件；单位性质证明材料；土地、房屋权属变更、过户文书复印件。

（26）个人购买经济适用住房减半征收契税优惠，应报送：购买经济适用住房的合同原件及复印件；个人身份证明原件。

（27）个人房屋被征收用补偿款新购房屋免征契税优惠，应报送：房屋被征收文件，房屋征收（拆迁）补偿协议及新购住房合同（协议）原件及复印件；个人身份证明原件。

（28）个人房屋征收房屋调换免征契税优惠，应报送：房屋征收（拆迁）补偿协议及新购住房合同（协议）原件及复印件；个人身份证明原件。

（29）农村集体经济组织股份制改革免征契税，应报送：房地产权属转移合同（或其他文书）；其他有关证明材料。

（30）农村集体经济组织清产核资免征契税，应报送资料同第（29）项。

（31）外交部确认的外交人员承受土地、房屋权属免征契税，应报送：土地权属转移合同或土地权属变更、过户文书复印件；外交部出具的房屋、土地用途证明原件及复印件。

（32）离婚房产过户免征契税，应报送：《个人无偿赠与不动产登记表》；双方当事人的身份证明验原件；房屋所有权证；离婚协议（纳税人自行出具）或者人民法院判决书或者人民法院调解书；离婚证。

（33）法定继承房屋权属过户免征契税，应报送：《个人无偿赠与不动产登记表》；有效身份证件验原件；能够证明有权继承或接受遗赠的证明资料；房屋产权所有人死亡证明；房产证。

（34）支持公共租赁住房建设和运营契税减免优惠，应报送：房产用途证明；房地产权属转移合同（或其他文书）。

（35）企业土地房屋权属未转移，仅因名称变更，办理产权过户的土地房屋，不征契税，应报送：工商变更登记表；原企业房地产证；《营业执照》；经办人身份证明验原件；法定代表人证明验原件；法人授权委托书（法人身份证）验原件。

【办理渠道】

办税服务厅。

【办理时限】

（1）纳税人办理时限。签订有效房地产权属转移合同后、办理产权证之前。

（2）税务机关办结时限。资料齐全、符合法定形式、填写内容完整的，税务机关受理后即时办结。

【办理流程】

同4.5.2个人所得税优惠备案的业务办理流程。

4.12 印花税优惠备案

符合印花税优惠条件的纳税人，应向主管税务机关申请办理印花税优惠备案。

【报送资料】

（1）对个人销售或购买住房暂免征收印花税优惠，应报送：《纳税人减免税备案登记表》2份；销售或购买住房的个人身份证明原件；个人销售或购买住房合同的原件及复印件。

（2）对廉租住房、经济适用住房经营管理单位与廉租住房、经济适用住房相关的印花税以及廉租住房承租人、经济适用住房购买人涉及的印花税免征优惠，应报送：《纳税人减免税备案登记表》2份；相关合同的原件及复印件；廉租住房、经济适用住房相关证明材料原件及复印件。

（3）保障性住房免征印花税优惠，应报送：《纳税人减免税备案登记表》2份；政府部门出具的保障性住房相关证明材料；购买保障性住房的个人身份证明原件。

（4）对开发商建造廉租房和经济适用住房有关印花税免征优惠，应报送：《纳税人减免税备案登记表》2份；政府部门出具的建造廉租房和经济适用住房相关证明材料。

（5）个人出租承租住房签订的租赁合同免征印花税优惠，应报送：《纳税人减免税备案登记表》2份；住房租赁合同（协议）原件及复印件；租赁双方单位或个人身份证明原件。

（6）对公租房经营管理单位建造、管理公租房、购买住房作为公租房免征印花税优惠，应报送：《纳税人减免税备案登记表》2份；公共租赁住房经营管理单位相关证明复印件；公共租赁住房租赁合同（协议）复印件；租赁双方单位或个人身份证明原件。

（7）对公共租赁住房双方免征租赁协议印花税优惠，应报送：《纳税人减免税备案登记表》2份；公共租赁住房经营管理单位相关证明复印件；公共租赁住房租赁合同（协议）复印件；租赁双方单位或个人身份证明原件。

（8）房地产管理部门与个人订立的租房合同免征印花税优惠，应报送：《纳税人减免税备案登记表》2份；房地产管理部门相关证明复印件；住房租赁合同（协议）；租赁双方单位或个人身份证明原件。

（9）铁路、公路、航运、水路承运快件行李、包裹开具的托运单据免征印花税优惠，应报送：《纳税人减免税备案登记表》2份。

（10）青藏铁路公司及其所属单位营业账簿免征印花税优惠，应报送：《纳税人减免税备案登记表》2份。

（11）金融机构与小微企业签订的借款合同免征印花税优惠，应报送：《纳税人减免税备案登记表》2份；借款人属于小型、微型企业的资质证明材料。

（12）企业改制、重组过程中印花税免征优惠

① 中国邮政储蓄银行改制过程中印花税予以免征，应报送：《纳税人减免税备案登记表》2份；县级以上人民政府及企业主管部门改制批复文件原件及复印件。

② 中国邮政集团公司邮政速递物流业务重组改制过程中印花税予以免征，应报送资料同①。

③ 企业改制、重组过程中印花税予以免征，应报送资料同①。

④ 外国银行分行改制为外商独资银行过程中免征印花税优惠应报送资料同①。

（13）对中国铁路总公司改革过程中涉及的印花税进行减免，应报送：《纳税人减免税备案登记表》2份。

（14）对企业改制、资产整合过程中涉及的所有产权转移书据及股权转让协议印花税免征优惠，应报送资料同（12）①。

（15）对联通新时空移动通信有限公司接受中国联合网络通信集团固定通信资产增加资本金涉及的印花税免征优惠，应报送：《纳税人减免税备案登记表》2份；企业主管部门改制批复文件复印件。

（16）对2011年中国移动增加的资本公积、股权调整协议、盈余公积转增实收资本印花税免征优惠，应报送：《纳税人减免税备案登记表》2份；主管部门批复文件原件及复印件。

（17）买卖封闭式证券投资基金免征印花税优惠，应报送：《纳税人减免税备案登记表》2份；买卖封闭式证券投资基金相关合同原件及复印件。

（18）股权分置改革过程中发生的股权转让免征印花税优惠，应报送：《纳税人减免税备案登记表》2份；股权转让相关合同原件及复印件。

（19）国有股东向全国社会保障基金理事会转持国有股免征证券（股票）交易印花税优惠，应报送：《纳税人减免税备案登记表》2份。

（20）信贷资产证券化免征印花税优惠，应报送：《纳税人减免税备案登记表》2份。

（21）证券投资者保护基金免征印花税优惠，应报送：《纳税人减免税备案登记表》2份。

（22）无息、贴息贷款合同免征印花税优惠

① 无息、贴息贷款合同免征印花税优惠，应报送：《纳税人减免税备案登记表》2份；合同的复印件；合同书立双方的单位性质或个人身份证明原件。

② 国家开发银行贴息贷款合同免征印花税优惠，应报送资料同①。

（23）被撤销金融机构接收债权、清偿债务签订的产权转移书据免征印花税优惠，应报送：《纳税人减免税备案登记表》2份；中国人民银行撤销该金融机构及分设于各地分支机构的证明材料；被撤销金融机构接收债权、清偿债务过程中签订的产权转移书据的复印件。

（24）外国政府或者国际金融组织向我国政府及国家金融机构提供优惠贷款

所书立的合同免征印花税优惠，应报送：《纳税人减免税备案登记表》2份；合同的复印件；单位身份证明原件。

（25）国有商业银行划转给金融资产管理公司的资产免征印花税优惠，应报送：《纳税人减免税备案登记表》2份。

（26）证券投资基金免征印花税优惠，应报送：《纳税人减免税备案登记表》2份。

（27）金融资产管理公司收购、承接、处置不良资产免征印花税优惠，应报送：《纳税人减免税备案登记表》2份。

（28）农村信用社接受农村合作基金会财产产权转移书据免征印花税优惠，应报送：《纳税人减免税备案登记表》2份；产权转移书据的原件及复印件。

（29）饮水工程运营管理单位为建设饮水工程取得土地使用权签订的产权转移书据，以及与施工单位签订的建设工程承包合同免征印花税优惠，应报送：《纳税人减免税备案登记表》2份；饮水工程运营管理单位为建设饮水工程取得土地使用权而签订的产权转移书据，以及与施工单位签订的建设工程承包合同的复印件；农村饮水工程运营相关证明资料原件及复印件。

（30）农村集体经济组织清产核资免征印花税，应报送：《纳税人减免税备案登记表》2份。

（31）对财产所有人将财产赠给学校所书立的书据免征印花税优惠，应报送：《纳税人减免税备案登记表》2份；合同的复印件；合同书立双方的单位性质或个人身份证明原件。

（32）高校学生公寓租赁合同免征印花税优惠，应报送：《纳税人减免税备案登记表》2份；合同的复印件；学生公寓相关证明资料原件及复印件。

（33）对北京冬奥组委、北京冬奥会测试赛赛事组委会使用的营业账簿和签订的各类合同免征印花税，应报送：《纳税人减免税备案登记表》2份。

（34）对国际奥委会签订的与北京2022年冬奥会有关的各类合同，免征国际奥委会的印花税，应报送：《纳税人减免税备案登记表》2份。

（35）对中国奥委会签订的与北京2022年冬奥会有关的各类合同，免征中国奥委会的印花税，应报送：《纳税人减免税备案登记表》2份。

（36）对国际残奥委会取得的与北京2022年冬残奥会有关的收入免征印花税，应报送：《纳税人减免税备案登记表》2份。

（37）对中国残奥委会取得的由北京冬奥组委分期支付的收入免征印花税，应报送：《纳税人减免税备案登记表》2份。

（38）对财产所有人将财产捐赠给北京冬奥组委所书立的产权转移书据免征印花税，应报送：《纳税人减免税备案登记表》2份。

（39）发行单位之间，发行单位与订阅单位或个人之间书立的征订凭证，暂免征印花税优惠，应报送：《纳税人减免税备案登记表》2份；书立征订凭证复印件；发行单位资格相关证明复印件。

（40）文化单位转制为企业时的印花税优惠，应报送：《纳税人减免税备案登记表》2份；转制方案批复文书复印件；企业工商营业执照；整体转制前已进行事业单位法人登记的，提供同级机构编制管理机关核销事业编制、注销事业单位法人的证明；与在职职工签订劳动合同、按企业办法参加社会保险制度的证明；引入非公有资本和境外资本、变更资本结构的，出具相关部门批准文件。

（41）财产所有人将财产赠给政府、社会福利单位、学校所立的书据免征印花税优惠，应报送：《纳税人减免税备案登记表》2份；合同的复印件；合同书立双方的单位性质或个人身份证明原件。

（42）特殊货运凭证免征印花税优惠，应报送：《纳税人减免税备案登记表》2份。

（43）免征飞机租赁企业购机环节购销合同印花税优惠，应报送：《纳税人减免税备案登记表》2份；飞机租赁企业相关证明；飞机购销合同复印件。

（44）对国家石油储备基地第一期项目建设过程中涉及的印花税，予以免征，应报送：《纳税人减免税备案登记表》2份。

（45）对国家石油储备基地第二期项目建设过程中应缴的印花税，予以免征，应报送：《纳税人减免税备案登记表》2份。

（46）储备公司资金账簿和购销合同免征印花税优惠，储备公司资金账簿免征印花税应报送：《纳税人减免税备案登记表》2份。储备公司购销合同免征印花税应报送：《纳税人减免税备案登记表》2份；商品储备业务过程中书立的购销合同复印件。

（47）已缴纳印花税的凭证的副本或者抄本免征印花税优惠，应报送：《纳税人减免税备案登记表》2份；凭证已贴花的证明材料；副本或抄本证明材料。

（48）资金账簿减半征收印花税优惠，应报送：《纳税人减免税备案登记表》2份。

（49）其他账簿免征印花税优惠，应报送：《纳税人减免税备案登记表》2份。

【办理渠道】

办税服务厅；自助办税终端；网上办理：电子税务局、移动终端（税务局）。

【办理时限】

（1）纳税人办理时限。无。

（2）税务机关办结时限。资料齐全、符合法定形式、填写内容完整的，税务机关受理后即时办结。

4.13 车船税优惠备案

符合车船税优惠条件的纳税人,应向主管税务机关申请办理车船税优惠备案。

【报送资料】

(1) 对受严重自然灾害影响纳税困难以及有其他特殊原因确需减税、免税的,减征或者免征车船税优惠,应报送:《纳税人减免税备案登记表》2份;单位及人员身份证明原件;车船产权证(行驶证)复印件。

(2) 节约能源、使用新能源车船的车船税优惠,应报送:《纳税人减免税备案登记表》2份;车船产权证(行驶证)复印件。

(3) 捕捞、养殖渔船车船税优惠,应报送:《纳税人减免税备案登记表》2份。

(4) 军队、武警专用车船免征车船税,应报送:《纳税人减免税备案登记表》2份;单位身份证明原件。

(5) 对公共交通车船,农村居民拥有并主要在农村地区使用的摩托车、三轮汽车和低速载货汽车定期减征或者免征车船税优惠,应报送:《纳税人减免税备案登记表》2份;车船产权证(行驶证)复印件。公交车船还应报送:公共交通经营许可证明材料复印件;单位及人员身份证明原件。农村居民还应报送农村居民户籍证明复印件。

(6) 外国驻华使领馆、国际组织驻华代表机构及其有关人员的车船免征车船税,应报送:《纳税人减免税备案登记表》2份;车船产权证(行驶证)复印件。

(7) 警用车船免征车船税,应报送:《纳税人减免税备案登记表》2份;单位身份证明原件。

【办理渠道】

办税服务厅。

【办理时限】

(1) 纳税人办理时限。在首次享受减免税的申报阶段,或在税务机关要求的申报征期后的其他规定期限内办理。

(2) 税务机关办结时限。资料齐全、符合法定形式、填写内容完整的,税务机关受理后即时办结。

【办理流程】

办理流程如图4-9所示。

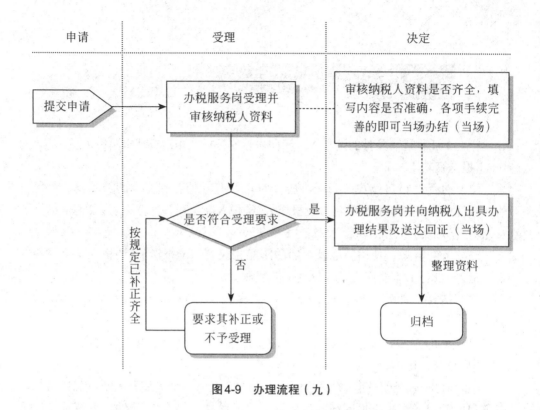

图4-9 办理流程（九）

4.14 环境保护税优惠备案

符合环境保护税优惠条件的纳税人，应向主管税务机关申请办理环境保护税优惠备案。

【报送资料】

通过填报申报表及其附表履行优惠备案手续，无需报送其他资料。

【办理渠道】

办税服务厅；网上办理：电子税务局。

【办理时限】

（1）纳税人办理时限。无。

（2）税务机关办结时限。资料齐全、符合法定形式、填写内容完整的，税务机关受理后即时办结。

4.15 城市维护建设税优惠备案

符合城市维护建设税优惠备案条件的纳税人,应向主管税务机关申请办理城市维护建设税优惠备案。

【报送资料】

《纳税人减免税备案登记表》2份;符合国家重大水利工程建设基金的城市维护建设税优惠条件的纳税人报送:国家重大水利工程建设相关文件证明材料1份。

【办理渠道】

办税服务厅。

【办理时限】

(1)纳税人办理时限。政策规定的减免税期限内。

(2)税务机关办结时限。资料齐全、符合法定形式、填写内容完整的,税务机关受理后即时办结。

4.16 教育费附加优惠

4.16.1 教育费附加优惠备案

符合教育费附加优惠备案条件的纳税人,应向主管税务机关申请办理教育费附加优惠备案。

【报送资料】

无。

【办理渠道】

办税服务厅;网上办理:电子税务局、移动终端(税务局)、微信(税务局)。

【办理时限】

(1)纳税人办理时限。政策规定的减免税期限内。

(2)税务机关办结时限。资料齐全、符合法定形式、填写内容完整的,税务机关受理后即时办结。

4.16.2 地方教育附加优惠备案

符合地方教育附加优惠备案条件的纳税人,应向主管税务机关申请办理教育费附加优惠备案。

【报送资料】

《纳税人减免税备案登记表》2份;公共租赁住房和棚户区改造安置住房建设主体还要报送政府批复建设文件和住建局相关证明材料2份;符合棚户区改造收费基金减免优惠政策的纳税人报送纳入棚户区改造政策适用范围的证明材料2份;退役士兵创业就业报送政策文件规定的资料(留存备查);重点群体创业就业报送政策文件规定的资料。

【办理渠道】

办税服务厅。

【办理时限】

(1)纳税人办理时限。政策规定的减免税期限内。

(2)税务机关办结时限。资料齐全、符合法定形式、填写内容完整的,税务机关受理后即时办结。

4.17 纳税人放弃增值税免(减)税权声明

纳税人申请放弃免税权,适用本流程。

【报送资料】

纳税人放弃增值税免(减)税权声明;营业执照副本及复印件(验证后退还纳税人/已进行实名身份信息采集的纳税人可取消报送)。

【办理渠道】

办税服务厅。

【办理时限】

(1)纳税人办理时限。无。

(2)税务机关办结时限。资料齐全、符合法定形式、填写内容完整的,税务机关受理后即时办结。

【办理流程】

办理流程如图4-10所示。

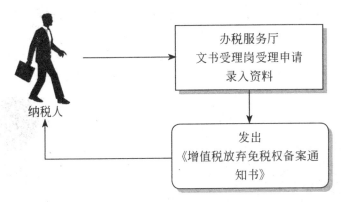

图4-10　办理流程（十）

第5章

纳税申报业务

5.1 纳税申报概述

5.2 增值税申报

5.3 消费税申报

5.4 车辆购置税申报

5.5 企业所得税申报

5.6 个人所得税申报

5.7 房产税申报

5.8 城镇土地使用税申报

5.9 土地增值税申报

5.10 耕地占用税申报

5.11 资源税申报

5.12 契税申报

5.13 印花税申报

5.14 车辆车船税申报

5.15 环境保护税申报

5.16 城市维护建设税申报

5.17 房地产交易税申报

5.18 定期定额户申报

5.1 纳税申报概述

5.1.1 纳税申报的对象

下列纳税人或者扣缴义务人、代征人应当按期向主管国家税务机关办理纳税申报或者代扣代缴、代收代缴税款报告、委托代征税款报告。

（1）依法已向国家税务机关办理税务登记的纳税人。包括以下几类。

① 各项收入均应当纳税的纳税人。

② 全部或部分产品、项目或者税种享受减税、免税照顾的纳税人。

③ 当期营业额未达起征点或没有营业收入的纳税人。

④ 实行定期定额纳税的纳税人。

⑤ 应当向国家税务机关缴纳企业所得税以及其他税种的纳税人。

（2）按规定不需向国家税务机关办理税务登记，以及应当办理而未办理税务登记的纳税人。

（3）扣缴义务人和国家税务机关确定的委托代征人。

5.1.2 纳税申报的期限

（1）各税种的申报期限如表5-1所示。

表5-1 各税种的申报期限

序号	税种	申报期限
1	增值税、消费税	以一个月为一期纳税的，于期满后十日内申报，以一天、三天、五天、十天、十五天为一期纳税的，自期满之日起五日内预缴税款，于次月一日起十日内申报并结算上月应纳税款
2	企业所得税	应当在月份或者季度终了后十五日内，向其所在地主管国家税务机关办理预缴所得税申报；内资企业在年度终了后四十五日内、外商投资企业和外国企业在年度终了后四个月内向其所在地主管国家税务机关办理所得税申报
3	其他税种	税法已明确规定纳税申报期限的，按税法规定的期限申报
备注：税法未明确规定纳税申报期限的，按主管国家税务机关根据具体情况确定的期限申报		

(2)申报期限的顺延。纳税人办理纳税申报的期限最后一日,如遇公休、节假日的,可以顺延。

(3)延期办理纳税申报。纳税人、扣缴义务人、代征人按照规定的期限办理纳税申报或者报送代扣代缴、代收代缴税款报告表、委托代征税款报告表确有困难,需要延期的,应当在规定的申报期限内向主管国家税务机关提出书面延期申请,经主管国家税务机关核准,在核准的期限内办理。纳税人、扣缴义务人、代征人因不可抗力情形,不能按期办理纳税申报或者报送代扣代缴、代收代缴税款或委托代征税款报告的,可以延期办理。但是,应当在不可抗力情形消除后立即向主管国家税务机关报告。

5.1.3 纳税申报方式

纳税申报方式主要有:直接申报、网上申报、委托申报等,如表5-2所示。

表5-2 纳税申报方式

序号	申报方式	申报期限
1	直接申报	直接申报是指纳税人直接到税务部门办税服务厅进行纳税申报
2	网上申报	网上申报是指纳税人利用互联网、电话网、计算机等电子设备,对纳税申报信息实行电子采集,在规定的纳税期限内,向国税机关进行纳税申报的一种纳税申报方式
3	委托申报	委托申报是指纳税人委托中介机构代为纳税申报

另外,对实行定期定额缴纳税款的纳税人,可以实行简易申报、简并征期等申报纳税方式。这里所称的"简易申报"是指实行定期定额缴纳税款的纳税人在法律、行政法规规定的期限内或者税务机关依照法律、行政法规的规定确定的期限内缴纳税款的,税务机关可以视同申报。而"简并征期"是指实行定期定额缴纳税款的纳税人,经税务机关批准,可以采取将纳税期限合并为按季、按半年、按一年的方式缴纳税款,具体期限由省级税务机关根据具体情况确定。

5.1.4 纳税申报的要求

纳税人、扣缴义务人、代征人应当到当地国家税务机关购领纳税申报表或者代扣代缴、代收代缴税款报告表、委托代征税款报告表,按照表式内容全面、如实填写,并按规定加盖印章。

纳税人办理纳税申报时，应根据不同情况提供下列有关资料和证件。

（1）财务、会计报表及其说明材料。

（2）增值税专用发票领、用、存月报表，增值税销项税额和进项税额明细表。

（3）增值税纳税人先征税后返还申请表。

（4）外商投资企业超税负返还申请表。

（5）与纳税有关的经济合同、协议书、联营企业利润转移单。

（6）未建账的个体工商户，应当提供收支凭证粘贴簿、进货销货登记簿。

（7）外出经营活动税收管理证明。

（8）境内或者境外公证机构出具的有关证明文件。

（9）国家税务机关规定应当报送的其他证件、资料。

扣缴义务人或者代征人应当按照规定报送代扣代缴，代收代缴税款的报告表或者委托代征税款报告表，代扣代缴、代收代缴税款或者委托代征税款的合法凭证，与代扣代缴、代收代缴税款或者委托代征税款有关的经济合同、协议书。

5.1.5 违反纳税申报规定的法律责任

（1）纳税人未按照规定的期限办理纳税申报的，或者扣缴义务人、代征人未按照规定的期限向国家税务机关报送代扣代缴、代收代缴税款报告表的，由国家税务机关责令限期改正，可以处以二千元以下的罚款；逾期不改正的，可以处以二千元以上一万元以下的罚款。

（2）一般纳税人不按规定申报并核算进项税额、销项税额和应纳税额的，除按前款规定处罚外，在一定期限内取消进项税额抵扣资格和专用发票使用权，其应纳增值税，一律按销售额和规定的税计算征税。

5.2 增值税申报

5.2.1 增值税一般纳税人登记

年应税销售额或应税服务年销售额未超过增值税小规模纳税人标准以及新开业的纳税人、年应税销售额超过财政部、国家税务总局规定标准的纳税人向其主管税务机关办理增值税一般纳税人资格登记。

【报送资料】

（1）《增值税一般纳税人资格登记表》1份。

（2）税务登记证副本1份。已进行实名身份信息采集的纳税人可取消报送，并提供办税人本人身份证件原件供当场查验。

【办理渠道】

办税服务厅；自助办税终端；网上办理：电子税务局、微信（税务局）。

【办理时限】

（1）纳税人办理时限。年应税销售额超过规定标准的，在申报期结束后20个工作日内办理。

（2）税务机关办结时限。资料齐全、符合法定形式、填写内容完整的，税务机关受理后即时办结。

【办理流程】

办理流程如图5-1所示。

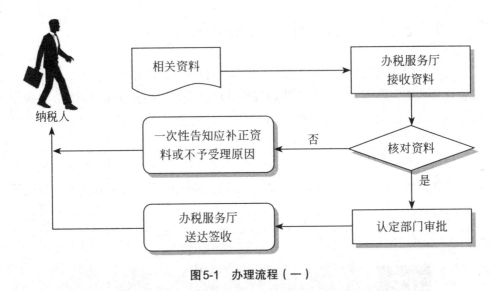

图5-1 办理流程（一）

5.2.2 选择按增值税小规模纳税人纳税

选择按照增值税小规模纳税人纳税的非企业性单位和不经常发生应税行为的企业，其年应税销售额超过财政部、国家税务总局规定的增值税小规模纳税人标准的，向税务机关提出不认定为增值税一般纳税人。

【报送资料】

《选择按小规模纳税人纳税的情况说明》1份。

【办理渠道】

办税服务厅。

【办理时限】

（1）纳税人办理时限。年应税销售额超过规定标准的应在申报期结束后20个工作日内办理。

（2）税务机关办结时限。资料齐全、符合法定形式、填写内容完整的，税务机关受理后即时办结。

【办理流程】

同5.2.1增值税一般纳税人登记业务办理流程。

5.2.3 辅导期一般纳税人转正

辅导期一般纳税人（含辅导期限为3个月或6个月的辅导期一般纳税人）期满前，由主管税务机关进行转正审核。

【报送资料】

《辅导期一般纳税人资格转正审批表》1份。

【办理渠道】

办税服务厅。

【办理时限】

（1）纳税人办理时限。辅导期一般纳税人（含辅导期限为3个月或6个月的辅导期一般纳税人）期满前。

（2）税务机关办结时限。应在系统生成《辅导期一般纳税人资格转正审批表》之日起20个工作日内完成。

【办理流程】

办理流程如图5-2所示。

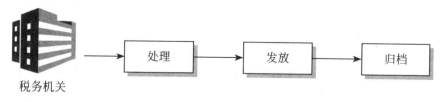

图5-2 办理流程（二）

5.2.4 恢复增值税一般纳税人资格

暂停一般纳税人资格的企业，需申请恢复资格的，应在经整改后，满足规定条件的当月，重新向主管税务机关文书受理岗递交《增值税一般纳税人资格通用申请书》，申请恢复一般纳税人资格。

【报送资料】

《增值税一般纳税人资格通用申请书》1份。

【办理渠道】

办税服务厅。

【办理时限】

（1）纳税人办理时限。暂停一般纳税人资格的企业需申请资格继续的，应在经整改后，满足规定条件的当月。

（2）税务机关办结时限。自受理之日起在20个工作日内办结。

【办理流程】

同5.2.3辅导期一般纳税人转正办理流程。

5.2.5 防伪税控系统非正常企业撤销

防伪税控系统非正常纳税人恢复正常，应填写《防伪税控系统非正常企业撤销审批单》向主管税务机关办税服务厅（或发行岗所在部门）提出申请解除非正常状态。

【报送资料】

《防伪税控系统非正常企业撤销审批单》1份。

【办理渠道】

办税服务厅。

【办理时限】

（1）纳税人办理时限。无。

（2）税务机关办结时限。资料齐全、符合法定形式、填写内容完整的，税务机关受理后即时办结。

【办理流程】

纳税人向税源管理部门申请，税源管理部门核实纳税人登记失控发票的所属期是否申报缴税，同意恢复正常的，经主管科长审批后，发行岗根据税源管理部门的审批意见撤销纳税人的非正常状态。

5.2.6 增值税一般纳税人选择简易办法计算缴纳增值税备案

增值税一般纳税人生产销售特定的货物、服务或不动产，符合采用简易办法计算缴纳增值税规定的，应向主管税务机关提出申请，按要求提交资料备案。

【报送资料】

（1）《一般纳税人简易征收备案表》1份。

（2）一般纳税人选择简易办法征收备案事项说明1份。

（3）选择简易征收的产品、服务符合条件的证明材料，或者企业符合条件的证明材料，1份。

【办理渠道】

办税服务厅；自助办税终端；网上办理：电子税务局。

【办理时限】

（1）纳税人办理时限。无。

（2）税务机关办结时限。资料齐全、符合法定形式、填写内容完整的，税务机关受理后即时办结。

【办理流程】

办理流程如图5-3所示。

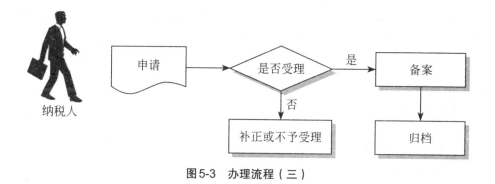

图5-3 办理流程（三）

5.2.7 增值税、消费税汇总纳税认定

本业务适用于纳税人总、分支机构汇总申报缴纳增值税、消费税业务。

未被汇总的非法人的二级或三级地区分支机构对其下一级分支机构申请汇总申报缴纳增值税、消费税适用本流程。

企业可以在申请总、分支机构汇总申报缴纳增值税的同时一并提出总、分支机构汇总申报缴纳消费税申请。已经获得总、分支机构汇总申报缴纳增值税资格的企业，可以按照规定申请汇总申报缴纳消费税。

企业应根据总机构的行业性质申请增值税、消费税汇总申报缴纳。

工业企业汇总申报缴纳增值税、消费税，应同时符合以下规定：总、分支机构实行统一采购、统一核算；总机构为工业性质（增值税税种登记的企业类型为工业企业）；总机构为一般纳税人的，分支机构可以为一般纳税人或小规模纳税人，总机构能够准确提供税款分配比例的计算数据；总机构为小规模纳税人的，分支机构应为小规模纳税人；截至申请受理日，本次申请汇总申报纳税的总、分支机构不存在欠缴税款、滞纳金、罚款。

商业企业汇总申报缴纳增值税、消费税，应同时符合以下规定：总、分支机构实行统一采购、统一核算；总机构为商业性质（增值税税种登记的企业类型为商业企业），分支机构为非工业性质；总机构为一般纳税人的，分支机构可以为一般纳税人或小规模纳税人；总机构为小规模纳税人的，分支机构应为小规模纳税人；截至申请受理日，本次申请汇总申报纳税的总、分支机构不存在欠缴税款、滞纳金、罚款。

服务业企业汇总申报缴纳增值税，应同时符合以下规定：总、分支机构实行统一采购、统一核算；总机构为服务业性质（增值税税种登记的企业类型为服务业企业）；总机构为一般纳税人的，分支机构可以为一般纳税人或小规模纳税人；总机构为小规模纳税人的，分支机构应为小规模纳税人；截至申请受理日，本次申请汇总申报纳税的总、分支机构不存在欠缴税款、滞纳金、罚款。

总机构为混业经营的纳税人，根据主营业务分别按规定的企业类型申请增值税、消费税汇总申报缴纳。

【报送资料】
纳税人申请报告1份。

【办理渠道】
办税服务厅。

【办理时限】
（1）纳税人办理时限。无。
（2）税务机关办结时限。纳税人总、分支机构主管税务机关不属同一区局的，向总机构主管税务机关办税服务厅文书受理岗申请，经总机构主管税务机关审核后报本地区国家税务总局终审，9个工作日；纳税人总、分支机构主管税务机关属同一区局的，向总机构主管税务机关办税服务厅文书受理岗申请。经总机构主管税务机关审核终审，6个工作日。

【办理流程】

办理流程如图5-4所示。

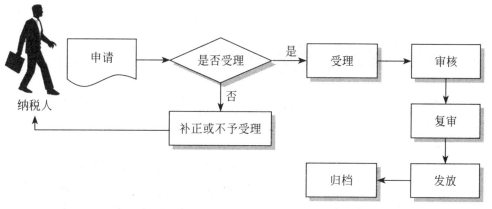

图5-4 办理流程（四）

5.2.8 税务认定资格取消——汇总纳税资格取消

取消汇总申报的申请审批是指已批准汇总申报的纳税人，减少汇总申报的分支机构（包括分支机构注销）或者取消所有总、分支机构汇总申报而提起的取消汇总申报申请。

取消汇总申报纳税分为纳税人申请和税务机关取消两种方式，纳税人向总机构主管税务机关办税服务厅文书受理岗提出申请。总机构为小规模纳税人的，总机构或分支机构申请认定为一般纳税人后，其汇总申报纳税资格自动取消。

【办理渠道】

办税服务厅。

【办理时限】

（1）纳税人办理时限。无。

（2）税务机关办结时限

① 取消单独一户或多户分支机构汇总资格，需要重新递交汇总申请，注明取消单独一户或多户分支机构的相关信息。纳税人总、分支机构主管税务机关不属同一区局的，向总机构主管税务机关办税服务厅文书受理岗申请，经总机构主管税务机关审核后报本地区国家税务局终审，9个工作日。

纳税人总、分支机构主管税务机关属同一区局的，向总机构主管税务机关办税服务厅文书受理岗申请。经总机构主管税务机关审核终审，6个工作日。

② 取消所有分支机构，纳税人需递交书面申请经总机构法人签字并加盖公章。向总机构主管税务机关申请，总机构主管税务机关通过金三系统"税务认定资格取消启动"模块办理，6个工作日。

5.2.9 增值税一般纳税人申报

增值税一般纳税人依照税收法律法规及相关规定确定的申报期限、申报内容申报缴纳增值税。

【报送资料】

通过互联网络申报的纳税人并选择全流程无纸化申报方式的表5-3所列资料免于报送，由纳税人留存备报；通过互联网络申报的纳税人并选择普票申报方式的以及在办税服务厅办理申报的纳税人，表5-3所列资料应如实报送。

表5-3 报送资料

序号	材料名称	备注
1	《增值税纳税申报表（适用增值税一般纳税人）》及附表各1份	
2	使用防伪税控系统、货运专票税控系统或机动车发票税控系统的纳税人应报送税控IC卡或报税盘	
3	符合抵扣条件且在本期申报抵扣的防伪税控增值税专用发票货物运输业增值税专用发票、税控机动车销售统一发票的抵扣联	
4	符合抵扣条件且在本期申报抵扣的《海关进口增值税专用缴款书》、购进农产品取得的普通发票的复印件	
5	符合抵扣条件且在本期申报抵扣的中华人民共和国税收缴款凭证及其清单，书面合同、付款证明和境外单位的对账单或者发票	
6	已开具的农产品收购凭证存根联或报查联	
7	纳税人提供应税服务，在确定应税服务销售额时，按照有关规定从取得的全部价款和价外费用中扣除价款的合法凭证及其清单	
8	从事成品油销售业务的增值税一般纳税人应报送《成品油购销存情况明细表》、加油IC卡、《成品油购销存数量明细表》	特殊企业申报需要
9	辅导期一般纳税人应报送《稽核结果比对通知书》	
10	从事机动车生产的增值税一般纳税人报送《机动车辆生产企业销售明细表》《机动车辆销售统一发票清单》，申报当期销售所有机动车辆的《代码清单》；每年第一个增值税纳税申报期，报送上一年度《机动车辆生产企业销售情况统计表》	特殊企业申报需要
11	从事机动车销售的增值税一般纳税人报送《机动车辆经销企业销售明细表》《机动车辆销售统一发票清单》	特殊企业申报需要

续表

序号	材料名称	备注
12	电力企业报送电力企业增值税销项税额和进项税额传递单	
13	中国铁路总公司所属运输企业填写《铁路运输企业分支机构增值税汇总纳税信息传递单》。邮政企业分支机构填写《邮政企业分支机构增值税汇总纳税信息传递单》。航空运输企业填写《航空运输企业分支机构传递单》	特殊企业申报需要
14	增值税一般纳税人进口货物取得属于增值税扣税范围的海关缴款书时应报送《海关稽核结果通知书》	
15	部分行业试行农产品增值税进项税额核定扣除办法的一般纳税人应报送《农产品核定扣除增值税进项税额计算表（汇总表）》《投入产出法核定农产品增值税进项税额计算表》《成本法核定农产品增值税进项税额计算表》《购进农产品直接销售核定农产品增值税进项税额计算表》《购进农产品用于生产经营且不构成货物实体核定农产品增值税进项税额计算表》	特殊企业申报需要
16	从事轮胎、酒精、摩托车等产品生产的纳税人填报《部分产品销售统计表》	
17	享受增值税减免税优惠政策的增值税一般纳税人需填报《增值税减免税申报明细表》。自2015年10月1日起无需填报《货物和劳务税收优惠政策附列资料（一般纳税人适用）》（自2019年5月1日起废止）	
18	税务机关规定的其他资料	

【办理渠道】

办税服务厅；网上办理：申报客户端。

【办理时限】

（1）纳税人办理时限。一般纳税人以1个月为1个纳税期，自期满之日起15日内申报纳税。

（2）税务机关办结时限。资料齐全、符合法定形式、填写内容完整的，税务机关受理后即时办结。

【办理流程】

办理流程如图5-5所示。

【注意事项】

（1）增值税的纳税期限分别为1日、3日、5日、10日、15日、1个月或者1个季度。纳税人的具体纳税期限，由主管税务机关根据纳税人应纳税额的大小分别核定；不能按照固定期限纳税的，可以按次纳税。

（2）纳税人在纳税期内没有应纳税款的，也应当按照规定办理纳税申报。纳税人享受减税、免税待遇的，在减税、免税期间应当按照规定办理纳税申报。

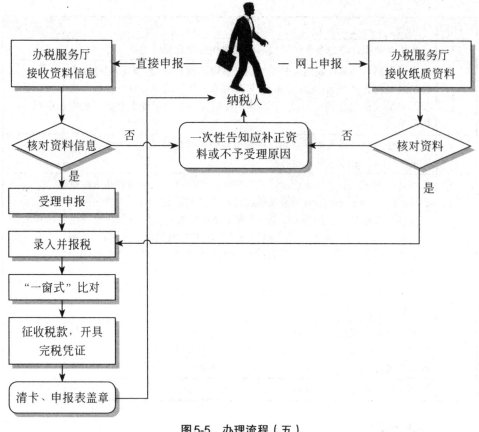

图5-5　办理流程（五）

（3）使用增值税发票管理系统的纳税人，应当在申报期内完成抄报税事项。

（4）自2019年4月1日至2021年12月31日，允许生产、生活性服务业纳税人按照当期可抵扣进项税额加计10%，抵减应纳税额。适用加计抵减政策的生产、生活性服务业纳税人，应在年度首次确认适用加计抵减政策时，通过电子税务局（或前往办税服务厅）提交《适用加计抵减政策的声明》。适用加计抵减政策的纳税人，同时兼营邮政服务、电信服务、现代服务、生活服务的，应按照四项服务中收入占比最高的业务在《适用加计抵减政策的声明》中勾选确定所属行业。

5.2.10　增值税小规模纳税人（非定期定额户）申报

增值税小规模纳税人依照税收法律法规及相关规定确定的申报期限、申报内容申报缴纳增值税。非居民在中国境内发生增值税应税行为，在中国境内设立经营机构的，应自行申报缴纳增值税。

【报送资料】

通过互联网络申报的纳税人并选择全流程无纸化申报方式的下列资料免于报送，由纳税人留存备报；通过互联网络申报的纳税人并选择普票申报方式的以及在办税服务厅办理申报的纳税人，下列资料应如实报送。

（1）《增值税纳税申报表（适用增值税小规模纳税人）》及附表1份。

（2）机动车经销企业报送《机动车销售统一发票领用存月报表》及已开具的统一发票存根联；《机动车辆经销企业销售明细表》《机动车辆销售统一发票清单》及其电子信息（特殊企业申报需要）。

（3）享受增值税减免税优惠政策的小规模纳税人需填报《增值税减免税申报明细表》。自2015年10月1日起无需填报《增值税税收优惠附列资料（小规模纳税人）》。

（4）税务机关规定的其他资料。

【办理渠道】

办税服务厅；自助办税终端；网上办理：电子税务局、微信（税务局）、申报客户端。

【办理时限】

（1）纳税人办理期限。小规模纳税人增值税以1个季度为1个纳税期，自期满之日起15日内申报纳税。

（2）税务机关办结时限。资料齐全、符合法定形式、填写内容完整的，税务机关受理后即时办结。

【办理流程】

办理流程如图5-6所示。

【注意事项】

（1）小规模纳税人发生增值税应税销售行为，合计月销售额未超过10万元（以1个季度为1个纳税期的，季度销售额未超过30万元）的，免征增值税。具体内容详见《国家税务总局关于小规模纳税人免征增值税政策有关征管问题的公告》（国家税务总局公告2019年第4号）。

（2）增值税的纳税期限分别为1日、3日、5日、10日、15日、1个月或者1个季度。纳税人的具体纳税期限，由主管税务机关根据纳税人应纳税额的大小分别核定；不能按照固定期限纳税的，可以按次纳税。

（3）纳税人在纳税期内没有应纳税款的，也应当按照规定办理纳税申报。纳税人享受减税、免税待遇的，在减税、免税期间应当按照规定办理纳税申报。

（4）使用增值税发票管理系统的纳税人，应当在申报期内完成抄报税事项。

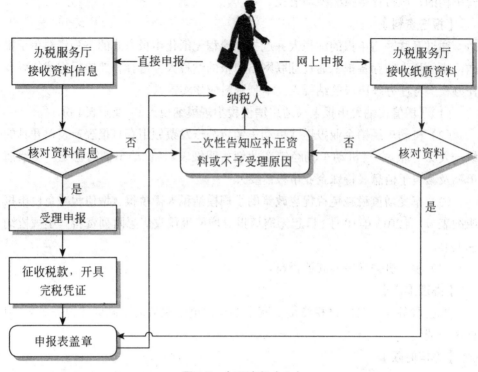

图5-6 办理流程(六)

5.2.11 增值税一般纳税人丢失防伪税控增值税专用发票申报抵扣

【报送资料】

(1)专用发票记账联复印件1份。

(2)销售方主管税务机关出具的《丢失增值税专用发票已报税证明单》或《丢失货物运输业增值税专用发票已报税证明单》。

(3)认证结果通知书。

【办理渠道】

办税服务厅。

【办理时限】

(1)纳税人办理时限。无。

(2)税务机关办结时限。资料齐全、符合法定形式、填写内容完整的,税务机关受理后即时办结。

【办理流程】

一般纳税人丢失已开具专用发票的发票联和抵扣联，如果丢失前已认证相符的，购买方可凭销售方提供的相应专用发票记账联复印件及销售方主管税务机关出具的《丢失增值税专用发票已报税证明单》或《丢失货物运输业增值税专用发票已报税证明单》，作为增值税进项税额的抵扣凭证；如果丢失前未认证的，购买方凭销售方提供的相应专用发票记账联复印件进行认证，认证相符的可凭专用发票记账联复印件及销售方主管税务机关出具的《证明单》，作为增值税进项税额的抵扣凭证。专用发票记账联复印件和《证明单》留存备查。

一般纳税人丢失已开具专用发票的抵扣联，如果丢失前已认证相符的，可使用专用发票发票联复印件留存备查；如果丢失前未认证的，可使用专用发票发票联认证，专用发票发票联复印件留存备查。

一般纳税人丢失已开具专用发票的发票联，可将专用发票抵扣联作为记账凭证，专用发票抵扣联复印件留存备查。

5.2.12 中外合作开采石油（天然气）资源申报缴纳增值税

根据《中华人民共和国增值税暂行条例》的有关规定，合作油（气）田的原油、天然气增值税由按次申报纳税改为按期申报纳税。

【报送资料】

（1）《原油、天然气增值税申报表》。

（2）本次原油、天然气的销售价格、销售费用、销售去向等明细资料。

（3）合作油（气）田的产量、存量、分配量、销售量情况报告。

【办理渠道】

办税服务厅。

【办理时限】

（1）纳税人办理时限。纳税人以1个月或者1个季度为1个纳税期的，自期满之日起15日内申报纳税；以1日、3日、5日、10日或者15日为1个纳税期的，自期满之日起5日内预缴税款，于次月1日起15日内申报纳税并结清上月应纳税款。

（2）税务机关办结时限。资料齐全、符合法定形式、填写内容完整的，税务机关应自受理之日起45个工作日内办结。

5.2.13 存量房交易增值税申报

无法通过房地产交易税费征收系统自动计算税款的特殊房地产权属转移或选择在税务机关缴纳税款的常规房地产权属转移，适用特殊流程。通过特殊流程在税务机关缴纳税款的房地产权属转移纳税人，凭不动产所在地主管税务机关办税服务大厅出具的《房地产交易税费审核通知书》申报纳税。税务机关打印《房地产交易税费申报表（特殊）》，纳税人在申报表上签字确认后缴纳税款。

【报送资料】

《房地产交易税费审核通知书》1份。

【办理渠道】

办税服务厅。

【办理时限】

（1）纳税人办理时限。办理产权登记前。

（2）税务机关办结时限。资料齐全、符合法定形式、填写内容完整的，税务机关受理后即时办结。

【办理流程】

办理流程如图5-7所示。

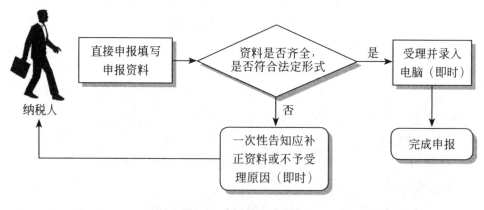

图5-7　办理流程（七）

【注意事项】

纳税人在税务机关缴纳房地产交易税费的，税务机关开具税票后，纳税人凭税票到登记中心申请产权登记。经税务机关特殊申报审核，无需缴纳税款的，纳税人可凭《房地产交易税费审核通知书》到登记中心办理产权登记。

5.2.14 个人出租不动产增值税申报

其他个人出租不动产选择到税务机关申报缴纳税款的,到不动产所在地主管税务机关办税服务大厅办理。

【报送资料】

(1)首次办理房屋租赁业务的纳税人需提交:《个人房屋租赁信息采集表》1份;承租方记载统一社会信用代码的营业执照或《税务登记证》《组织机构代码证》(开具增值税专用发票的纳税人需提供);经办人身份证明材料(各1份,验原件留复印件);《代开增值税发票申请表》(1份)。

(2)已采集房屋信息进行后续申报的纳税人需提供:《代开增值税发票申请表》1份;经办人身份证明材料(各1份,验原件留复印件);转租代开发票纳税人在上述情况需增加可抵扣的完税凭证。纳税人可提供房产证来证明房产性质,但房产证不是必报资料;转租房产需提供前一环节租赁合同。

【办理渠道】

办税服务厅、微信税务局。

【办理时限】

(1)纳税人办理时限。填开发票的个人必须在发生经营业务确认收入时开具发票。

(2)税务机关办结时限。资料齐全、符合法定形式、填写内容完整的,税务机关受理后即时办结。

【办理流程】

大厅办理流程如图5-8所示。

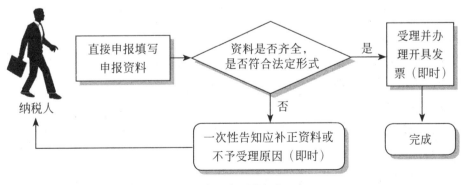

图5-8 大厅办理流程(八)

网上流程如图5-9所示。

图5-9　网上流程（九）

【纳税人注意事项】

（1）对于多个出租人共同出租同一房产，租赁合同是几个出租方共同签订的，应计算各自的月收入来分别确定是否达到起征点。

（2）同一业主（自然人）出租多套房产（含住宅和非住宅），以出租收入合计数判断是否超过增值税起征点。如出租收入合计超过增值税起征点（三万元）的，不可享受未达起征点免征增值税的政策，在计算应征税款时，分类计算住房/非住房的租金收入，分别适用不同的增值税税率。

（3）其他个人可通过微信税务局进行房屋租赁申报及增值税发票代开业务，并通过邮寄方式领取完税凭证和增值税发票。纳税人通过微信申请代开其他个人出租房屋增值税发票仅支持核定征收方式。

5.2.15　航空运输企业年度清算申报

经财政部和国家税务总局批准，按照《总分机构试点纳税人增值税计算缴纳暂行办法》计算缴纳增值税的航空运输企业总机构，在年度终了后25个工作日内，计算分支机构发生《应税服务范围注释》所列业务年度清算的应纳税额，办理航空运输企业年度清算申报。

【报送资料】

《＿＿年度航空运输企业年度清算表》2份。

【办理渠道】

办税服务厅。

【办理时限】

（1）纳税人办理时限。无。

（2）税务机关办结时限。资料齐全、符合法定形式、填写内容完整的，税务机关受理后即时办结。

5.2.16 农产品增值税进项税额扣除标准核定

以购进农产品为原料生产销售液体乳及乳制品、酒及酒精、植物油的增值税一般纳税人购进农产品增值税进项税额,实施核定扣除办法。其购进农产品无论是否用于生产上述产品,增值税进项税额均按照《农产品增值税进项税额核定扣除试点实施办法》的规定抵扣。

【报送资料】

(1)《农产品增值税进项税额扣除标准核定申请表》1份。

(2)主管税务机关确定的其他资料。

【办理渠道】

办税服务厅。

【办理时限】

(1)纳税人办理时限。无。

(2)税务机关办结时限。资料齐全、符合法定形式、填写内容完整的,税务机关应自受理之日起45个工作日内办结。

5.2.17 增值税预缴申报(建筑服务)

纳税人跨县(市、区)提供建筑服务,按照规定需要预缴税款。按照现行规定应在建筑服务发生地预缴增值税的项目,纳税人收到预收款时在建筑服务发生地预缴增值税。按照现行规定无需在建筑服务发生地预缴增值税的项目,纳税人收到预收款时在机构所在地预缴增值税。

【报送资料】

(1)《增值税预缴税款表》。

(2)与发包方签订的建筑合同复印件(加盖纳税人公章)。

(3)与分包方签订的建筑合同复印件(加盖纳税人公章)。

(4)从分包方取得的发票复印件(加盖纳税人公章)。

【办理渠道】

办税服务厅。

【办理时限】

(1)纳税人办理时限。纳税人提供建筑服务取得预收款,应在收到预收款时,以取得的预收款扣除支付的分包款后的余额,按照规定的预征率预缴增值税。

（2）税务机关办结时限。资料齐全、符合法定形式、填写内容完整的，税务机关受理后即时办结。

5.2.18 增值税预缴申报（异地纳税人提供在本市不动产的经营租赁服务）

不动产所在地与机构所在地不在同一县（市、区）的，纳税人应向不动产所在地主管机关预缴税款。

【报送资料】

《增值税预缴税款表》。

【办理渠道】

办税服务厅。

【办理时限】

（1）纳税人办理时限。无。

（2）税务机关办结时限。资料齐全、符合法定形式、填写内容完整的，税务机关受理后即时办结。

5.2.19 增值税预缴申报（房地产开发企业有预收款项的情况）

房地产开发企业中的纳税人采取预收款方式销售自行开发的房地产项目。

【报送资料】

《增值税预缴税款表》。

【办理渠道】

办税服务厅。

【办理时限】

（1）纳税人办理时限。纳税人应在取得预收款的次月纳税申报期或主管机关核定的纳税期限向主管机关预缴税款。

（2）税务机关办结时限。即时办结。

5.3 消费税申报

5.3.1 烟类应税消费品消费税申报

从事烟类应税消费品生产、委托加工、批发的纳税人,依照法律、行政法规规定或者税务机关确定的申报期限、申报内容办理消费税纳税申报。

【报送资料】

(1)卷烟生产企业报送《烟类应税消费品消费税纳税申报表》及附表各2份。

(2)《卷烟消费税纳税申报表(批发)》。

(3)《卷烟批发企业月份销售明细清单》(电子数据)。

(4)批发卷烟的消费税纳税人报送。

(5)自2015年7月1日起,享受消费税减免税优惠政策的纳税人需填报《本期减(免)税额明细表》。

【办理渠道】

办税服务厅;自助办税终端;网上办理:电子税务局。

【办理时限】

(1)纳税人办理时限。自2014年7月1日起,缴纳消费税的小规模纳税人,其消费税纳税期限由一个月调整为一个季度。缴纳消费税的小规模纳税人在季度内被认定为一般纳税人的,自一般纳税人认定之日起,其消费税纳税期限调整为一个月。

(2)税务机关办结时限。资料齐全、符合法定形式、填写内容完整的,税务机关受理后即时办结。

【办理流程】

同5.2.10增值税小规模纳税人(非定期定额户)申报业务办理流程。

5.3.2 酒类应税消费品消费税申报

从事酒类应税消费品生产、委托加工的纳税人,依照法律、行政法规规定或者税务机关确定的申报期限、申报内容办理消费税纳税申报。

【报送资料】

（1）《酒类应税消费品消费税纳税申报表》及其附报资料2份。

（2）自2015年7月1日起，享受消费税减免税优惠政策的纳税人需填报《本期减（免）税额明细表》。

【办理渠道】【办理时限】【办理流程】同5.3.1烟类应税消费品消费税申报业务流程。

5.3.3 成品油消费税申报

从事成品油应税消费品生产、委托加工的纳税人，依照法律、行政法规规定或者税务机关确定的申报期限、申报内容办理消费税纳税申报。

【报送资料】

（1）《成品油消费税纳税申报表》及其附报资料2份。

（2）外购应税消费品的增值税专用发票属于汇总填开的，应提供增值税专用发票（抵扣联）原件和复印件的同时，还应提供随同增值税专用发票取得的由销售方开具并加盖财务专用章或发票专用章的销货清单原件和复印件。

（3）石脑油、燃料油生产企业按月报送《生产企业销售含税石脑油、燃料油完税情况明细表》。

（4）石脑油、燃料油使用企业按月报送：《使用企业外购石脑油、燃料油凭证明细表》；《石脑油、燃料油生产、外购、耗用、库存月度统计表》；《乙烯、芳烃生产装置投入产出流量计统计表》；《使用企业外购石脑油、燃料油凭证明细表》中"外购含税油品"项"消费税税款缴纳凭证号码"所对应的消费税税款缴纳凭证的复印件；当期外购石脑油、燃料油取得认证相符的普通版及汉字防伪版（非DDZG）增值税专用发票复印件1份；进口货物报关单、海关进口消费税专用缴款书、自动进口许可证等材料复印件1份。

（5）自2015年7月1日起，享受消费税减免税优惠政策的纳税人需填报《本期减（免）税额明细表》。

【办理渠道】【办理时限】【办理流程】同5.3.1烟类应税消费品消费税申报业务流程。

5.3.4 小汽车消费税申报

从事小汽车应税消费品生产、委托加工、零售环节的纳税人，依照法律、行政法规规定或者税务机关确定的申报期限、申报内容办理消费税纳税申报。

【报送资料】

《小汽车消费税纳税申报表》及其附报资料2份。

【办理渠道】【办理时限】【办理流程】同5.3.1烟类应税消费品消费税申报。

5.3.5 电池消费税申报

从事电池生产、委托加工的纳税人,依照法律、行政法规规定或者税务机关确定的申报期限、申报内容办理消费税纳税申报。

【报送资料】

(1)《电池消费税纳税申报表》及其附报资料2份。

(2)自2015年7月1日起,享受消费税减免税优惠政策的纳税人需填报《本期减(免)税额明细表》。

【办理渠道】【办理时限】【办理流程】同5.3.1烟类应税消费品消费税申报业务流程。

5.3.6 涂料消费税申报

从事涂料生产、委托加工的纳税人,依照法律、行政法规规定或者税务机关确定的申报期限、申报内容办理消费税纳税申报。

【报送资料】

(1)《涂料消费税纳税申报表》及其附报资料2份。

(2)享受消费税减免税优惠政策的纳税人,还应报送《本期减(免)税额明细表》1份。

【办理渠道】【办理时限】【办理流程】同5.3.1烟类应税消费品消费税申报业务流程。

5.3.7 其他类消费税申报

从事高档化妆品、贵重首饰及珠宝玉石、鞭炮、焰火、气缸容量250毫升(含)以上摩托车、高尔夫球及球具、高档手表、游艇、木制一次性筷子及实木地板等应税消费品生产、委托加工、零售的纳税人,依照法律、行政法规规定或者税务机关确定的申报期限、申报内容申报缴纳消费税。

【报送资料】

(1)《其他应税消费品消费税纳税申报表》及其附报资料2份。

（2）享受消费税减免税优惠政策的纳税人，还应报送《本期减（免）税额明细表》。

【办理渠道】【办理时限】【办理流程】同5.3.1烟类应税消费品消费税申报业务流程。

5.4 车辆购置税申报

发生车辆购置税应税行为的纳税人，依照法律、行政法规规定或者税务机关确定的申报期限、申报内容，向税务机关申报缴纳车辆购置税。

【报送资料】

（1）《车辆购置税纳税申报表》2份。

（2）纳税人身份证明原件及复印件（依据税务总局2015年4号公告保留）1份。

——内地居民，提供内地《居民身份证》或者《居民户口簿》（上述证件上的签发机关所在地与车辆登记注册地不一致的，纳税人在申报纳税时需同时提供车辆登记注册地户籍管理部门出具的居住证明复印件1份或者其他相关证明文书复印件1份（取消原件查验要求）或者军人（含武警）身份证明。

——香港、澳门特别行政区、台湾地区居民，提供身份证明和居住证明。

——外国人，提供入境的身份证明和居住证明。

——组织机构，提供《营业执照》或者《税务登记证》或者《组织机构代码证》或者其他有效机构证明复印件1份（取消原件查验要求）。

（3）车辆价格证明原件及复印件1份。

——境内购置车辆，提供销售者开具给纳税人购买应税车辆所支付的全部价款和价外费用的凭证，包括《机动车销售统一发票》（发票联和报税联）或者其他有效凭证。

——进口自用车辆，提供《海关进口关税专用缴款书》《海关进口消费税专用缴款书》或者海关进出口货物征免税证明。

（4）车辆合格证明复印件1份。

——国产车辆，提供整车出厂合格证明或者车辆电子信息单。

——进口车辆，提供车辆电子信息单、车辆一致性证书、《中华人民共和国海关货物进口证明书》或者《中华人民共和国海关监管车辆进（出）境领（销）牌照通知书》或者《没收走私汽车、摩托车证明书》复印件（取消原件查验要求）。

（5）补税车辆，应提供以下资料：车主身份证明、车辆价格证明、《车辆购置税纳税申报表》和补税相关资料。

【办理渠道】

办税服务厅；网上办理：车辆购置税申报客户端办理。

【办理时限】

（1）纳税人办理时限。纳税人购买自用应税车辆的，应当自购买之日起60日内申报纳税；进口自用应税车辆的，应当自进口之日起60日内申报纳税；自产、受赠、获奖或者以其他方式取得并自用应税车辆的，应当自取得之日起60日内申报纳税；免税条件消失的，应在免税条件消失之日起60日内重新申报纳税。

（2）税务机关办结时限。资料齐全、符合法定形式、填写内容完整的，税务机关受理后即时办结。

【办理流程】

办理流程如图5-10所示。

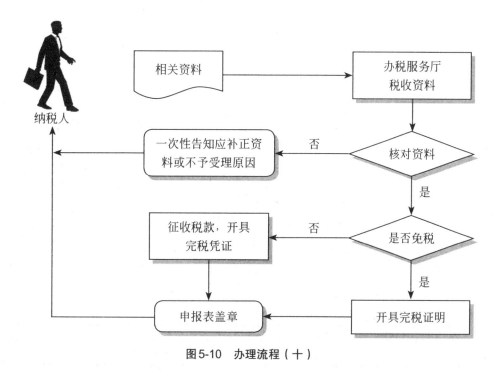

图5-10　办理流程（十）

5.5 企业所得税申报

5.5.1 居民企业所得税月(季)度预缴纳税申报(适用查账征收)

实行查账征收方式的居民企业,应当就其来源于中国境内、境外的所得,在季度或月份终了后15日内向主管税务机关办理企业所得税月(季)度预缴申报。

【报送资料】

报送资料如表5-4所示。

表5-4 报送资料

序号	材料名称	数量	备注
1	《中华人民共和国企业所得税月(季)度预缴纳税申报表(A类,2018年版)》	2份	网上申报纳税人留存备报
以下为条件报送资料 (采取网上申报的纳税人,纸质资料留存备报)			
跨省、自治区、直辖市和计划单列市设立的,实行汇总纳税办法的居民企业还应报送	企业当期财务报表	1份	按照"财务会计报告报送"的有关规定报送
	各分支机构上一年度的年度财务报表(或年度财务状况和营业收支情况)	1份	由总机构在预缴申报时报送,在一个纳税年度内,原则上只需要报送一次
	《企业所得税汇总纳税分支机构所得税分配表》	1份	分支机构报送经总机构所在地主管税务机关受理的汇总纳税企业分支机构所得税分配表
跨省、自治区、直辖市和计划单列市经营的建筑企业总机构还应报送	直接管理的跨地区经营项目部就地预缴税款的完税证明	1份	
在同一省、自治区、直辖市和计划单列市内跨地、市(区)县设立的,实行汇总纳税办法的居民企业还应报送	各省税务机关规定的相关资料	1份	
符合条件的境外投资居民企业还应报送	《居民企业参股外国企业信息报告表》	1份	

续表

以下为条件报送资料 （采取网上申报的纳税人，纸质资料留存备报）			
收入全额归属中央的企业，新增二级及以下分支机构的，二级分支机构还应报送	加载统一社会信用代码营业执照	1份	
	总机构出具的其为二级或二级以下分支机构证明文件	1份	
适用股权激励和技术入股递延纳税政策的企业，还应报送	《技术成果投资入股企业所得税递延纳税备案表》	1份	投资完成后首次预缴申报时报送

【办理渠道】

办税服务厅；自助办税终端；网上办理：电子税务局。

【办理时限】

（1）纳税人办理时限。纳税申报期限为月份或者季度的自终了之日起15日内进行纳税申报，遇最后一日是法定休假日的，以休假日期满的次日为期限的最后一日；在期限内有连续3日以上法定休假日的，按休假日天数顺延。

（2）税务机关办结时限。资料齐全、符合法定形式、填写内容完整的，税务机关受理后即时办结。

【办理流程】

适用办税服务厅申报，办理流程如图5-11所示。

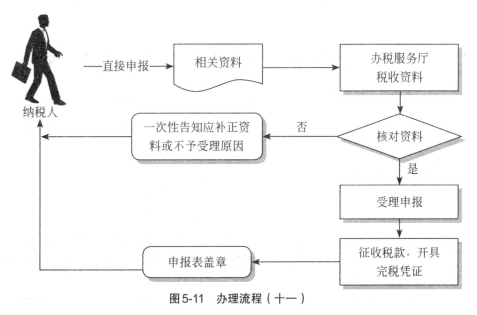

图5-11　办理流程（十一）

5.5.2 居民企业所得税月(季)度预缴纳税申报(适用核定征收)

实行企业所得税核定征收方式的居民企业,应当就其来源于中国境内、境外的所得,在季度或月份终了后15日内办理企业所得税月(季)度预缴申报。

【报送资料】

报送资料如表5-5所示。

表5-5 报送资料

序号	材料名称	数量	备注
1	《中华人民共和国企业所得税月(季)度预缴和年度纳税申报表(B类,2018年版)》	2份	网上申报纳税人留存备报
以下为条件报送资料 (采取网上申报的纳税人,纸质资料留存备报)			
符合条件的境外投资居民企业还应报送	《居民企业参股外国企业信息报告表》	1份	网上申报纳税人留存备报

【办理渠道】

办税服务厅;自助办税终端;网上办理:电子税务局、移动终端(税务局)、微信(税务局)。

【办理时限】【办理流程】同5.5.1居民企业所得税月(季)度预缴纳税申报(适用查账征收)的业务流程。

5.5.3 居民企业所得税年度纳税申报(适用查账征收)

实行查账征收企业所得税的纳税人,依照税收法律法规及相关规定确定的申报内容,向税务机关申报年度企业所得税,并办理汇算清缴,结清应缴应退税款。

【报送资料】

报送资料如表5-6所示。

表5-6 报送资料

序号	材料名称	数量	备注
1	《中华人民共和国企业所得税年度纳税申报表(A类,2017年版)》	2份	网上申报纳税人留存备报

续表

以下为条件报送资料 （采取网上申报的纳税人，纸质资料留存备报）			
政策性搬迁备案事项还应报送	《企业政策性搬迁清算损益表》及相关材料	1份	
房地产开发经营企业还应报送	房地产开发产品实际毛利额与预计毛利额之间差异调整情况的报告	1份	
	依据计税成本对象确定原则确定的已完工开发产品成本对象，确定原则、依据，共同成本分配原则、方法，以及开发项目基本情况、开发计划等专项报告	1份	
税前扣除手续费及佣金支出的还应报送	当年手续费及佣金计算分配表和其他相关资料	1份	应依法取得合法真实凭证
申报抵免境外所得税收（取得境外分支机构的营业利润所得）还应报送	与境外所得相关的完税证明或纳税凭证（原件或复印件）	1份	备案资料使用非中文的，企业应同时提交中文译本复印件。上述资料已向税务机关提供的，可不再提供；上述资料若有变更的，须重新提供；复印件须注明与原件一致，译本须注明与原本无异议，并加盖企业公章
	境外分支机构会计报表	1份	
	境外分支机构所得依照中国境内企业所得税法及实施条例的规定计算的应纳税额的计算过程及说明资料	1份	
	具有资质的机构出具的有关分支机构审计报告等	1份	
申报抵免境外所得税收（取得境外股息、红利所得）还应报送	与境外所得相关的完税证明或纳税凭证（原件或复印件）	1份	
	集团组织架构图	1份	
	被投资公司章程复印件	1份	
	境外企业有权决定利润分配的机构作出的决定书等	1份	
申报抵免境外所得税收（取得境外利息、租金、特许权使用费、转让财产等所得）还应报送	与境外所得相关的完税证明或纳税凭证（原件或复印件）	1份	
	依照中国境内企业所得税法及实施条例规定计算的应纳税额的资料及计算过程	1份	
	项目合同复印件等	1份	
申报抵免境外所得税收（申请享受税收饶让抵免）还应报送	与境外所得相关的完税证明或纳税凭证（原件或复印件）	1份	

续表

	以下为条件报送资料 （采取网上申报的纳税人，纸质资料留存备报）		
申报抵免境外所得税收（申请享受税收饶让抵免）还应报送	本企业及其直接或间接控制的外国企业在境外所获免税及减税的依据及证明或有关审计报告披露该企业享受的优惠政策的复印件	1份	备案资料使用非中文的，企业应同时提交中文译本复印件。上述资料已向税务机关提供的，可不再提供；上述资料若有变更的，须重新提供；复印件须注明与原件一致，译本须注明与原本无异议，并加盖企业公章
	企业在其直接或间接控制的外国企业的参股比例等情况的证明复印件	1份	
	间接抵免税额或者饶让抵免税额的计算过程	1份	
	由本企业直接或间接控制的外国企业的财务会计资料	1份	
申报抵免境外所得税收（采用简易办法计算抵免限额）还应报送	与境外所得相关的完税证明或纳税凭证（原件或复印件）	1份	
	取得境外分支机构的营业利润所得需提供企业申请及有关情况说明	1份	
	来源国（地区）政府机关核发的具有纳税性质的凭证和证明复印件	1份	
	取得符合境外税额间接抵免条件的股息所得需提供企业申请及有关情况说明	1份	
	符合企业所得税法第二十四条条件的有关股权证明的文件或凭证复印件	1份	
跨省、自治区、直辖市和计划单列市设立的，实行汇总纳税办法的居民企业（总机构）还应报送	总机构的年度财务报表	1份	按照"财务会计报告报送"的有关规定报送
	各分支机构的年度财务报表	1份	
	各分支机构参与企业年度纳税调整情况的说明	1份	
跨省、自治区、直辖市和计划单列市设立的，实行汇总纳税办法的居民企业（分支机构）还应报送	经总机构所在地主管税务机关受理的汇总纳税企业分支机构所得税分配表	1份	
	按照"财务会计报告报送"的有关规定报送	1份	
	分支机构参与企业年度纳税调整情况的说明	1份	

续表

以下为条件报送资料		
（采取网上申报的纳税人，纸质资料留存备报）		
在同一省、自治区、直辖市和计划单列市内跨地、市（区、县）设立的实行汇总纳税办法的居民企业还应报送	省税务机关规定的相关资料	1份
跨省、自治区、直辖市和计划单列市经营的建筑企业总机构还应报送	其所直接管理的跨地区经营项目部就地预缴税款的完税证明	1份
委托中介机构代理纳税申报的还应报送	双方签订的代理合同	1份
	中介机构出具的包括纳税调整的项目、原因、依据、计算过程、调整金额等内容的报告	1份
适用《企业所得税法》第45条情形或者需要适用《特别纳税调整实施办法（试行）》第84条规定的居民企业还应报送	《受控外国企业信息报告表》	1份
纳入《企业所得税法》第24条规定抵免范围的外国企业或符合《企业所得税法》第45条规定的受控外国企业还应报送	按照中国会计制度编报的年度独立财务报表	1份
企业以非货币性资产对外投资确认的非货币性资产转让所得，适用分期均匀计入相应年度的应纳税所得额按规定计算缴纳企业所得税的还应报送	《非货币性资产投资递延纳税调整明细表》	1份

续表

	以下为条件报送资料 （采取网上申报的纳税人，纸质资料留存备报）		
企业符合研发项目可加计扣除研发费用的还应报送	《研发项目可加计扣除研发费用情况归集表》	1份	根据研发支出辅助账汇总表填报
企业发生符合规定的特殊性重组条件并选择特殊性税务处理的（债务重组）还应报送	《企业重组所得税特殊性税务处理报告表及附表》	1份	
	债务重组的总体情况说明	1份	包括债务重组方案、基本情况、债务重组所产生的应纳税所得额，并逐条说明债务重组的商业目的；以非货币资产清偿债务的，还应包括企业当年应纳税所得额情况
	清偿债务或债权转股权的合同（协议）或法院裁定书	1份	需有权部门（包括内部和外部）批准的，提供批准文件
	相关股权评估报告或其他公允价值证明	1份	债权转股权的提供
	工商管理部门等有权机关登记的相关企业股权变更事项的证明材料，以及债权人12个月内不转让所取得股权的承诺书	1份	
	相关资产评估报告或其他公允价值证明	1份	以非货币资产清偿债务的提供
	重组当事各方一致选择特殊性税务处理并加盖当事各方公章的证明资料	1份	
	重组前连续12个月内有无与该重组相关的其他股权、资产交易，与该重组是否构成分步交易、是否作为一项企业重组业务进行处理情况的说明	1份	
	按税法规定核算的资产（股权）计税基础与按会计准则规定核算的相关资产（股权）账面价值的暂时性差异专项说明	1份	按会计准则规定当期应确认资产（股权）转让损益的提供

续表

	以下为条件报送资料 （采取网上申报的纳税人，纸质资料留存备报）		
企业发生符合规定的特殊性重组条件并选择特殊性税务处理的（股权收购）还应报送	《企业重组所得税特殊性税务处理报告表及附表》	1份	
	股权收购业务总体情况说明	1份	包括股权收购方案、基本情况，并逐条说明股权收购的商业目的
	股权收购、资产收购业务合同（协议）	1份	有权部门（包括内部和外部）批准的，应提供批准文件
	相关股权评估报告或其他公允价值证明	1份	
	12个月内不改变重组资产原来的实质性经营活动、原主要股东不转让所取得股权的承诺书	1份	
	工商管理部门等有权机关登记的相关企业股权变更事项的证明材料	1份	
	重组当事各方一致选择特殊性税务处理并加盖当事各方公章的证明资料	1份	
	非货币性资产评估报告或其他公允价值证明	1份	涉及非货币性资产支付的提供
	重组前连续12个月内有无与该重组相关的其他股权、资产交易，与该重组是否构成分步交易、是否作为一项企业重组业务进行处理情况的说明	1份	
	按税法规定核算的资产（股权）计税基础与按会计准则规定核算的相关资产（股权）账面价值的暂时性差异专项说明	1份	按会计准则规定当期应确认资产（股权）转让损益的提供
企业发生符合规定的特殊性重组条件并选择特殊性税务处理的（资产收购）还应报送	《企业重组所得税特殊性税务处理报告表及附表》	1份	
	资产收购业务总体情况说明	1份	包括资产收购方案、基本情况，并逐条说明资产收购的商业目的

续表

	以下为条件报送资料 （采取网上申报的纳税人，纸质资料留存备报）		
企业发生符合规定的特殊性重组条件并选择特殊性税务处理的（资产收购）还应报送	资产收购业务合同（协议）	1份	需有权部门（包括内部和外部）批准的，应提供批准文件
	相关资产评估报告或其他公允价值证明	1份	
	被收购资产原计税基础的证明	1份	
	12个月内不改变资产原来的实质性经营活动、原主要股东不转让所取得股权的承诺书	1份	
	工商管理部门等有权机关登记的相关企业股权变更事项的证明材料	1份	
	重组当事各方一致选择特殊性税务处理并加盖当事各方公章的证明资料	1份	
	非货币性资产评估报告或其他公允价值证明	1份	涉及非货币性资产支付的提供
	重组前连续12个月内有无与该重组相关的其他股权、资产交易，与该重组是否构成分步交易、是否作为一项企业重组业务进行处理情况的说明	1份	
	按税法规定核算的资产（股权）计税基础与按会计准则规定核算的相关资产（股权）账面价值的暂时性差异专项说明	1份	按会计准则规定当期应确认资产（股权）转让损益的提供
企业发生符合规定的特殊性重组条件并选择特殊性税务处理的（合并）还应报送	《企业重组所得税特殊性税务处理报告表及附表》	1份	
	企业合并的总体情况说明	1份	包括合并方案、基本情况，并逐条说明企业合并的商业目的
	企业合并协议或决议	1份	需有权部门（包括内部和外部）批准的，应提供批准文件
	企业合并当事各方的股权关系说明	1份	
	企业合并前参与合并各方受最终控制方的控制在12个月以上的证明材料	1份	当事各方属同一控制下且不需支付对价的合并提供

续表

以下为条件报送资料 (采取网上申报的纳税人，纸质资料留存备报)			
企业发生符合规定的特殊性重组条件并选择特殊性税务处理的（合并）还应报送	被合并企业净资产、各单项资产和负债的账面价值和计税基础等相关资料	1份	
	12个月内不改变资产原来的实质性经营活动、原主要股东不转让所取得股权的承诺书	1份	
	工商管理部门等有权机关登记的相关企业股权变更事项的证明材料	1份	
	合并企业承继被合并企业相关所得税事项情况说明	1份	包括尚未确认的资产损失、分期确认收入和尚未享受期满的税收优惠政策等
	合并日净资产公允价值证明材料及主管税务机关确认的亏损弥补情况说明	1份	涉及可由合并企业弥补被合并企业亏损的提供
	重组当事各方一致选择特殊性税务处理并加盖当事各方公章的证明资料	1份	
	非货币性资产评估报告或其他公允价值证明	1份	涉及非货币性资产支付的提供
	重组前连续12个月内有无与该重组相关的其他股权、资产交易，与该重组是否构成分步交易、是否作为一项企业重组业务进行处理情况的说明	1份	
	按税法规定核算的资产（股权）计税基础与按会计准则规定核算的相关资产（股权）账面价值的暂时性差异专项说明	1份	按会计准则规定当期应确认资产（股权）转让损益的提供
企业发生符合规定的特殊性重组条件并选择特殊性税务处理的（分立）还应报送	《企业重组所得税特殊性税务处理报告表及附表》	1份	
	企业分立的总体情况说明	1份	包括分立方案、基本情况，并逐条说明企业分立的商业目的
	被分立企业董事会、股东会（股东大会）关于企业分立的决议	1份	需有权部门（包括内部和外部）批准的，应提供批准文件

续表

	以下为条件报送资料 （采取网上申报的纳税人，纸质资料留存备报）		
企业发生符合规定的特殊性重组条件并选择特殊性税务处理的（分立）还应报送	被分立企业的净资产、各单项资产和负债账面价值和计税基础等相关资料	1份	
	12个月内不改变资产原来的实质性经营活动、原主要股东不转让所取得股权的承诺书	1份	
	工商管理部门等有权机关认定的分立和被分立企业股东股权比例证明材料；分立后，分立和被分立企业工商营业执照复印件	1份	
	重组当事各方一致选择特殊性税务处理并加盖当事各方公章的证明资料	1份	
	非货币性资产评估报告或其他公允价值证明	1份	涉及非货币性资产支付的
	分立企业承继被分立企业所分立资产相关所得税事项情况说明	1份	包括尚未确认的资产损失、分期确认收入和尚未享受期满的税收优惠政策等
	亏损弥补情况说明、被分立企业重组前净资产和分立资产公允价值的证明材料	1份	被分立企业尚有未超过法定弥补期限的亏损的提供
	重组前连续12个月内有无与该重组相关的其他股权、资产交易，与该重组是否构成分步交易、是否作为一项企业重组业务进行处理情况的说明	1份	
	按税法规定核算的资产（股权）计税基础与按会计准则规定核算的相关资产（股权）账面价值的暂时性差异专项说明	1份	按会计准则规定当期应确认资产（股权）转让损益的提供

【办理渠道】

办税服务厅；自助办税终端；网上办理：电子税务局。

【办理时限】

（1）纳税人办理时限。纳税年度终了之日起5个月内；在年度中间终止经营活动的,应自实际终止经营之日起60日内。

(2)税务机关办结时限。资料齐全、符合法定形式、填写内容完整的,税务机关受理后即时办结。

【办理流程】

同5.5.1居民企业所得税月(季)度预缴纳税申报(适用查账征收)的业务流程。

5.5.4 居民企业所得税年度纳税申报(适用核定征收)

采用核定应税所得率方式征收企业所得税的纳税人,依照税收法律法规及相关规定确定的申报内容,向税务机关申报年度企业所得税,并办理汇算清缴,结清应缴应退税款。

【报送资料】

报送资料如表5-7所示。

表5-7 报送资料

序号	材料名称		数量
1	《中华人民共和国企业所得税月(季)度预缴和年度纳税申报表(B类,2018年版)》		2份
以下为条件报送资料 (采取网上申报的纳税人,纸质资料留存备报)			
适用《企业所得税法》第45条情形或者需要适用《特别纳税调整实施办法(试行)》第84条规定的居民企业还应报送		《受控外国企业信息报告表》	1份
纳入《企业所得税法》第24条规定抵免范围的外国企业或符合《企业所得税法》第45条规定的受控外国企业还应报送		按照中国会计制度编报的年度独立财务报表	1份

【办理渠道】【办理时限】【办理流程】同5.5.1居民企业所得税月(季)度预缴纳税申报(适用查账征收)的业务流程。

5.5.5 居民企业清算企业所得税申报

纳税人有下列情形之一的,应办理居民企业清算所得税申报。

(1)因解散、破产、重组等原因终止生产经营活动的纳税人,应在办理注销登记之前，以整个清算期间作为一个纳税年度，计算清算所得及其应纳所得税，在清算结束之日起15日内办理申报。

（2）不再持续经营的纳税人，应在办理注销登记之前，以整个清算期间作为一个纳税年度，计算清算所得及其应纳所得税，在清算结束之日起15日内办理申报。

（3）企业由法人转变为个人独资企业、合伙企业等非法人组织，或将登记注册地转移至中华人民共和国境外（包括港澳台地区），应在办理注销登记之前，以整个清算期间作为一个纳税年度，计算清算所得及其应纳所得税，在清算结束之日起15日内办理申报。

【报送资料】

报送资料如表5-8所示。

表5-8 报送资料

序号	材料名称	数量
1	《中华人民共和国企业清算所得税申报表》	2份
以下为条件报送资料 （采取网上申报的纳税人，纸质资料留存备报）		
企业由法人转变为个人独资企业、合伙企业等非法人组织，或将登记注册地转移至中华人民共和国境外（包括港澳台地区），还应报送	企业改变法律形式的工商部门或其他政府部门的批准文件复印件	1份
	企业全部资产的计税基础以及评估机构出具的资产评估报告复印件	1份
	企业债权、债务处理或归属情况说明复印件	1份
被合并企业，还应报送	企业合并的工商部门或其他政府部门的批准文件复印件	1份
	企业全部资产和负债的计税基础以及评估机构出具的资产评估报告复印件	1份
	企业债务处理或归属情况说明复印件	1份
以下为条件报送资料		
被分立企业，还应报送	企业分立的工商部门或其他政府部门的批准文件复印件	1份
	被分立企业全部资产的计税基础以及评估机构出具的资产评估报告复印件	1份
	企业债务处理或归属情况说明复印件	1份

【办理渠道】

办税服务厅；自助办税终端；网上办理：电子税务局，移动终端（税务局），微信（税务局）。

【办理时限】

（1）纳税人办理时限。在清算结束之日起15日内办理申报。

（2）税务机关办结时限。资料齐全、符合法定形式、填写内容完整的，税务机关受理后即时办结。

【办理流程】

同5.5.1居民企业所得税月（季）度预缴纳税申报（适用查账征收）的业务流程。

5.5.6 关联申报

实行查账征收的居民企业和在中国境内设立机构、场所并据实申报缴纳企业所得税的非居民企业，向税务机关报送年度企业所得税纳税申报表时，应当就其与关联方之间的业务往来进行关联申报。符合条件的企业，应当在报送年度关联业务往来报告表时，填报国别报告。

【报送资料】

报送资料如表5-9所示。

表5-9 报送资料

序号	材料名称	数量	备注
1	《中华人民共和国企业年度关联业务往来报告表（2016年版）》	1份	
以下为条件报送资料			
符合国别报告准备条件的	国别报告	1份	

【办理渠道】

办税服务厅；网上办理：电子税务局。

【办理时限】

（1）纳税人办理时限。报送年度企业所得税纳税申报表时（即每年5月31日前）。

（2）税务机关办结时限。资料齐全、符合法定形式、填写内容完整的，税务机关受理后即时办结。

【办理流程】

办理流程如图5-12所示。

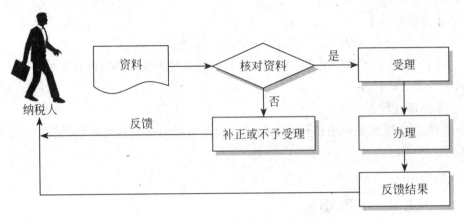

图5-12 办理流程（十二）

5.5.7 非货币性资产投资递延纳税调整申报

实行查账征收的居民企业（以下简称企业）以非货币性资产对外投资确认的非货币性资产转让所得，可自确认非货币性资产转让收入年度起不超过连续5个纳税年度的期间内，分期均匀计入相应年度的应纳税所得额，按规定计算缴纳企业所得税。

企业选择适用上述规定进行税务处理的，应在非货币性资产转让所得递延确认期间每年企业所得税汇算清缴时，填报《中华人民共和国企业所得税年度纳税申报表（A类）》中"A105100企业重组及递延纳税事项纳税调整明细表"第12行"其中：非货币性资产对外投资"的相关栏目，并向主管税务机关报送《非货币性资产投资递延纳税调整明细表》。

企业应将股权投资合同或协议、对外投资的非货币性资产（明细）公允价值评估确认报告、非货币性资产（明细）计税基础的情况说明、被投资企业设立或变更的工商部门证明材料等资料留存备查，并单独准确核算税法与会计差异情况。

【报送资料】

《非货币性资产投资递延纳税调整明细表》1份。这属于企业所得税年度纳税申报表附表，与企业所得税年度纳税人申报表报送方式相同。

【办理渠道】

办税服务厅；自助办税终端；网上办理：电子税务局。

【办理时限】

（1）纳税人办理时限。企业所得税年度汇算清缴时报送。

（2）税务机关办理时限：即时办结。

5.5.8 居民企业资产（股权）划转特殊性税务处理申报

对100%直接控制的居民企业之间，以及受同一或相同多家居民企业100%直接控制的居民企业之间按账面净值划转股权或资产，凡具有合理商业目的、不以减少、免除或者推迟缴纳税款为主要目的，股权或资产划转后连续12个月内不改变被划转股权或资产原来实质性经营活动，且划出方企业和划入方企业均未在会计上确认损益的，可以选择按以下规定进行特殊性税务处理。

（1）划出方企业和划入方企业均不确认所得。

（2）划入方企业取得被划转股权或资产的计税基础，以被划转股权或资产的原账面净值确定。

（3）划入方企业取得的被划转资产，应按其原账面净值计算折旧扣除。

【报送资料】

（1）《居民企业资产（股权）划转特殊性税务处理申报表》1份。

（2）股权或资产划转总体情况说明，包括基本情况、划转方案等，并详细说明划转的商业目的，1份。

（3）交易双方或多方签订的股权或资产划转合同（协议），需有权部门（包括内部和外部）批准的，应提供批准文件，1份。

（4）被划转股权或资产账面净值和计税基础说明，1份。

（5）交易双方按账面净值划转股权或资产的说明（需附会计处理资料），1份。

（6）交易双方均未在会计上确认损益的说明（需附会计处理资料），1份。

（7）12个月内不改变被划转股权或资产原来实质性经营活动的承诺书，1份。

【办理渠道】

办税服务厅；网上办理：电子税务局。

【办理时限】

（1）纳税人办理时限。企业所得税年度汇算清缴期内。

（2）税务机关办结时限。即时办结。

【办理流程】

适用办税服务厅办理，办理流程如图5-13所示。

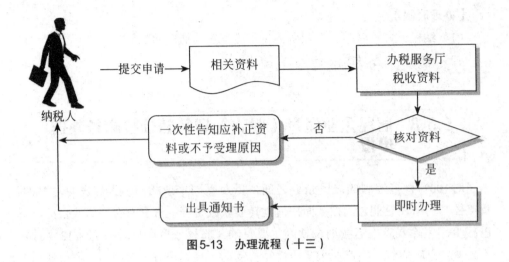

图 5-13　办理流程（十三）

5.6　个人所得税申报

5.6.1　个人所得税自行纳税申报

纳税人有下列情形之一的，应办理个人所得税自行纳税申报。

（1）取得综合所得需要办理汇清缴的。

（2）取得应税所得，扣缴义务人未扣缴税款的。

（3）取得境外所得的。

（4）因移居境外注销中国户籍的。

（5）非居民个人在中国境内从两处以上取得工资、薪金所得的。

（6）限售股转让所得个人所得税。

① 采取证券机构预扣预缴和纳税人自行申报清算相结合的方式征收的，由证券机构预扣预缴个人所得税，纳税人按照实际转让收入与实际成本计算出的应纳税额，与证券机构预扣预缴税额有差异的，应自证券机构代扣并解缴税款的次月1日起3个月内，办理限售股个人所得税清算申报。

② 采取纳税人自行申报纳税的方式征收的，在次月15日内办理限售股个人所得税自行申报，一次办结相关涉税事宜。

（7）个人以非货币性资产投资的，应在备案时约定的纳税期限内办理自行申报缴税。

【报送资料】

（1）首次申报或基础信息发生变化时，应报送：《个人所得税基础信息表（B表）》2份，个人有效身份证件原件。

（2）取得综合所得需要办理汇算清缴的，应报送：个人所得税年度自行纳税申报表2份；收入、专项扣除、专项附加扣除、依法确定的其他扣除、捐赠、享受税收优惠等相关的资料1份。

（3）非居民个人取得工资、薪金所得，劳务报酬所得，稿酬所得，特许权使用费所得的，扣缴义务人未扣缴税款，纳税人个人自行申报时应报送：《个人所得税自行纳税申报表（A表）》2份。

（4）取得利息、股息、红利所得，财产租赁所得，财产转让所得和偶然所得的，扣缴义务人未扣缴税款，纳税人个人自行申报时应报送：《个人所得税自行纳税申报表（A表）》2份；能够证明纳税人收入、财产原值、相关税费的有关资料1份。按规定需要进行资产评估的，还应报送具有法定资质的中介机构出具的净资产或土地房产等资产价值评估报告1份、计税依据明显偏低但有正当理由的相应证明材料1份；选择股权激励和技术入股递延纳税政策的，还应报送能够证明股票（权）转让价格、递延纳税股票（权）原值、合理税费的其他有关资料1份；天使投资个人享受投资抵扣税收优惠的，还应报送《天使投资个人所得税投资抵扣情况表》2份。

（5）从境外取得所得的，应报送：《个人所得税自行纳税申报表（B表）》2份；纳税义务人依照规定申请扣除已在境外缴纳的个人所得税税额时，境外税务机关填发的税款缴纳凭证原件。

（6）纳税人因移居境外注销中国户籍的，应报送：纳税人在注销户籍年度取得综合所得的，按【报送资料】第（2）项处理；纳税人在注销户籍年度取得经营所得的，按生产经营纳税人个人所得税自行纳税申报处理；纳税人在注销户籍当年取得利息、股息、红利所得，财产租赁所得，财产转让所得和偶然所得的，按【报送资料】第（4）项处理。

（7）非居民个人从两处或者两处以上取得工资薪金所得的，应报送：《个人所得税自行纳税申报表（A表）》2份。

（8）对个人转让限售股取得的所得，采取证券机构预扣预缴和纳税人自行申报清算相结合的方式征收的，应报送：《限售股转让所得个人所得税清算申报表》2份；加盖开户证券机构印章的限售股交易明细记录1份；相关完整、真实的财产原值凭证1份；缴纳税款凭证（《税务代保管资金专用收据》或《税收转账专用完税证》）1份；纳税人委托中介机构或他人代理申报的代理人本人的有效身份证件原件、纳税人委托代理申报的授权书1份。采取纳税人自行申报纳税的方式征收的，应报送：《限售股转让所得个人所得税清算申报表》2份。

（9）纳税人非货币性资产投资分期缴纳个人所得税的，应报送：《个人所得税自行纳税申报表（A表）》2份；已备案的《非货币性资产投资分期缴纳个人所得税备案表》1份；本期之前各期已缴纳个人所得税的完税凭证。

（10）实施商业健康保险个人所得税政策试点的纳税人，还应报送《商业健康保险税前扣除情况明细表》1份；实施税收递延型商业养老保险个人所得税政策试点的纳税人，还应报送《个人税收递延型商业养老保险税前扣除情况明细表》1份；纳税人存在减免个人所得税情形的，还应报送《个人所得税减免税事项报告表》1份。

【办理渠道】

办税服务厅；自助办税终端；网上办理：电子税务局。

【办理时限】

纳税人办理时限如下。

（1）取得综合所得需要办理汇算清缴的纳税人，应当在取得所得的次年3月1日至6月30日内办理纳税申报。

（2）纳税人取得应税所得，扣缴义务人未扣缴税款的，应当区别以下情形办理纳税申报：居民个人取得综合所得的，应当在取得所得的次年3月1日至6月30日内办理纳税申报；非居民个人取得工资、薪金所得，劳务报酬所得，稿酬所得，特许权使用费所得的，应当在取得所得的次年6月30日前办理纳税申报；非居民个人在次年6月30日前离境（临时离境除外）的，应当在离境前办理纳税申报；纳税人取得利息、股息、红利所得，财产租赁所得，财产转让所得和偶然所得的，应当在取得所得的次年6月30日前办理纳税申报；税务机关通知限期缴纳的，纳税人应当按照期限缴纳税款。

（3）居民个人从中国境外取得所得的，应当在取得所得的次年3月1日至6月30日内办理纳税申报。

（4）纳税人因移居境外注销中国户籍的，应当在申请注销中国户籍前办理纳税申报，进行税款清算。

（5）非居民个人在中国境内从两处以上取得工资、薪金所得的，应当在取得所得的次月15日内，向其中一处任职、受雇单位所在地主管税务机关办理纳税申报。

（6）限售股转让所得个人所得税：采取证券机构预扣预缴和纳税人自行申报清算相结合的方式征收的，由证券机构预扣预缴个人所得税，纳税人按照实际转让收入与实际成本计算出的应纳税额，与证券机构预扣预缴税额有差异的，应自证券机构代扣并解缴税款的次月1日起3个月内，办理限售股个人所得税清算申报；采取纳税人自行申报纳税的方式征收的，在次月15日内办理限售股个人所得税自行申报，一次办结相关涉税事宜。

（7）个人以非货币性资产投资的，应在备案时约定的纳税期限内办理自行申报缴税。

税务机关办结时限如下。

资料齐全、符合法定形式、填写内容完整的，税务机关受理后即时办结。

【办理流程】

办理流程如图5-14所示。

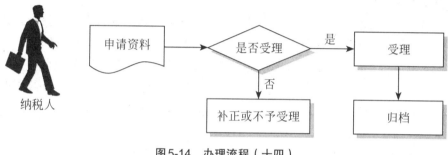

图5-14　办理流程（十四）

5.6.2　生产、经营纳税人个人所得税自行纳税申报

个体工商户、企事业单位的承包承租经营者、个人独资企业投资人和合伙企业合伙人，应按照法律法规的规定办理生产、经营纳税人个人所得税自行纳税申报。

【报送资料】

（1）实行查账征收个人所得税方式的个体工商户、企事业单位的承包承租经营者、个人独资企业投资人和合伙企业合伙人的预缴纳税申报，以及实行核定征收的纳税申报，应报送：《个人所得税生产经营所得纳税申报表（A表）》2份，合伙企业有两个或两个以上自然人合伙人的，应分别填报本表。享受商业健康保险税前扣除政策且实行核定征收的纳税人，还应报送《商业健康保险税前扣除情况明细表》1份；享受个人税收递延型商业养老保险个人所得税政策试点的纳税人，还应报送《个人税收递延型商业养老保险税前扣除情况明细表》1份；享受个人所得税优惠的纳税人，还应报送《个人所得税减免税事项报告表》1份。

（2）实行查账征收个人所得税方式的个体工商户、企事业单位的承包承租经营者、个人独资企业投资人和合伙企业合伙人的个人所得税年度申报，应报送：《个人所得税生产经营所得纳税申报表（B表）》2份，合伙企业有两个或两个以上自然人合伙人的，应分别填报本表。享受商业健康保险税前扣除政策的纳税人，还应报送《商业健康保险税前扣除情况明细表》1份；享受个人税收递延型商业养老保险个人所得税政策试点的纳税人，还应报送《个人税收递延型商业养老保险税前扣除情况明细表》1份；享受个人所得税优惠的纳税人，还应报送《个人所得税减免税事项报告表》1份；享受专项附加扣除的纳税人，还应报送《个人所得税专项附加扣除信息表》1份；享受合伙创投企业个人所得税投资抵扣税收政策的个人合伙人纳税人，还应报送合伙创投企业主管税务机关受理的《合伙创投企业个人所得税投资抵扣情况表》1份。

（3）个体工商户、企事业单位的承包承租经营者、个人独资企业投资人和合伙企业合伙人在中华人民共和国境内2处或者2处以上取得"个体工商户的生产、经营所得"和"对企事业单位的承包经营、承租经营所得"的，同项所得合并计算纳税的个人所得税年度汇总纳税申报，应报送：《个人所得税生产经营所得纳税申报表（C表）》2份；享受个人所得税优惠的纳税人，还应报送《个人所得税减免税事项报告表》1份。

【办理渠道】

办税服务厅；自助办税终端；网上办理：电子税务局。

【办理时限】

（1）纳税人办理时限。实施查账征收的生产经营所得纳税人可自行选择按季或按月预缴、年度汇算清缴的方式。

（2）税务机关办结时限。资料齐全、符合法定形式、填写内容完整的，税务机关受理后即时办结。

【办理流程】

同5.6.1个人所得税自行纳税申报业务流程。

5.7 房产税申报

在城市、县城、建制镇、工矿区范围内的房产税纳税义务人，应当在省、自治区、直辖市人民政府规定的纳税期限内办理房产税申报。

【报送资料】

《房产税纳税申报表》2份；从价计征的房产，还应报送《从价计征房产税税源明细表》2份；首次申报或房产信息发生变更时报送不动产权证（房屋产权证、土地使用权证）或购房合同、发票等证明房地产权属的材料原件及复印件1份；从租计征的房产，还应报送《从租计征房产税税源明细表》2份；首次申报或房产信息发生变更时报送不动产权证（房屋产权证、土地使用权证）或购房合同、发票等证明房地产权属的材料、房屋租赁合同原件及复印件1份；存在减免税情形，还应报送《房产税减免税明细申报表》1份。

【办理渠道】

办税服务厅；自助办税终端；网上办理：电子税务局。

【办理时限】

（1）纳税人办理时限。从价计征的，纳税期限为税款所属期当年10月1日至12月31日；从租计征的，纳税期限为月度终了后15日内。

（2）税务机关办结时限。即时办结。

【办理流程】

办理流程如图5-15所示。

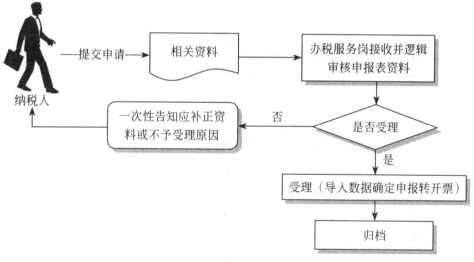

图5-15 办理流程（十五）

5.8 城镇土地使用税申报

在城市、县城、建制镇、工矿区范围内的城镇土地使用税纳税人，应当依照省、自治区、直辖市人民政府规定的缴纳期限内办理城镇土地使用税申报。

【报送资料】

《城镇土地使用税纳税申报表》2份；首次申报或土地信息发生变更时，还应报送《城镇土地使用税税源明细表》2份，不动产权证（土地使用权证）或购地合同、发票等证明土地使用权属的材料原件及复印件1份；存在减免税情形的，还应报送《城镇土地使用税减免税明细申报表》1份。

【办理渠道】

办税服务厅；自助办税终端；网上办理：电子税务局。

【办理时限】

（1）纳税人办理时限。税款所属期当年的10月1日至12月31日。

（2）税务机关办结时限。资料齐全、符合法定形式、填写内容完整的，税务机关受理后即时办结。

【办理流程】

同5.7房产税申报业务办理流程。

5.9 土地增值税申报

5.9.1 土地增值税预征申报

从事房地产开发并转让的土地增值税纳税人，依照法律法规的规定向主管税务机关办理土地增值税预征申报。

【报送资料】

（1）《土地增值税项目报告表（从事房地产开发的纳税人适用）》3份。

（2）《土地增值税纳税申报表（一）（从事房地产开发的纳税人预征适用）》2份。

【办理渠道】

办税服务厅；自助办税终端；网上办理：电子税务局。

【办理时限】

（1）纳税人办理时限。在房地产销售合同签订次月纳税期限内。

（2）税务机关办结时限。资料齐全、符合法定形式、填写内容完整的，税务机关受理后即时办结。

5.9.2 土地增值税清算申报

从事房地产开发的纳税人有下列情形之一的,应办理土地增值税清算申报。
(1)房地产开发项目全部竣工、完成销售的。
(2)整体转让未竣工决算房地产开发项目的。
(3)直接转让土地使用权的。

【报送资料】

(1)清算方式为查账征收的纳税人,应报送:《土地增值税纳税申报表(二)(从事房地产开发的纳税人清算适用)》2份;房地产开发项目清算说明1份,包括房地产开发项目立项、用地、开发、销售、关联方交易、融资、税款缴纳等基本情况及主管税务机关需要了解的其他情况;项目竣工决算报表、取得土地使用权所支付的地价款凭证、国有土地使用权出让合同、银行贷款利息结算通知单、项目工程合同结算单、商品房购销合同统计表、销售明细表、预售许可证等与转让房地产的收入、成本和费用有关的证明资料1份。主管税务机关需要其提供相应项目记账凭证的纳税人,还应报送记账凭证复印件1份;享受土地增值税优惠的纳税人,还应报送减免土地增值税证明材料原件及复印件1份。

(2)清算方式为核定征收的纳税人,应报送:《土地增值税纳税申报表(五)(从事房地产开发的纳税人清算方式为核定征收适用)》2份;税务机关出具的核定文书1份。

【办理渠道】

办税服务厅。

【办理时限】

(1)纳税人办理时限。对于符合应进行土地增值税清算条件的项目,纳税人应当在满足条件之日起90日内到主管税务机关办理清算手续。

对于符合可要求纳税人进行土地增值税清算的项目,由主管税务机关确定是否进行清算;对于确定需要进行清算的项目,由主管税务机关下达清算通知,纳税人应当在收到清算通知之日起90日内办理清算手续。

(2)税务机关办结时限。资料齐全、符合法定形式、填写内容完整的,税务机关受理后即时办结。

5.9.3 房地产项目尾盘销售土地增值税申报

从事房地产开发的纳税人在土地增值税清算时未转让的房地产,清算后销售或有偿转让的,应办理尾盘销售土地增值税纳税申报。

【报送资料】

(1)《土地增值税纳税申报表(四)(从事房地产开发的纳税人清算后尾盘销售适用)》2份。

(2)《清算后尾盘销售土地增值税扣除项目明细表》2份。

(3)享受土地增值税优惠的纳税人,还应报送减免土地增值税证明材料原件及复印件1份。

【办理渠道】

办税服务厅。

【办理时限】

(1)纳税人办理时限。无。

(2)税务机关办结时限。资料齐全、符合法定形式、填写内容完整的,税务机关受理后即时办结。

5.9.4 整体转让在建工程土地增值税申报

整体转让在建工程的纳税人,应办理整体转让在建工程土地增值税申报。

【报送资料】

(1)《土地增值税纳税申报表(六)(纳税人整体转让在建工程适用)》2份。

(2)转让合同、评估报告原件及复印件1份。

(3)其他与整体转让在建工程有关的收入、成本和费用有关的证明资料1份。

(4)享受土地增值税优惠的纳税人,还应报送减免土地增值税证明材料原件及复印件1份。

【办理渠道】【办理时限】 同5.9.3。房地产项目尾盘销售土地增值税申报业务流程。

5.9.5 旧房转让土地增值税申报

非从事房地产开发的纳税人转让房地产,应办理旧房转让土地增值税申报。

从事房地产开发的纳税人将开发产品转为自用、出租等用途且已达到主管税务机关旧房界定标准后,又将该旧房对外出售的,应办理旧房转让土地增值税申报。

【报送资料】

(1)适用查账征收条件的纳税人,应报送:《土地增值税纳税申报表(三)(非从事房地产开发的纳税人适用)》2份;不动产权证(房屋产权证、土地使用权证)、土地转让、房产买卖合同、房地产评估报告原件及复印件1份。享受土地增值税优惠的纳税人,还应报送减免土地增值税证明材料原件及复印件1份。

(2)适用核定征收条件的纳税人,应报送:土地增值税纳税申报表(七)(非从事房地产开发的纳税人核定征收适用)》2份;税务机关出具的核定文书1份。

【办理渠道】【办理时限】同5.9.3。房地产项目尾盘销售土地增值税申报业务流程。

5.10 耕地占用税申报

占用应税土地建房或者从事非农业建设的纳税人,应按照法律法规的规定办理耕地占用税申报。

【报送资料】

(1)《耕地占用税纳税申报表》2份。

(2)税务登记证明原件或身份证明原件。经批准占用应税土地,还应报送农用地转用审批文件原件及复印件1份;未经批准占用应税土地,还应报送实际占地的相关证明材料原件及复印件1份;享受耕地占用税优惠,还应报送减免耕地占用税证明材料复印件1份。

【办理渠道】

办税服务厅。

【办理时限】

(1)纳税人办理时限。获准占用耕地的单位或者个人应当在收到土地管理部门的通知之日起30日内;未经批准占用应税土地的纳税人,应在实际占地之日起30日内。

(2)税务机关办结时限。资料齐全、符合法定形式、填写内容完整的,税务机关受理后即时办结。

5.11 资源税申报

在中华人民共和国领域及管辖海域开采应税矿产品或者生产盐的单位和个人,应按照法律法规的规定办理资源税申报。

【报送资料】

（1）开采以原矿为征税对象的应税产品的纳税人，应报送：《资源税纳税申报表》2份；《资源税纳税申报表附表（一）（原矿类税目适用）》2份；享受资源税优惠的纳税人，还应报送《资源税纳税申报表附表（三）（减免税明细）》2份。

（2）开采以精矿为征税对象的应税产品的纳税人，应报送：《资源税纳税申报表》2份；《资源税纳税申报表附表（二）（精矿类税目适用）》2份；享受资源税优惠的纳税人，还应报送《资源税纳税申报表附表（三）（减免税明细）》2份。

（3）经营中外合作油气田和中国海洋石油总公司海上自营油气田的纳税人，应报送：《中外合作及海上自营油气田资源税纳税申报表》2份。

【办理渠道】

办税服务厅。

【办理时限】

（1）纳税人办理时限。资源税纳税人的纳税期限为1日、3日、5日、10日、15日或者1个月，由主管税务机关根据实际情况具体核定。不能按固定期限计算纳税的，可以按次计算纳税。纳税人以一个月为一期纳税的，自期满之日起10日内申报纳税；以1日、3日、5日、10日或者15日为一期纳税的，自期满之日起5日内预缴税款，于次月1日起10日内申报纳税并结清上月税款。遇最后一日是法定休假日的，以休假日期满的次日为期限的最后一日；在期限内有连续3日以上法定休假日的，按休假日天数顺延。

（2）税务机关办结时限。资料齐全、符合法定形式、填写内容完整的，税务机关受理后即时办结。

5.12 契税申报

在中华人民共和国境内转移土地、房屋权属，承受的单位和个人为契税的纳税人，契税纳税人应依照税收法律、法规、规章及其他有关规定，自纳税义务发生之日起10日内，填报《契税纳税申报表》和其他相关资料，向土地、房屋所在地的契税征收机关办理纳税申报。

契税申报一般由税务机关与不动产登记中心联网的房地产交易税费系统完成。本事项是指不在房地产交易税费一般流程、特殊流程申报，而在房产土地所在地的主管税务机关单独申报的契税申报流程。

【报送资料】

《契税纳税申报表》2份;身份证明验原件1份;不动产权属转移合同1份;发票原件及复印件1份。享受契税优惠的,还应报送减免契税证明材料原件及复印件1份。

【办理渠道】

办税服务厅。

【办理时限】

(1)纳税人办理时限。签订有效房地产权属转移合同后、办理产权证之前。

(2)税务机关办结时限。资料齐全、符合法定形式、填写内容完整的,税务机关受理后即时办结。

【办理流程】

办理流程如图5-16所示。

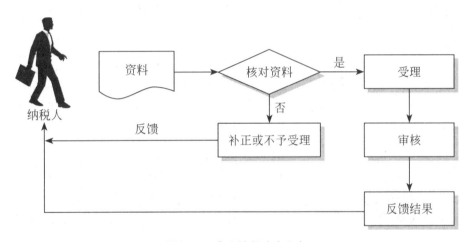

图5-16 办理流程(十六)

5.13 印花税申报

在中华人民共和国境内书立、领受印花税应税凭证的单位和个人,在合同签订时、书据立据时、账簿启用时和证照领受时,应办理印花税申报。

【报送资料】

《印花税纳税申报(报告)表》2份。

【办理渠道】

办税服务厅；网上办理：电子税务局，移动终端（税务局）。

【办理时限】

（1）纳税人办理时限。纳税人应当在合同的签订时、书据的立据时、账簿的启用时和证照的领受时贴花。

（2）税务机关办结时限。资料齐全、符合法定形式、填写内容完整的，税务机关受理后即时办结。

【办理流程】

办理流程如图5-17所示。

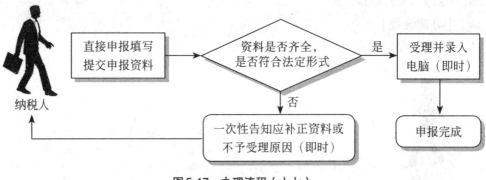

图5-17　办理流程（十七）

5.14　车船税申报

5.14.1　车辆车船税申报

市内车辆的所有人或者管理人为车辆车船税的纳税人，应依照税收法律、法规、规章及其他有关规定，在规定的纳税期限内，向税务机关进行申报。

【报送资料】

《车船税纳税申报表》2份。《车船税纳税申报表》的报送条件为单位纳税人，个人免填表。

【办理渠道】

办税服务厅；微信（税务局）。

【办理时限】

（1）纳税人办理时限。车船税纳税义务发生时间为取得车船所有权或者管理权的当月；车船税按年申报，分月计算，一次性缴纳。

（2）税务机关办结时限。资料齐全、符合法定形式、填写内容完整的，税务机关受理后即时办结。

【办理流程】

同5.13印花税申报业务办理流程。

5.14.2　船舶车船税申报

市内船舶的所有人或者管理人为船舶车船税的纳税人，应依照税收法律、法规、规章及其他有关规定，在规定的纳税期限内，向税务机关进行申报。

【报送资料】

《车船税纳税申报表》2份；《车船税纳税申报表》的报送条件为单位纳税人，个人免填表。

【办理渠道】

办税服务厅。

【办理时限】

（1）纳税人办理时限。车船税纳税义务发生时间为取得车船所有权或者管理权的当月；车船税按年申报，分月计算，一次性缴纳。

（2）税务机关办结时限。资料齐全、符合法定形式、填写内容完整的，税务机关受理后即时办结。

【办理流程】

同5.13印花税申报业务办理流程。

5.14.3　微信缴纳车船税

【办理渠道】

微信（税务局）。

【办理时限】

（1）纳税人办理时限。车船税纳税义务发生时间为取得车辆所有权或者管理权的当月；车船税按年申报，分月计算，一次性缴纳。

（2）税务机关办结时限。即时办结。

【办理流程】

办理流程如图5-18所示。

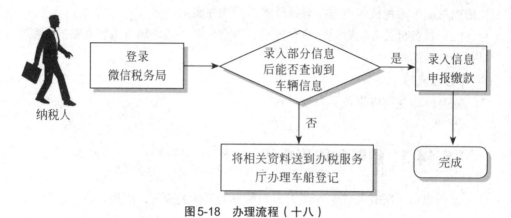

图5-18 办理流程（十八）

5.15 环境保护税申报

在中华人民共和国领域和中华人民共和国管辖的其他海域，直接向环境排放应税污染物的企业事业单位和其他生产经营者，应依照法律法规的规定办理环境保护税申报。

【报送资料】

（1）首次申报或基础信息发生变化时，应报送：《环境保护税基础信息采集表》1份。适用于采集应税大气、水污染物相关基础信息，应报送《大气、水污染物基础信息采集表》1份；适用于采集应税固体废物相关基础信息，应报送《固体废物基础信息采集表》1份；适用于采集应税噪声相关基础信息，应报送《噪声基础信息采集表》1份；适用于采集纳税人产排污系数等相关基础信息，应报送《产排污系数基础信息采集表》1份。

（2）通过自动监测、监测机构监测、排污系数和物料衡算法计算污染物排放量的纳税人，应报送：《环境保护税纳税申报表（A类）》1份；适用于对大气污染物按月明细计算排放量，应报送《环境保护税按月计算报表（大气污染物适用）》1份；适用于对水污染物按月明细计算排放量，应报送《环境保护税按月计算报表（水污染物适用）》1份；适用于对固体废物按月明细计算排放量，应报送《环境保护税按月计算报表（固体废物适用）》1份；适用于对工业噪声按月明细计算排放量，应报送《环境保护税按月计算报表（噪声适用）》1份；适用于享受减免税优惠纳税人的减免税明细计算申报，应报送《环境保护税减免税明细计算报表》1份。

（3）除适用A类申报之外的其他纳税人，包括按次申报的纳税人，应报送：《环境保护税纳税申报表（B类）》1份，除按次申报外，纳税人应按月填写B类表，按季申报。

【办理渠道】

办税服务厅；电子税务局。

【办理时限】

（1）纳税人办理时限。纳税人按季申报缴纳的，应当自季度终了之日起十五日内，向税务机关办理纳税申报并缴纳税款；纳税人按次申报缴纳的，应当自纳税义务发生之日起十五日内，向税务机关办理纳税申报并缴纳税款。

（2）税务机关办结时限。资料齐全、符合法定形式、填写内容完整的，税务机关受理后即时办结。

【注意事项】

（1）环境保护税按月计算，按季申报缴纳。不能按固定期限计算缴纳的，可以按次申报缴纳。

（2）纳税人按季申报缴纳的，应当自季度终了之日起15日内，向税务机关办理纳税申报并缴纳税款。纳税人按次申报缴纳的，应当自纳税义务发生之日起15日内，向税务机关办理纳税申报并缴纳税款。

（3）纳税人在纳税期内没有应纳税款的，也应当按照规定办理纳税申报。

5.16 城市维护建设税申报

在中华人民共和国境内缴纳增值税、消费税的单位和个人，应向税务机关办理城市维护建设税申报。

【报送资料】

《城市维护建设税、教育费附加、地方教育附加税（费）申报表》2份。根据国家税务总局2019年第5号的最新规定，申报表已经修改。

【办理渠道】

办税服务厅；自助办税终端；网上办理；电子税务局。

【办理时限】

（1）纳税人办理时限。缴纳增值税、消费税的单位和个人依据税收法律、法规、规章及其他有关规定以其实际缴纳的增值税、消费税税额为计税依据，与对应的增值税、消费税同时缴纳，并向税务机关进行纳税申报。

（2）税务机关办结时限。资料齐全、符合法定形式、填写内容完整的，税务机关受理后即时办结。

【注意事项】

（1）增值税小规模纳税人随增值税、消费税附征的城市维护建设税，原则上实行按季申报。纳税人要求不实行按季申报的，由主管税务机关根据其应纳税额大小核定纳税期限。

（2）纳税人享受减税、免税待遇的，在减税、免税期间应当按照规定办理纳税申报。纳税人自2018年7月27日起实行增值税期末留抵退税的，允许从城市维护建设税的计征依据中扣除退还的增值税税额。

（3）纳税人应勾选"本期是否使用增值税小规模纳税人减征政策"，勾选"是"的纳税人自动享受相关税收优惠政策，无需额外提供材料。

5.17 房地产交易税申报

5.17.1 房地产交易税费征收（一般流程）

可通过房地产交易税费征收系统自动计算税款，且纳税人选择在房地产权登记中心缴纳税款的常规房地产权属转移，适用一般流程。

【报送资料】

《房地产交易税费申报表》1份。

【办理渠道】

房地产权登记中心。

【办理时限】

（1）纳税人办理时限。办理产权证之前。

（2）税务机关办结时限。资料齐全、符合法定形式、填写内容完整的，登记中心受理后限时办结。

第5章 纳税申报业务

【办理流程】

办理流程如图5-19所示。

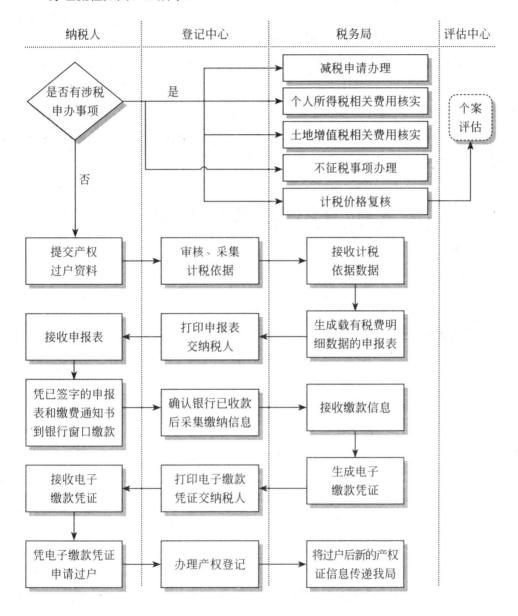

图5-19 办理流程（十九）

【注意事项】

（1）纳税人在向产权登记中心提交过户资料前，如涉及计税价格复核、个人所得税相关费用核实、个人土地增值税相关费用核实、税收优惠、不征税等涉税事项，应先向房产所在地主管税务机关申报办理，待事项办结后，再向产权登记中心提交纳税申报资料；如不涉及上述涉税事项，纳税人直接向产权登记中心提交纳税申报资料。

（2）产权登记中心受理纳税人提交的纳税申报资料后，打印申报表交付纳税人签字确认，纳税人持已签字的申报表和登记中心出具的《缴款通知书》到银行窗口缴纳税费。

（3）产权登记中心打印电子缴款凭证并加盖公章后，交付纳税人。

（4）纳税人向产权登记中心提交电子缴款凭证等相关资料，产权登记中心查验完税情况后，按照"先税后证"原则办理产权登记。

5.17.2 房地产交易税费征收（特殊流程）

无法通过房地产交易税费征收系统自动计算税款的特殊房地产权属转移或纳税人选择在税务机关缴纳税款的常规房地产权属转移，适用特殊流程。由房地产所在地的主管税务机关办理。

【报送资料】

流程需缴税情况说明1份；书面申请1份；房地产交易转让方和受让方身份证件（验原件）1份；房地产交易合同（或具有合同性质的文书）1份；房地产证（不动产登记证）复印件（验原件）1份；税务机关要求的其他资料1份。

【办理渠道】

办税服务厅。

【办理时限】

（1）纳税人办理时限。办理产权证之前。

（2）税务机关办结时限。资料齐全、符合法定形式、填写内容完整的，税务机关受理后限时办结。

【办理流程】

办理流程如图5-20所示。

图5-20 办理流程（二十）

5.17.3 存量房交易计税价格复核流程

存量房交易的计税价格,以交易双方签订的合同成交价格为依据。对申报的计税依据明显偏低且无正当理由的,按计税参考价格核定计征存量房交易环节各项税款。申报的计税依据明显偏低且有正当理由的,或对计税参考价格有异议,需进行计税价格复核申办管理。

税务机关将对相关证据的合法性、合理性和关联性进行调查,并依据调查结果确定其计税价格。

【报送资料】

书面申请1份;房产证复印件(验原件)1份;房地产交易合同复印件(验原件)1份;交易双方身份证明(验原件)1份;证明交易双方身份关系的证明或者能够说明计税参考价格有误的证据资料复印件(验原件)1份;银行出具的交易资金往来记录复印件(验原件)1份;存量房交易计税参考价格查询界面打印件1份;税务机关要求的其他资料复印件(验原件)1份。

【办理渠道】

(1)简易流程复核。评估中心

(2)税务机关复核。房产所在地主管税务机关办税服务大厅。

【办理时限】

(1)纳税人办理时限。办理产权证之前。

(2)税务机关办结时限。资料齐全、符合法定形式、填写内容完整的,税务机关受理后限时办结。

【办理流程】

审核流程分简易流程和税务机关复核流程两种。纳税人可选择按简易流程或税务机关复核流程进行计税参考价格的复核。

(1)简易流程。纳税人对于计税参考价格有异议或者需要咨询计税参考价格有关的内容,可持所需资料到评估中心咨询窗口,填写《计税参考价格咨询表》。纳税人本人不能亲自到咨询窗口的,需提供委托书、被委托人的身份证原件及复印件、委托人身份证复印件、当事房地产的房地产证原件及复印件,由被委托人办理相关事宜。评估中心在2~10个工作日内做出解释意见。

纳税人对评估中心做出的解释意见有异议的,可向房产所在地主管税务机关申请复核,并按税务机关复核流程办理。

(2)税务机关复核流程。纳税人持所需资料到房产所在地主管税务机关申请计税参考价格复核。税务机关受理后,对纳税人申诉有正当理由的,或对计税参考价格有异议的,税务机关主管科(所)负责约谈房屋交易纳税人。

5.17.4 个人房地产交易土地增值税费用核实流程

个人房地产交易涉及的土地增值税征收分为核定和核实两种征收方式。在适用核实征收方式时，纳税人需持相关资料到房产所在地主管税务机关申请土地增值税相关费用核实。

因个人转让住房免征土地增值税，该流程仅适用个人转让存量非住宅类房产且能提供合法有效的房屋购买合同、发票等房产原值凭证，以及规定扣除项目及费用相关凭证的情形。

纳税人仅能提供合法有效的房屋购买合同、发票等房产原值凭证，不能提供合理费用相关凭证的，无需办理此流程，可直接由登记中心受理并代征相关税款。

【报送资料】

书面申请1份；《土地增值税扣除项目审核表》1份；《申明书》1份；交易双方身份证明（验原件）1份；房产证复印件（验原件）1份；购房发票复印件（验原件）1份；原购房契税发票复印件（验原件）1份；其他扣除凭证复印件（验原件）1份；房地产交易合同复印件（验原件）1份；存量房交易计税参考价格查询界面打印件1份；税务机关要求的其他资料复印件（验原件）1份。

说明：房屋原值的凭证及规定扣除项目凭证属于转让土地使用权的，原值及扣除项目指取得土地使用权所支付的金额和相关税费；属于转让原购买房产不足一年的，原值及扣除项目是指原房产购买价格和相关税费；属于转让原购置房产一年以上转让的，原值及扣除项目是指原房产购买价格、加计扣除数和相关税费；属于转让自建房产不足一年的，原值及扣除项目是指取得土地使用权所支付的金额、建造价格和相关税费；属于转让自建房产一年以上的，原值及扣除项目是指取得土地使用权所支付的金额、原自建房产的评估价格和相关税费。其中，相关税费是指营业税、城市建设维护费、印花税、教育费附加、地方教育费附加、上个购房环节支付的契税、产权交易缴纳的费用、公证费、手续费等。

【办理渠道】

办税服务厅。

【办理时限】

（1）纳税人办理时限。办理产权证之前。

（2）税务机关办结时限。资料齐全、符合法定形式、填写内容完整的，税务机关受理后限时办结。

【办理流程】

办理流程如图5-21所示。

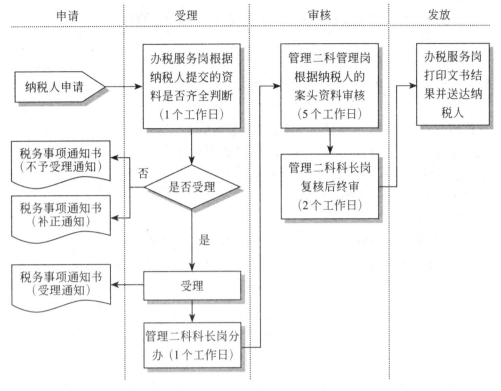

图5-21 办理流程(二十一)

5.17.5 个人房地产交易个人所得税费用核实流程

个人房地产交易涉及的个人所得税征收分为核定和核实两种征收方式。在采用核实征收方式时,为保证房产原值和合理费用核实工作的准确性,需纳税人至房地产所在地的主管税务机关进行个人所得税相关费用核实申办管理。

【报送资料】

书面申请1份;房产证复印件(验原件)1份;房地产交易合同复印件(验原件)1份;交易双方身份证明(验原件)1份;合理费用的凭证复印件(验原件)1份;存量房转让数据登记审核表1份;银行出具的交易资金往来记录复印件(验原件)1份;存量房交易计税参考价格查询界面打印件1份;税务机关要求的其他资料复印件(验原件)1份。

【办理渠道】【办理时限】【办理流程】同5.17.4个人房地产交易土地增值税费用核实流程。

5.17.6 企业纳税人存量房交易土地增值税

企业单位、事业单位、国家机关和社会团体及其他组织转让存量房的,由房地产所在地主管税务机关依申请对其适用的存量房转让土地增值税政策进行核实。

其中企业之间(转让方和受让方均为企业)直接转让存量非住宅涉及的土地增值税已于2019年5月21日起委托不动产登记中心代征(不适用本指南);企业间直接转让土地使用权、采用旧房及建筑物的评估价格进行扣除、采用核定征收或者法院拍卖房转让等其他情形(含委托代征存在争议的)的,由纳税人到房屋坐落地税务机关缴纳土地增值税。

【报送资料】

《土地增值税纳税申报表(三)》(一式三份)3份;法人身份证或经办人身份证复印件各1份;房地产证及复印件各1份;买卖合同及复印件各1份;税务机关根据实际情况要求提供的其他资料1份。

说明:

(1)存量房计税参考价格由前台受理人员自行查询打印,无法查询的可由纳税人提供;承诺书由纳税人签章即可。

(2)请携带不动产登记中心出具的土地增值税办税通知书、已缴本次增值税及附加税、印花税电子缴款凭证及复印件;税务机关根据实际情况要求提供的其他资料包括购房发票及复印件等和成本相关的材料。

(3)由纳税人出具的相关资料需加盖公章,复印件需验原件(法人身份证除外)。房产证原件如已经缴存到不动产登记中心,无需提供原件。

【办理渠道】

办税服务厅。

【办理时限】

(1)纳税人办理时限。办理产权证之前。

(2)税务机关办结时限。资料齐全、符合法定形式、填写内容完整的,税务机关受理后五个工作日内办结。

【办理流程】

办理流程如图5-22所示。

图5-22 办理流程(二十二)

5.17.7 企业之间存量非住宅转让（不动产登记中心代征）土地增值税

转让方和受让方均为企业纳税人之间直接转让存量非住宅涉及的土地增值税于 2019 年 5 月 21 日起由委托不动产登记中心代征。企业间直接转让土地使用权、采用旧房及建筑物的评估价格进行扣除、采用核定征收、法院拍卖房转让以及委托代征存在争议、异常等情形的，由纳税人到房屋坐落地税务机关缴纳土地增值税。

【报送资料】

原购房（上一手）发票（营业税、增值税普通发票、增值税专用发票）复印件 1 份；验原件。

说明：原购房（上一手）契税完税凭证代征系统能够查询的，无需纳税人提供，系统无法查询的，由纳税人提供复印件，验原件。

【办理时限】

1 个工作日。

5.18 定期定额户申报

5.18.1 定期定额户自行申报

定期定额户纳税人自行申报的情形：定期定额户不适用简易申报、未达起征点双定户达到起征点后申报、定期定额户超定额申报。

定期定额户发生定额与发票开具金额记录数据比对后，超过定额的经营额、所得额所应缴纳的税款；在税务机关核定定额的经营地点以外从事经营活动所缴纳的税款等情形，应当向税务机关办理纳税相关事宜。

对实行简并征期的定期定额户，其按照定额所应缴纳的税款在规定的期限内申报纳税不加收滞纳金。

除增值税小规模纳税人（定期定额户）以外的定期定额户自行申报的情形。

【报送资料】

《定期定额纳税申报表》1 份；使用税控收款机的纳税人需提供税控收款机用户卡或存储开票信息的存储介质 1 份（查验）。

【办理渠道】

办税服务厅；自助办税终端；网上办理：电子税务局、微信（税务局）。

【办理时限】

（1）纳税人办理时限。小规模纳税人增值税以1个季度为1个纳税期，自期满之日起15日内申报纳税。

（2）税务机关办结时限。即时办结

【办理流程】

办理流程如图5-23所示。

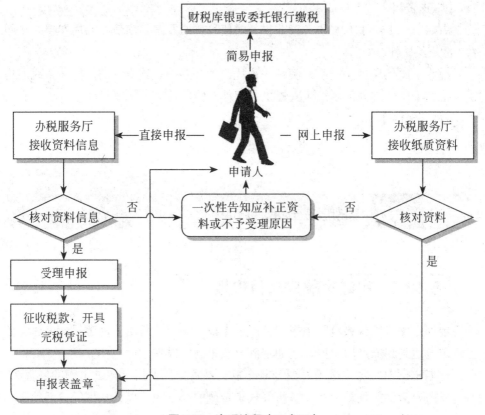

图5-23 办理流程（二十三）

5.18.2 定期定额户分月汇总申报

定期定额个体工商户（含未达起征点个体工商户）在定额执行期结束后，应当将该期每月实际发生经营额、所得额向税务机关申报（以下简称分月汇总申报），申报额超过定额的，税务机关按照申报额所应缴纳的税款减去已缴纳税款的差额补缴税款。申报额低于定额的，按定额缴纳税款。

定期定额户注销税务登记，应当向税务机关进行分月汇总申报并缴清税款。定期定额户在定额执行期届满分月汇总申报时，月申报额高于定额又低于省税务机关规定申报幅度的应纳税款，在规定的期限内申报纳税不加收滞纳金。

【报送资料】

《定期定额个体工商户纳税分月（季）汇总申报表》1份。

【办理渠道】

办税服务厅；自助办税终端；网上办理：电子税务局。

【办理时限】

（1）纳税人办理时限。定期定额户在定额执行期结束后，应当以该期每月实际发生的经营额向税务机关申报，申报期限为执行期结束后的90日内。

（2）税务机关办结时限。即时办结。

【办理流程】

同5.18.1定期定额户自行申报业务办理流程。

第 6 章

出口退（免）税业务

6.1　出口退（免）税备案

6.2　出口退（免）税办理

6.3　出口证明开具

6.1 出口退（免）税备案

6.1.1 出口退（免）税备案

出口企业或其他单位首次向税务机关申报出口退（免）税，应向主管税务机关办理出口退（免）税备案；出口企业或其他单位备案登记的内容发生变更的，须自变更之日起30日内办理备案变更，需注销税务登记或撤回备案的应向税务机关申请办理撤回出口退（免）税备案手续。

【报送资料】

报送资料如表6-1所示。

表6-1 报送资料

序号	材料名称	数量	备注
1	《出口退（免）税备案表》及电子数据	各1份	备案表中的"退税开户银行账户"须从税务登记的银行账号中选择一个填报
以下为条件报送资料			
已办理对外贸易经营者备案登记且从事出口货物劳务的对外贸易经营者还需报送	《对外贸易经营者备案登记表》（加盖备案登记专用章）	1份	
出口企业或其他单位（未办理备案登记的发生委托出口业务的生产企业和横琴、平潭区内水电气企业除外）的还需报送	《中华人民共和国海关报关单位注册登记证书》或《海关进出口货物收发货人备案回执》	1份	2019年2月1日之后办理《报关单位注册登记证书》（进出口货物收发货人）的企业，进行出口退（免）税备案时，可以使用加盖海关印章的《海关进出口货物收发货人备案回执》代替《中华人民共和国海关报关单位注册登记证书》
横琴、平潭之外的外商投资企业还需报送	《中华人民共和国外商投资企业批准证书》	1份	

续表

以下为条件报送资料			
未办理备案登记发生委托出口业务的生产企业还需报送	委托代理出口协议	1份	
从事国际水路运输的增值税零税率应税服务提供者还需报送	《国际船舶运输经营许可证》复印件	1份	
从事国际航空运输的增值税零税率应税服务提供者还需报送	经营范围包括"国际航空客货邮运输业务"的《公共航空运输企业经营许可证》复印件或经营范围包括"公务飞行"的《通用航空经营许可证》复印件	1份	
从事国际公路运输的增值税零税率应税服务提供者还需报送	经营范围包括"国际运输"的《道路运输经营许可证》复印件和《国际汽车运输行车许可证》复印件	1份	
从事国际铁路运输的增值税零税率应税服务提供者还需报送	经营范围包括"许可经营项目：铁路客货运输"的《企业法人营业执照》或其他具有提供铁路客货运输服务资质的证明材料复印件	1份	
从事航天运输的增值税零税率应税服务提供者还需报送	经营范围包括"商业卫星发射服务"的《企业法人营业执照》或其他具有提供商业卫星发射服务资质的证明材料复印件	1份	
以公路运输方式提供内地往返香港、澳门的交通运输服务的还需报送	《道路运输经营许可证》及持《道路运输证》的直通港澳运输车辆的物权证明复印件	1份	
以水路运输方式提供内地往返香港、澳门交通运输服务的还需报送	获得港澳线路运营许可船舶的物权证明复印件	1份	
以水路运输方式提供大陆往返台湾交通运输服务的还需报送	《台湾海峡两岸间水路运输许可证》及持《台湾海峡两岸间船舶营运证》船舶的物权证明复印件	1份	

续表

	以下为条件报送资料		
以航空运输方式提供港澳台运输服务的还需报送	经营范围包括"国际、国内（含港澳）航空客货邮运输业务"的《公共航空运输企业经营许可证》或者经营范围包括"公务飞行"的《通用航空经营许可证》复印件	1份	
以铁路运输方式提供内地往返香港的交通运输服务的还需报送	经营范围包括"许可经营项目：铁路客货运输"的《企业法人营业执照》或其他具有提供铁路客货运输服务资质的证明材料复印件	1份	
采用程租、期租和湿租方式租赁交通运输工具用于国际运输服务和港澳台运输服务的企业还需报送	程租、期租和湿租合同或协议原件及复印件	1份	
对外提供研发服务或设计服务的还需报送	《技术出口合同登记证》原件及复印件	1份	
增值税零税率应税服务提供者出口货物劳务，且未办理过出口退（免）税备案的还需报送	加盖备案登记专用章的《对外贸易经营者备案登记表》和《中华人民共和国海关报关单位注册登记证书》的原件及复印件	1份	2019年2月1日之后办理《报关单位注册登记证书》（进出口货物收发货人）的企业，可以使用加盖海关印章的《海关进出口货物收发货人备案回执》代替《中华人民共和国海关报关单位注册登记证书》
退税代理机构办理出口退（免）税备案时还需报送	与省税务局签订的服务协议	1份	
办理出口退（免）税变更时，根据变更内容、项目不同还需报送	《出口退（免）税备案变更表》及电子数据	1份	备案变更表中的"退税开户银行账户"须从税务登记的银行账号中选择一个填报
	有关变更项目的批准文件、证明材料复印件	1份	
	增值税零税率应税服务，应报送增值税零税率应税服务变更项目对应的资料	1份	

续表

以下为条件报送资料			
办理撤回出口退（免）税备案时应报送	《出口退（免）税备案撤回表》及电子数据	1份	
办理撤回出口退（免）税备案时属于合并、分立、改制重组的申请企业应报送	合并、分立、改制重组企业决议，合并、分立、改制重组企业章程及相关部门批件	1份	
	需承继撤回备案企业权利和义务的，应报送《未结清退（免）税确认书》	1份	

【办理渠道】

办税服务厅。

【办理时限】

（1）纳税人办理时限。首次向税务机关申报出口退（免）税前办理备案。自变更之日起30日内办理备案变更。

（2）税务机关办结时限。资料齐全、符合法定形式、填写内容完整的，税务机关受理后即时办结。

【办理流程】

办理流程如图6-1所示。

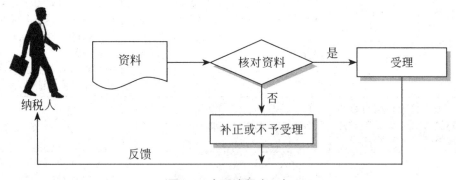

图6-1　办理流程（一）

6.1.2　集团公司成员企业备案

集团公司收购视同自产货物申报免抵退税的，集团公司总部向所在地主管税务机关申请办理集团公司成员企业备案手续。集团公司成员企业备案内容发生变更的，集团公司总部应向主管税务机关报送相关资料，重新办理备案。

【报送资料】

（1）《集团公司成员企业备案表》及电子数据各1份。

（2）集团公司总部首次办理集团公司成员企业备案业务时报送集团公司总部及控股生产企业的营业执照副本复印件1份、集团公司总部及控股生产企业的章程复印件1份。

（3）集团公司总部办理集团公司成员企业备案变更业务时报送与变更事项相关的证明材料原件及复印件1份。

【办理渠道】

办税服务厅。到主管税务机关办理。

【办理时限】

（1）纳税人办理时限。首次向税务机关申报免抵退税前办理备案。

（2）税务机关办结时限。资料齐全、符合法定形式、填写内容完整的，税务机关受理后即时办结。

【办理流程】

同6.1.1出口退（免）税备案业务办理流程。

6.1.3 融资租赁企业退税备案

融资租赁出租方应在首份融资租赁合同签订之日起30日内，向主管税务机关办理经营融资租赁退税备案手续。

融资租赁出租方退税备案内容变更或撤回的，需向税务机关办理备案变更或备案撤回手续。

【报送资料】

报送资料如表6-2所示。

表6-2 报送资料

序号	材料名称	数量	备注
1	《出口退（免）税备案表》及电子数据	各1份	备案表中的"退税开户银行账户"须从纳税人向税务机关报告的银行账号中选择一个填报，电子数据1份

续表

序号	材料名称	数量	备注
2	从事融资租赁业务资质证明	1份	
3	融资租赁合同	1份	有法律效力的中文版
以下为条件报送资料			
融资租赁出口货物的，还应报送	对外贸易经营者备案登记表（加盖备案登记专用章）或中华人民共和国海关报关单位注册登记证书原件及复印件	1份	2019年2月1日之后办理《报关单位注册登记证书》（进出口货物收发货人）的企业，可以使用加盖海关印章的《海关进出口货物收发货人备案回执》代替《中华人民共和国海关报关单位注册登记证书》
	中华人民共和国外商投资企业批准证书原件及复印件		
融资租赁货物出口退（免）税备案变更应报送	《出口退（免）税备案变更申请表》	2份	
	有关变更项目的批准文件、证明材料复印件	1份	
融资租赁货物出口退（免）税备案撤回应报送	《出口退（免）税备案撤回申请表》	2份	
融资租赁货物出口退（免）税备案撤回时属于合并、分立、改制重组的申请企业应报送	合并、分立、改制重组企业决议，合并、分立、改制重组企业章程及相关部门批件	1份	
	需承继撤回备案企业权利和义务的，应报送《未结清退（免）税确认书》	1份	

【办理渠道】

办税服务厅。

【办理时限】

（1）纳税人办理时限。在首份融资租赁合同签订之日起30日内。

（2）税务机关办结时限。资料齐全、符合法定形式、填写内容完整的，税务机关受理后即时办结。

【办理流程】

同6.1.1出口退（免）税备案业务办理流程。

6.1.4 边贸代理出口备案

从事以边境小额贸易方式代理外国企业、外国自然人报关出口货物业务的企业，需在货物报关出口之日（以出口货物报关单上的出口日期为准）次月起至次年4月30日前的增值税纳税申报期内，向主管税务机关申请办理边贸代理报关出口备案手续。

【报送资料】

《以边境小额贸易方式代理外国企业、外国自然人报关出口货物备案表》及电子数据各1份；代理出口协议原件及复印件1份；代理出口协议以外文拟定的，应报送中文翻译版本；委托方经办人护照或外国边民的边民证原件和复印件1份。

【办理渠道】

办税服务厅。

【办理时限】

（1）纳税人办理时限。在货物报关出口之日（以出口货物报关单上的出口日期为准）次月起至次年4月30日前的增值税纳税申报期内。

（2）税务机关办结时限。资料齐全、符合法定形式、填写内容完整的，税务机关受理后即时办结。

【办理流程】

同6.1.1出口退（免）税备案业务办理流程。

6.1.5 退税商店备案

符合规定条件且有意向备案的退税商店可以直接或委托退税代理机构向主管税务机关申请退税商店备案。

退税商店备案资料所载内容发生变化的，应自有关变更之日起10日内向主管税务机关办理变更手续。

【报送资料】

《境外旅客购物离境退税商店备案表》2份；申请退税商店备案变更的，还应报送备案资料内容发生变化的相关证件及资料1份。

【办理渠道】

办税服务厅。退税商店到主管税务机关办理。

【办理时限】

（1）纳税人办理时限。有关变更之日起10日内向主管税务机关办理变更手续。

(2) 税务机关办结时限。税务机关应在受理后20个工作日内办结。

【办理流程】

同6.1.1出口退（免）税备案业务流程。

6.1.6 出口企业放弃退（免）税权备案

出口企业或其他单位放弃全部适用退（免）税政策出口货物劳务的退（免）税，选择适用增值税免税政策或征税政策；出口企业放弃适用增值税免税政策的出口货物劳务，实行增值税征税政策；增值税零税率应税服务提供者放弃适用增值税零税率政策，选择增值税免税政策或征税政策，应向主管税务机关申请办理放弃退（免）税权备案。

【报送资料】

(1) 放弃适用增值税退（免）税政策出口货物劳务的退（免）税，应报送《出口货物劳务放弃退（免）税声明》及电子数据各1份。

(2) 放弃适用增值税免税政策的出口货物劳务的免税，应报送《出口货物劳务放弃免税权声明表》及电子数据各1份。

(3) 放弃适用增值税零税率政策，应报送《放弃适用增值税零税率声明》及电子数据各1份。

【办理渠道】

办税服务厅。

【办理时限】

(1) 纳税人办理时限。无。

(2) 税务机关办结时限。资料齐全、符合法定形式、填写内容完整的，税务机关受理后即时办结。

【注意事项】

出口企业或其他单位报送《出口货物劳务放弃退（免）税声明》办理备案手续的，自备案次日起36个月内，其出口货物劳务适用增值税免税政策或征税政策。

出口企业或其他单位报送《出口货物劳务放弃免税权声明表》办理备案手续的，自备案次月起执行征税政策，36个月内不得变更。

增值税零税率应税服务提供者报送《放弃适用增值税零税率声明》办理备案手续的，自备案次月1日起36个月内，提供的增值税零税率应税服务，不得申报增值税退（免）税。

放弃适用退（免）税政策的出口企业，应在结清出口退（免）税款后向主管税务机关申请办理备案手续。

【办理流程】

同6.1.1出口退（免）税备案业务办理流程。

6.1.7　出口企业申请出口退（免）税业务提醒服务

出口企业或其他单位可向主管税务机关申请免费的出口退（免）税业务提醒服务。

【报送资料】

《出口企业或其他单位选择出口退税业务提醒信息申请表》及电子数据各1份。

【办理渠道】

办税服务厅。

【办理时限】

（1）纳税人办理时限。无。

（2）税务机关办结时限。资料齐全、符合法定形式、填写内容完整的，税务机关受理后即时办结。

【办理流程】

同6.1.1出口退（免）税备案业务办理流程。

特别提示

已申请出口退（免）税业务提醒服务的，企业负责人、联系电话、邮箱等相关信息发生变化时，应及时向主管税务机关申请变更。

6.1.8　跨境应税行为免征增值税备案

纳税人发生免征增值税跨境应税行为，应在首次享受免税的纳税申报期内，或在各省税务机关规定的申报征期后的其他期限内，到主管税务机关办理跨境应税行为免征增值税备案手续。

【报送资料】

报送资料如表6-3所示。

表6-3 报送资料

以下为条件报送资料			
情形	材料名称	数量	备注
纳税人发生除符合零税率政策但适用简易计税方法或声明放弃适用零税率选择免税以外的免征增值税跨境应税行为的应报送	《跨境应税行为免税备案表》	2份	合同原件为外文的,应提供中文翻译件并由法定代表人(负责人)签字或者单位盖章
	发生除为出口货物提供的邮政服务、收派服务、保险服务和符合零税率政策但适用简易计税方法或声明放弃适用零税率选择免税以外的免征增值税跨境应税行为还需报送	跨境销售服务或无形资产的合同原件及复印件	1份	
	工程项目在境外的建筑服务、工程项目在境外的工程监理服务、工程、矿产资源在境外的工程勘察勘探服务、会议展览地点在境外的会议展览服务、存储地点在境外的仓储服务、标的物在境外使用的有形动产租赁服务、在境外提供的广播影视节目(作品)的播映服务、在境外提供的文化体育服务、教育医疗服务、旅游服务、广告投放地在境外的广告服务还需报送	服务地点在境外的证明材料原件及复印件	1份	
	提供国际运输服务的还需报送	实际发生相关业务的证明材料	1份	
	向境外单位销售服务或无形资产还需报送	服务或无形资产购买方的机构所在地在境外的证明材料	1份	
纳税人发生符合零税率政策但适用简易计税方法或声明放弃适用零税率选择免税的免征增值税跨境应税行为的应报送	已向办理增值税免抵退税或免退税的主管税务机关备案的《放弃适用增值税零税率声明》	1份	
	该项应税行为享受零税率到主管税务机关办理增值税免抵退税或免退税申报时需报送的材料和原始凭证	1份	

【办理渠道】

办税服务厅。外贸企业一般纳税人到直属税务分局，生产企业及小规模纳税人到主管税务机关。

【办理时限】

（1）纳税人办理时限。在首次享受免税的纳税申报期内，或在各省税务机关规定的申报征期后的其他期限内。

（2）税务机关办结时限。资料齐全、符合法定形式、填写内容完整的，税务机关受理后即时办结。

【办理流程】

同6.1.1出口退（免）税备案业务办理流程。

6.1.9 生产企业委托代办出口退税备案

符合条件的生产企业首次委托综合服务企业代办退税前，应当向主管税务机关办理委托代办出口退税备案。

【报送资料】

《代办退税情况备案表》及电子数据各1份；代办退税账户1份。

【办理渠道】

办税服务厅。到主管税务机关办理。

【办理时限】

（1）纳税人办理时限。首次委托综服企业代办退税前。

（2）税务机关办结时限。资料齐全、符合法定形式、填写内容完整的，税务机关受理后即时办结。

【办理流程】

同6.1.1出口退（免）税备案业务办理流程。

6.1.10 外贸综合服务企业代办退税备案

符合条件的外贸综合服务企业应在为每户生产企业首次代办退税前，应当向主管税务机关办理代办退税备案。

【报送资料】

（1）《代办退税情况备案表》及电子数据各1份。

(2) 综服企业首次办理代办退税备案：代办退税内部风险管控制度（包括风险控制流程、规则、管理制度、组织保障、风险管控信息系统建设等情况）1份。

【办理渠道】

办税服务厅。

【办理时限】

(1) 纳税人办理时限。为每户生产企业首次代办退税前。

(2) 税务机关办结时限。资料齐全、符合法定形式、填写内容完整的，税务机关受理后即时办结。

【办理流程】

同6.1.1出口退（免）税备案业务办理流程。

【注意事项】

(1) 外贸综合服务企业向所在地主管税务机关集中代为办理出口退（免）税事项须同时符合以下条件。

① 符合商务部等部门规定的综服企业定义并向主管税务机关备案。

② 企业内部已建立较为完善的代办退税内部风险管控制度并已向主管税务机关备案。

(2) 外贸综合服务企业在办理代办退税备案后，应将下列资料留存备查。

① 与生产企业签订的外贸综合服务合同（协议）。

② 每户委托代办退税生产企业的《代办退税情况备案表》。

③ 外贸综合服务企业代办退税内部风险管控信息系统建设及应用情况。

(3)《代办退税情况备案表》的内容发生变化时，外贸综合服务企业应自发生变化之日起30日内重新报送该表。

(4) 外贸综合服务企业首次办理代办退税备案时，应将企业代办退税内部风险管控制度一次性报主管税务机关。

6.1.11 研发机构采购国产设备退税备案

研发机构享受采购国产设备退税政策的，应于首次申报退税前，向主管税务机关办理采购国产设备的退税备案手续。

【报送资料】

(1)《出口退（免）税备案表》及电子数据各1份。备案表中的"退税开户银行账户"须从纳税人向税务机关报告的银行账号中选择一个填报。

(2) 符合条件的研发机构的证明资料复印件。

【办理渠道】

办税服务厅。

【办理时限】

（1）纳税人办理时限。首次申报退税前。

（2）税务机关办结时限。资料齐全、符合法定形式、填写内容完整的，税务机关受理后即时办结。

【办理流程】

同6.1.1出口退（免）税备案业务办理流程。

【注意事项】

（1）已备案研发机构的《出口退（免）税备案表》中的内容发生变更的，须自变更之日起30日内，持相关证件、资料向主管税务机关办理变更内容的备案。

（2）研发机构发生解散、破产、撤销以及其他依法应终止采购国产设备退税事项的，应持相关证件、资料向其主管税务机关办理撤回采购国产设备退税备案。

（3）外资研发中心在其退税资格复审前，因自身条件发生变化不再符合财税〔2016〕121号文件第二条规定条件的，自条件变化之日起，停止享受采购国产设备退税政策。

6.1.12 出口退（免）税凭证无相关电子信息备案

出口企业或其他单位在出口退（免）税申报期限截止之日前，申报出口退（免）税的出口报关单、代理出口货物证明、增值税进货凭证仍没有电子信息或凭证的内容与电子信息比对不符的，应在出口退（免）税申报期限截止之日前，向税务机关办理无电子信息备案。

【报送资料】

出口退（免）税凭证无相关电子信息申报电子数据1份。

【办理渠道】

（1）出口退税综合服务平台。该业务可网上申报，经出口退税综合服务平台上传电子数据，并正式申报。

（2）办税服务厅。

【办理时限】

（1）纳税人办理时限。在货物报关出口之日（以出口货物报关单上的出口日期为准）次年4月份的增值税纳税申报期内。

（2）税务机关办结时限。资料齐全、符合法定形式、填写内容完整、正确的，税务机关受理后即时办结。

【办理流程】

同6.1.1出口退（免）税备案业务办理流程。

【注意事项】

（1）出口退（免）税凭证无相关电子信息申报的结果可在出口退税综合服务平台—综合查询——户式查询—无电子信息备案情况查询。

（2）该业务为无纸化申报，只需报送申报电子数据，应向主管税务机关报送的纸质凭证和申报表留存企业备查。

（3）未按规定在退（免）税申报期截止之日前向主管税务机关报送电子数据的，出口企业在退（免）税申报期限截止之日后不得进行退（免）税申报。

6.2 出口退（免）税办理

6.2.1 出口货物劳务免抵退税申报

生产企业或其他单位在出口货物后，应在货物报关出口之日次月起至次年4月30日前的各增值税纳税申报期内收齐有关凭证，向主管税务机关申报办理出口货物增值税免抵退税及消费税退税。

【报送资料】

（1）出口货物退（免）税申报电子数据1份；《免抵退税申报汇总表》4份；《免抵退税申报汇总表附表》1份；《生产企业出口货物免抵退税申报明细表》1份；《免抵退税申报资料情况表》1份；出口发票或普通发票1份。

（2）若报送的《生产企业出口货物免、抵、退税申报明细表》中的离岸价与相应出口货物报关单上的离岸价不一致的应报送《出口货物离岸价差异原因说明表》及电子数据1份。

（3）委托出口的企业应报送受托方主管税务机关签发的代理出口货物证明原件以及代理出口协议复印件1份。

（4）分类管理类别为四类的出口企业应报送《出口货物收汇申报表》及收汇凭证复印件1份，《出口货物不能收汇申报表》及对应证明材料1份。

（5）企业出口的视同自产货物以及列名生产企业出口的非自产货物，属于消费税应税消费品的应报送《生产企业出口非自产货物消费税退税申报表》1份。

（6）消费税专用缴款书或分割单，海关进口消费税专用缴款书、委托加工收回应税消费品的代扣代收税款凭证原件或复印件1份。

（7）对外承包工程项目的出口货物应报送对外承包工程合同原件及复印件，出口企业如属于分包单位的，应补充报送分包合同（协议）原件及复印件1份。

（8）境外投资的出口货物应报送商务部及授权单位批准其在境外投资的文件副本原件及复印件1份。

（9）销售的中标机电产品的应报送招标单位所在地主管税务机关签发的《中标证明通知书》原件及复印件1份。

（10）由中国招标公司或其他国内招标组织签发的中标证明（正本）原件及复印件1份，中标人与中国招标公司或其他招标组织签订的供货合同（协议）原件及复印件1份，中标人按照标书规定及供货合同向用户发货的发货单原件及复印件1份，中标机电产品用户收货清单原件及复印件1份。

（11）外国企业中标再分包给国内企业供应的机电产品，还应报送与中标企业签署的分包合同（协议）原件及复印件1份。

（12）销售给海上石油天然气开采企业的自产的海洋工程结构物应报送销售合同，并在《生产企业出口货物免、抵、退税申报明细表》的"备注栏"中需填写购货企业的纳税人识别号和购货企业名称1份。

（13）销售给外轮、远洋国轮的货物应报送列明销售货物名称、计量单位、数量、销售金额并经外轮、远洋国轮船长签名的出口发票或普通发票1份。

（14）生产并销售给国内和国外航空公司国际航班的航空食品应报送与航空公司签订的配餐合同原件及复印件1份，航空公司提供的配餐计划表（须注明航班号、起降城市等内容）原件及复印件1份，国际航班乘务长签字的送货清单（须注明航空公司名称、航班号等内容）原件及复印件1份。

（15）对外提供加工修理修配劳务应报送与境外单位、个人签署的修理修配合同原件及复印件1份，维修工作单（对外修理修配飞机业务提供）原件及复印件1份。

（16）为国外（地区）企业的飞机（船舶）提供航线维护（航次维修）的货物劳务，需在《生产企业出口货物免、抵、退税申报明细表》的"备注栏"中填写国外（地区）企业名称、航班号（船名），需提供与被维修的国外（地区）企业签订的维修合同原件及复印件、出口发票、国外（地区）企业的航班机长或外轮船长签字确认的维修单据〔须注明国外（地区）企业名称和航班号（船名）〕。申报修理修配船舶退（免）税的，应提供在修理修配业务中使用零部件、原材料的贸易方式为"一般贸易"的出口货物报关单。出口货物报关单中"标记唛码及备注"栏注明修理船舶或被修理船舶名称，以被修理船舶作为出口货物证明材料1份。

（17）符合条件的生产企业申报办理"先退税后核销"业务应报送出口合同复印件1份（仅第一次申报时报送），企业财务会计制度复印件1份（仅第一次申报时报送），出口销售明细账复印件1份，《先退税后核销企业免抵退税申报附表》及电子数据1份，年度财务报表1份（年度结束后至4月30日前报送），收款凭证复印件1份。取得预付款的报送"出口收汇核销单号"栏中填写出口合同号的《生产企业出口货物免、抵、退税申报明细表》1份，申报明细表"业务类型"栏填写"XTHH"。

（18）出口已使用过的设备应报送《出口已使用过的设备退税申报表》1份，出口自用旧设备免退税申报电子数据1份，增值税专用发票（抵扣联）或海关进口增值税专用缴款书1份，《出口已使用过的设备折旧情况确认表》1份。

（19）委托出口的货物，还应报送受托方主管税务机关签发的代理出口货物证明以及代理出口协议复印件1份。

（20）保税区内出口企业或通过保税区仓储企业报关离境的出口货物应报送保税区出境货物备案清单或保税区仓储企业的出境货物备案清单1份。

（21）输入特殊区域的水电气，购买水电气的特殊区域内的生产企业应报送《购进自用货物退税申报表》及正式申报电子数据1份，增值税专用发票（抵扣联）1份，加盖银行印章的支付水、电、气费用的银行结算凭证复印件1份。

（22）适用启运港退税政策的货物应报送出口货物报关单（出口退税专用）1份。2018年4月10日（以海关出口报关单电子信息注明的出口日期为准）以后的启运港出口货物，出口企业不再提供纸质出口货物报关单（出口退税专用）。

（23）向海关报关运入海关监管仓库供海关隔离区内免税店销售的货物应报送加盖有免税品经营企业报关专用章出口货物报关单；上海虹桥、浦东机场海关国际隔离区内的免税店销售的货物，提供的出口货物报关单应加盖免税店报关专用章，并应报送海关对免税店销售货物的核销证明1份。

（24）融资租赁海洋工程结构物地提供向海洋工程结构物承租人收取首笔租金时开具的发票1份，融资租赁的与承租人签订的租赁期在5年（含）以上的融资租赁合同（有法律效力的中文版）1份，融资租赁海洋工程结构物的，提供列名海上石油天然气开采企业收货清单1份。

【办理渠道】

办税服务厅。生产企业到主管税务机关。

【办理时限】

（1）纳税人办理时限。应在货物报关出口之日次月起至次年4月30日前的各增值税纳税申报期内。

（2）税务机关办结时限

① 管理类别为一类的出口企业，在符合《国家税务总局关于发布修订后的〈出口退（免）税企业分类管理办法〉的公告》（国家税务总局公告2016年第46号）规定条件情形下在5个工作日内办结退（免）税手续。

② 管理类别为二类的出口企业，在符合《国家税务总局关于发布修订后的〈出口退（免）税企业分类管理办法〉的公告》（国家税务总局公告2016年第46号）规定条件情形下在10个工作日内办结退（免）税手续。

③ 管理类别为三类的出口企业，在符合《国家税务总局关于发布修订后的〈出口退（免）税企业分类管理办法〉的公告》（国家税务总局公告2016年第46号）规定条件情形下在15个工作日内办结退（免）税手续。

④ 管理类别为四类的出口企业，在符合《国家税务总局关于发布修订后的〈出口退（免）税企业分类管理办法〉的公告》（国家税务总局公告2016年第46号）规定条件情形下在20个工作日内办结退（免）税手续。

【办理流程】

办理流程如图6-2所示。

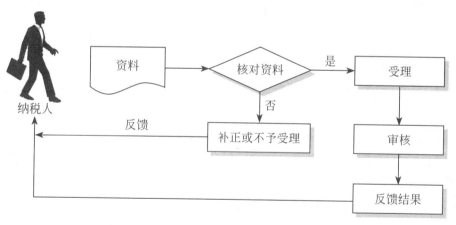

图6-2　办理流程

6.2.2　出口货物劳务退（免）税申报

外贸企业自营或委托出口货物，应在货物报关出口之日（以出口货物报关单上的出口日期为准）起至次年4月30日前的增值税纳税申报期内收齐有关凭证，向主管税务机关办理出口货物增值税、消费税退（免）税申报。

【报送资料】

报送资料如表6-4所示。

表6-4 报送资料

序号	材料名称	数量	备注
1	出口货物退（免）税申报电子数据	1份	无纸化企业只需报送电子数据
2	《外贸企业出口退税汇总申报表》	1份	
3	《外贸企业出口退税进货明细申报表》	1份	
4	《外贸企业出口退税出口明细申报表》	1份	
5	增值税专用发票抵扣联或海关进口增值税专用缴款书	1份	
以下为条件报送资料			
适用启运港退税政策的货物应报送	出口货物报关单（出口退税专用）	1份	2018年4月10日（以海关出口报关单电子信息注明的出口日期为准）以后的启运港出口货物，出口企业不再提供纸质出口货物报关单（出口退税专用）
委托出口的企业应报送	受托方主管税务机关签发的代理出口货物证明以及代理出口协议复印件	1份	
外贸综合服务企业向其主管税务机关申报代办退税应报送	《外贸综合服务企业代办退税申报表》	1份	
	外贸综合服务企业代办退税申报表电子数据	1份	
	代办退税专用发票（抵扣联）	1份	
分类管理类别为四类的出口企业应报送	《出口货物收汇申报表》及收汇凭证复印件	1份	
	《出口货物不能收汇申报表》及对应证明材料	1份	
属于应税消费品的应报送	消费税专用缴款书或分割单、海关进口消费税专用缴款书	1份	
对外承包工程项目的出口货物应报送	对外承包工程合同原件及复印件，出口企业如属于分包单位的，应补充提供分包合同（协议）原件及复印件	1份	

续表

以下为条件报送资料			
境外投资的出口货物应报送	商务部及授权单位批准其在境外投资的文件副本原件及复印件	1份	
销售的中标机电产品的应报送	招标单位所在地主管税务机关签发的《中标证明通知书》	1份	
	由中国招标公司或其他国内招标组织签发的中标证明（正本）原件及复印件	1份	
	中标人与中国招标公司或其他招标组织签订的供货合同（协议）原件及复印件	1份	
	中标人按照标书规定及供货合同向用户发货的发货单	1份	
	中标机电产品用户收货清单	1份	
	外国企业中标再分包给国内企业供应的机电产品，还应报送与中标企业签署的分包合同（协议）原件及复印件	1份	
销售给外轮、远洋国轮的货物应报送	列明销售货物名称、计量单位、数量、销售金额并经外轮、远洋国轮船长签名的出口发票	1份	
出口已使用过的设备应报送	《出口已使用过的设备退税申报表》	1份	
	出口自用旧设备免退税申报电子数据	1份	
	增值税专用发票（抵扣联）或海关进口增值税专用缴款书	1份	
	《出口已使用过的设备折旧情况确认表》	1份	
	委托出口的货物，还应报送受托方主管税务机关签发的代理出口货物证明，以及代理出口协议复印件	1份	
保税区内出口企业或通过保税区仓储企业报关离境的出口货物应报送	供保税区出境货物备案清单或保税区仓储企业的出境货物备案清单	1份	
适用启运港退税政策的货物应报送	出口货物报关单（出口退税专用）	1份	

续表

	以下为条件报送资料		
向海关报关运入海关监管仓库供海关隔离区内免税店销售的货物应报送	加盖有免税品经营企业报关专用章出口货物报关单；上海虹桥、浦东机场海关国际隔离区内的免税店销售的货物，提供的出口货物报关单应加盖免税店报关专用章，并应报送海关对免税店销售货物的核销证明	1份	
研发机构采购国产设备退税的应报送	《购进自用货物退税申报表》	1份	自2016年1月1日至2018年12月31日施行
	采购国产设备合同（原件查验退还）		
	增值税专用发票或开具时间为2016年1月1日至2017年3月14日期间的增值税普通发票		
融资租赁海洋工程结构物的	提供向海洋工程结构物承租人收取首笔租金时开具的发票。	1份	
融资租赁的	与承租人签订的租赁期在5年（含）以上的融资租赁合同（有法律效力的中文版）	1份	
融资租赁海洋工程结构物的	提供列名海上石油天然气开采企业收货清单	1份	

【办理渠道】

办税服务厅。

【办理时限】【办理流程】同6.2.1出口货物劳务免抵退税申报业务流程。

【办理结果】

税务机关反馈审核结果。

【注意事项】

（1）纳税人对报送材料的真实性和合法性承担责任。

（2）对需要排除相关疑点及其他按规定暂缓退税的业务不受办结手续时限的限制。

（3）符合条件的纳税人可以申请无纸化申报。无纸化只需报送通过税控数字证书签名后的申报电子数据，应向主管税务机关报送的纸质凭证和申报表留存企业备查。

（4）外贸综合服务企业应参照外贸企业出口退税申报相关规定申报代办退税。

（5）出口企业应在申报出口退（免）税后15日内，将所申报退（免）税货物的下列单证，按申报退（免）税的出口货物顺序，填写《出口货物备案单证目录》，注明备案单证存放地点，以备主管税务机关核查。

① 外贸企业购货合同、生产企业收购非自产货物出口的购货合同，包括一笔购销合同下签订的补充合同等。

② 出口货物装货单。

③ 出口货物运输单据（包括海运提单、航空运单、铁路运单、货物承运单据、邮政收据等承运人出具的货物单据，以及出口企业承付运费的国内运输单证）。

若有无法取得上述原始单证情况的，出口企业可用具有相似内容或作用的其他单证进行单证备案。除另有规定外，备案单证由出口企业存放和保管，不得擅自损毁，保存期为5年。

视同出口货物及对外提供修理修配劳务不实行备案单证管理。

6.2.3 增值税零税率应税服务免抵退税申报

适用免抵退税办法的增值税零税率应税服务提供者，收齐有关凭证后，应于在财务作销售收入次月起至次年4月30日前的各增值税纳税申报期内向主管税务机关申报退（免）税。

【报送资料】

（1）出口货物退（免）税申报电子数据1份，《免抵退税申报汇总表》4份，《免抵退税申报汇总表附表》1份，《增值税零税率应税服务免抵退税申报明细表》1份，《提供增值税零税率应税服务收讫营业款明细清单》1份，从与之签订提供增值税零税率应税服务合同的境外单位取得收入的收款凭证原件及复印件1份，增值税零税率应税服务所开具的发票原件及复印件1份，与境外单位签订的提供增值税零税率应税服务的合同原件及复印件1份。

（2）提供国际运输服务、港澳台运输服务的还需报送《增值税零税率应税服务（国际运输/港澳台运输）免抵退税申报明细表》1份。

（3）国际运输服务、港澳台运输服务以水路运输、航空运输、公路运输方式的还需报送增值税零税率应税服务的载货、载客舱单或其他能够反映收入原始构成的单据凭证原件及复印件1份。

（4）国际运输服务、港澳台运输服务以航空运输方式且国际运输和港澳台运输各航段由多个承运人承运的还需报送《航空国际运输收入清算账单申报明细表》1份。

（5）以程租、期租、湿租服务方式租赁交通运输工具从事国际运输服务和港澳台运输服务的还需报送程租、期租、湿租的合同或协议复印件，向境外单位和个人提供期租、湿租服务,按规定由出租方申报退(免)税的,可不提供增值税零税率应税服务的载货、载客舱单或其他能够反映收入原始构成的原始凭证原件及复印件1份。

(6)提供软件服务、电路设计及测试服务、信息系统服务、业务流程管理服务,以及离岸服务外包业务的还需报送合同(已在商务部"服务外包及软件出口管理信息系统"中登记并审核通过,由该系统出具的证明文件原件及复印件)1份。

(7)提供广播影视节目(作品)的制作和发行服务的还需报送合同已在商务部"文化贸易管理系统"中登记并审核通过,由该系统出具的证明文件原件及复印件1份。

(8)提供电影、电视剧的制作服务的还需报送行业主管部门出具的在有效期内的影视制作许可证明原件及复印件1份。

(9)提供电影、电视剧的发行服务的还需报送行业主管部门出具的在有效期内的发行版权证明、发行许可证明原件及复印件1份。

(10)提供研发服务、设计服务、技术转让服务的还需报送与提供增值税零税率应税服务收入相对应的《技术出口合同登记证》及其数据表1份。

(11)国际运输服务、港澳台运输服务以铁路方式运输的还需报送:客运的提供增值税零税率应税服务的国际客运联运票据、铁路合作组织清算函件及《铁路国际客运收入清算函件申报明细表》;货运的提供铁路进款资金清算机构出具的《国际铁路货运进款清算通知单》,启运地的铁路运输企业还应提供国际铁路联运运单,以及"发站"或"到站(局)"名称包含"境"字的货票1份;原始凭证(不包括《铁路国际客运收入清算函件申报明细表》)。经主管税务机关批准,增值税零税率应税服务提供者可只提供电子数据,原始凭证留存备查。

【办理渠道】

办税服务厅。

【办理时限】

(1)纳税人办理时限。在财务作销售收入次月起至次年4月30日前的各增值税纳税申报期内。

(2)税务机关办结时限

① 管理类别为一类的出口企业,在符合《国家税务总局关于发布修订后的〈出口退(免)税企业分类管理办法〉的公告》(国家税务总局公告2016年第46号)规定条件情形下在5个工作日内办结退(免)税手续。

② 管理类别为二类的出口企业在10个工作日内办结退(免)税手续。

③ 管理类别为三类的出口企业在15个工作日内办结退(免)税手续。

④ 管理类别为四类的出口企业在20个工作日内办结退(免)税手续。

【办理流程】

同6.2.1出口货物劳务免抵退税申报业务办理流程。

【注意事项】

（1）符合条件的纳税人可以申请无纸化申报。无纸化只需报送通过税控数字证书签名后的申报电子数据，应向主管税务机关报送的纸质凭证和申报表留存企业备查。

（2）实行免抵退税办法的增值税零税率应税服务提供者如果同时出口货物劳务且未分别核算的，应一并计算免抵退税。

（3）境内的单位和个人提供适用增值税零税率的服务或者无形资产，如果属于适用简易计税方法的，实行免征增值税办法。如果属于适用增值税一般计税方法的，生产企业实行免抵退税办法，外贸企业外购服务或者无形资产出口实行免退税办法，外贸企业直接将服务或自行研发的无形资产出口，视同生产企业连同其出口货物统一实行免抵退税办法。

6.2.4　增值税零税率应税服务退（免）税申报

适用免退税办法的增值税零税率应税服务提供者，收齐有关凭证后，应于在财务作销售收入次月起至次年4月30日前的各增值税纳税申报期内向主管税务机关申报退（免）税。

【报送资料】

（1）出口货物退（免）税申报电子数据1份；《外贸企业外购应税服务出口明细申报表》1份；《外贸企业出口退税进货明细申报表》1份（需填列外购对应的增值税零税率应税服务取得增值税专用发票情况）；《外贸企业出口退税汇总申报表》1份；从与之签订提供增值税零税率应税服务合同的境外单位取得收入的收款凭证原件及复印件1份；增值税零税率应税服务所开具的发票原件及复印件（经主管税务机关认可，可只提供电子数据，原始凭证留存备查）1份；与境外单位签订的提供增值税零税率应税服务的合同复印件1份。

（2）从境内单位或者个人购进增值税零税率应税服务出口的应报送应税服务提供方开具的增值税专用发票原件及复印件1份。

（3）从境外单位或者个人购进增值税零税率应税服务出口的应报送取得的解缴税款的中华人民共和国国税收缴款凭证原件及复印件1份。

（4）提供软件服务、电路设计及测试服务、信息系统服务、业务流程管理服务，以及离岸服务外包业务的应报送合同（已在商务部"服务外包及软件出口管理信息系统"中登记并审核通过，由该系统出具的证明文件原件及复印件）1份。

（5）提供广播影视节目（作品）的制作和发行服务的应报送合同已在商务部"文化贸易管理系统"中登记并审核通过，由该系统出具的证明文件原件及复印件1份（原件查验退还）。

（6）提供电影、电视剧的制作服务的应报送行业主管部门出具的在有效期内的影视制作许可证明原件及复印件1份（原件查验退还）。

（7）提供电影、电视剧的发行服务的应报送行业主管部门出具的在有效期内的发行版权证明、发行许可证明原件及复印件1份（原件查验退还）。

（8）提供研发服务、设计服务、技术转让服务的应报送与提供增值税零税率应税服务收入相对应的《技术出口合同登记证》及其数据表原件及复印件1份（原件查验退还）。

（9）提供航天运输服务或在轨交付空间飞行器及相关货物的还需报送《航天发射业务出口退税申报明细表》1份；签订的发射合同或在轨交付合同1份（原件查验退还）；发射合同或在轨交付合同对应的项目清单项下购进航天运输器及相关货物和空间飞行器及相关货物的增值税专用发票或海关进口增值税专用缴款书、接受发射运行保障服务的增值税专用发票1份；从与之签订航天运输服务合同的单位取得收入的收款凭证1份（原件查验退还）。

【办理渠道】

办税服务厅。

【办理时限】【办理流程】

同6.2.1出口货物劳务免抵退税申报业务办理流程。

6.2.5 延期申报退（免）税

出口企业或其他单位出口货物劳务、发生增值税跨境应税行为，因自然灾害等原因未收齐单证，无法在规定期限内申报的，应在出口退（免）税申报期限截止之日前，向负责管理出口退（免）税的主管税务机关办理延期申报退（免）税。

【报送资料】

《出口退（免）税延期申报申请表》及电子数据各1份；造成在规定期限内未收齐单证原因的举证材料1份。

【办理渠道】

办税服务厅。

【办理时限】

（1）纳税人办理时限。在货物报关出口之日（以出口货物报关单上的出口日期为准）至次年 4 月份的增值税纳税申报期内。

（2）税务机关办结时限。税务机关应自受理之日起 20 个工作日内办结。

【办理流程】

同 6.2.1 出口货物劳务免抵退税申报业务办理流程。

【注意事项】

（1）由于以下原因未收齐单证，可以提出延期申报申请。

① 自然灾害、社会突发事件等不可抗力因素。

② 出口退（免）税申报凭证被盗、抢，或者因邮寄丢失、误递。

③ 有关司法、行政机关在办理业务或者检查中，扣押出口退（免）税申报凭证。

④ 买卖双方因经济纠纷，未能按时取得出口退（免）税申报凭证。

⑤ 由于企业办税人员伤亡、突发危重疾病或者擅自离职，未能办理交接手续，导致不能按期提供出口退（免）税申报凭证。

⑥ 由于企业向海关提出修改出口货物报关单申请，在出口退（免）税申报期限截止之日前海关未完成修改，导致不能按期提供出口货物报关单。

⑦ 有关政府部门在出口退（免）税申报期限截止之日前未出具出口退（免）税申报所需凭证资料。

⑧ 国家税务总局规定的其他情形。

（2）纳税人按照规定申请延期申报退（免）税的，如税务机关在免税申报截止之日后批复不予延期，若该出口货物符合其他免税条件，纳税人应在批复的次月申报免税。次月未申报免税的，适用增值税征税政策。

6.2.6 横琴、平潭企业退（免）税申报

内地销往横琴、平潭适用增值税和消费税退税政策的货物（包括水、蒸汽、电力、燃气），视同出口，由横琴、平潭区内购买货物的企业或区内水电气企业向主管税务机关申报增值税和消费税退税。

【报送资料】

（1）横琴、平潭（以下简称区内）从中华人民共和国境内其他地区购买货物的企业向主管税务机关申报增值税和消费税退税。

《区内企业退税汇总申报表》1 份；《区内企业退税进货明细申报表》1 份，在"业务类型"栏填写"GHQYTS"；《区内企业退税入区货物明细申报表》1 份，在"退（免）税业务类型"栏填写"GHQYTS"；区外货物增值税、消费税退税

申报电子数据1份；进境货物备案清单（复印件加盖海关印章）1份；增值税专用发票（抵扣联）1份；消费税专用缴款书或分割单（属应税消费品的报送）1份。

（2）横琴、平潭区内水电气企业向主管税务机关申报增值税和消费税退税。

《购进水电气退税申报表》1份，在业务类型一栏填写"GJSDQ"；水电气退税申报电子数据1份；增值税专用发票（抵扣联）（购进水电气）1份；《水电气使用清单》1份。

【办理渠道】

办税服务厅。

【办理时限】

（1）纳税人办理时限。购进办理报关出口手续的区外货物之日〔以出口货物报关单（退税专用）上注明的出口日期为准〕次月起至次年4月30日前的各增值税纳税申报期内。

（2）税务机关办结时限同6.2.1出口货物劳务免抵退税申报。

【办理流程】

同6.2.1出口货物劳务免抵退税申报业务办理流程。

【注意事项】

（1）对需要排除相关疑点及其他按规定暂缓退税的业务不受办结手续时限的限制。

（2）符合条件的纳税人可以申请无纸化申报。无纸化只需报送通过税控数字证书签名后的申报电子数据，应向主管税务机关报送的纸质凭证和申报表留存企业备查。

6.2.7 退税代理机构离境退税结算

境外旅客购物离境退税资金由退税代理机构先行向境外旅客垫付，并于每月15日前向主管税务机关申请办理退税结算。

【报送资料】

《境外旅客购物离境退税结算申报表》及电子数据各1份。

【办理渠道】

办税服务厅。到主管税务机关办理。

【办理时限】

（1）纳税人办理时限。每月15日前。

（2）税务机关办结时限。本事项在20个工作日内办结。

【办理流程】

同6.2.1出口货物劳务免抵退税申报业务办理流程。

6.2.8 进料加工企业计划分配率备案

生产企业应在首次申报进料加工手（账）册的进料加工出口货物免抵退税前，向主管税务机关申请办理计划分配率备案。

【报送资料】

《进料加工企业计划分配率备案表》2份；进料加工企业计划分配率备案电子数据1份。

【办理渠道】

办税服务厅。到主管税务机关办理。

【办理时限】

（1）纳税人办理时限。生产企业应在首次申报进料加工手（账）册的进料加工出口货物免抵退税前，向主管税务机关申请办理计划分配率备案。

（2）税务机关办结时限。资料齐全、符合法定形式、填写内容完整的，税务机关受理后即时办结。

【办理流程】

同6.2.1出口货物劳务免抵退税申报业务办理流程。

> **特别提示**
>
> 以双委托方式（生产企业进口料件、出口成品均委托出口企业办理）从事的进料加工出口业务，委托方在申报免抵退税前，应按代理进口、出口协议及进料加工贸易手册载明的计划进口总值和计划出口总值，向主管税务机关申请办理计划分配率备案。

6.2.9 进料加工企业计划分配率调整

生产企业在办理年度进料加工业务核销后，如认为《生产企业进料加工业务免抵退税核销表》中的"上年度已核销手（账）册综合实际分配率"与企业当年度实际情况差别较大的，可在向主管税务机关报送当年度预计的进料加工计划分配率及书面合理理由后,将预计的进料加工计划分配率作为该年度的计划分配率。

【报送资料】

计划分配率调整的书面合理理由及相关证明材料各1份。

【办理渠道】

办税服务厅。到主管税务机关办理。

【办理时限】

(1)纳税人办理时限。在向主管税务机关提供当年度预计的进料加工计划分配率及书面合理理由后。

(2)税务机关办结时限。税务机关应自受理之日起20个工作日内办结。

【办理流程】

同6.2.1出口货物劳务免抵退税申报业务办理流程。

6.2.10 年度进料加工业务核销

生产企业应在本年度4月20日前,应按规定向主管税务机关申请办理上年度海关已核销的进料加工手(账)册项下的进料加工业务核销手续。

【报送资料】

(1)《生产企业进料加工业务免抵退税核销表》及电子数据各1份。

(2)企业实际业务与税务机关反馈数据不一致的还需报送《已核销手册(账册)海关数据调整表》及电子数据、证明材料1份。

【办理渠道】

办税服务厅。到主管税务机关办理。

【办理时限】

(1)纳税人办理时限。本年度4月20日前,应按规定向主管税务机关申请办理上年度海关已核销的进料加工手(账)册项下的进料加工业务核销手续。

(2)税务机关办结时限。税务机关应自受理之日起20个工作日内办结。

【办理流程】

同6.2.1出口货物劳务免抵退税申报业务办理流程。

【注意事项】

生产企业申请核销后,主管税务机关不再受理其上一年度进料加工出口货物的免抵退税申报。4月20日之后仍未申请核销的,该企业的出口退(免)税业务,主管税务机关暂不办理,待其申请核销后,方可办理。

生产企业应以主管税务机关确认核销后的《生产企业进料加工业务免抵退税核销表》中的"已核销手册（账册）综合实际分配率"，作为当年度进料加工计划分配率。同时，应在核销确认的次月，根据《生产企业进料加工业务免抵退税核销表》确认的不得免征和抵扣税额在纳税申报时申报调整；应在确认核销后的首次免抵退税申报时，根据《生产企业进料加工业务免抵退税核销表》确认的调整免抵退税额申报调整当期免抵退税额。

6.3 出口证明开具

6.3.1 《委托出口货物证明》开具

出口企业或其他单位委托出口国家取消出口退税的货物，委托方可以自该货物报关出口之日起至次年3月15日前向主管税务机关申请开具《委托出口货物证明》。

【报送资料】

《委托出口货物证明申请表》1份；委托出口货物证明申请电子数据1份；委托代理出口协议复印件1份。

【办理渠道】

办税服务厅。

【办理时限】

（1）纳税人办理时限。货物报关出口之日起至次年3月15日前。

（2）税务机关办结时限。资料齐全、符合法定形式、填写内容完整的，税务机关受理后即时办结。

【办理流程】

同6.2.1出口货物劳务免抵退税申报业务办理流程。

【注意事项】

（1）纳税人应当自该货物报关出口之日起至次年3月15日前申请开具《委托出口货物证明》，逾期税务机关不予办理。

（2）无纸化申报企业只需报送通过税控数字证书签名后的电子数据，税务机关出具纸质《委托出口货物证明》，企业将纸质资料留存备查。

6.3.2 《代理出口货物证明》开具

出口企业或其他单位委托出口货物,受托方自货物报关出口之日起至次年4月15日前向主管税务机关申请开具《代理出口货物证明》。

【报送资料】

(1)《代理出口货物证明申请表》及申报电子数据各1份;无纸化企业只需报送电子数据;代理出口协议原件及复印件1份;委托方税务登记证件副本复印件1份。

(2)委托出口国家取消出口退税货物的还需报送委托方主管税务机关签章的《委托出口货物证明》1份。

【办理渠道】

办税服务厅。

【办理时限】

(1)纳税人办理时限。自货物报关出口之日起至次年4月15日前。

(2)税务机关办结时限。税务机关应自受理之日起5个工作日内办结(相关资料信息等需进一步核实真实性的除外)。

【办理流程】

办理流程如图6-3所示。

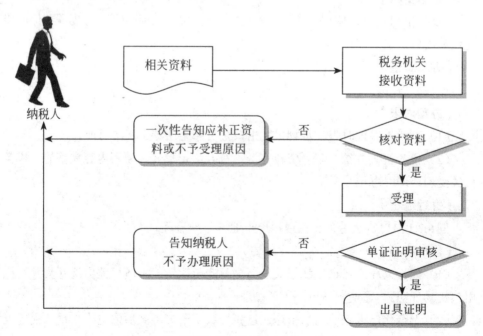

图6-3 办理流程(三)

【注意事项】

（1）纳税人应当自货物报关出口之日起至次年4月15日前申请开具《代理出口货物证明》，逾期税务机关不予办理。

（2）外贸综合服务企业受中小企业委托代理出口的货物申请开具《代理出口货物证明》的，应在《代理出口货物证明申请表》"备注"栏内注明"WMZHFW"标识，税务机关将不再出具纸质《代理出口货物证明》。

（3）无纸化申报企业只需报送通过税控数字证书签名后的电子数据，税务机关出具纸质《代理出口货物证明》，企业将纸质资料留存备查。

6.3.3 《出口货物退运已补税（未退税）证明》开具

出口货物发生退运，出口企业向主管税务机关申请开具《出口货物退运已补税（未退税）证明》。

委托出口货物发生退运的，由委托方向主管税务机关申请开具《出口货物退运已补税（未退税）证明》后转交受托方，受托方凭该证明向主管税务机关申请开具《出口货物退运已补税（未退税）证明》。

【报送资料】

（1）《退运已补税（未退税）证明申请表》及申报电子数据1份，无纸化企业只需报送电子数据。

（2）生产企业出口货物发生退运的还需报送出口发票复印件1份。

（3）外贸企业已申报免退税出口货物发生退运的还需报送税收通用缴款书原件及复印件1份，退运发生时未申报退税的以及生产企业本年度发生退运的不需报送。

（4）委托出口货物发生退运的还需报送委托方主管税务机关开具的《出口货物退运已补税（未退税）证明》1份，不适用无纸化管理。

【办理渠道】

办税服务厅。

【办理时限】

（1）纳税人办理时限。无。

（2）税务机关办结时限。税务机关应自受理之日起5个工作日内办结（相关资料信息等需进一步核实真实性的除外）。

【办理流程】

同6.3.2《代理出口货物证明》开具业务办理流程。

6.3.4 《出口货物转内销证明》开具

【报送资料】

(1)《出口货物转内销证明申报表》及申报电子数据各1份;内销货物发票(记账联)原件及复印件或计提销项税的记账凭证复印件1份;实际发生转内销时提供内销货物发票(记账联),视同内销货物征税时提供计提销项税的记账凭证。

(2)国内采购货物出口转内销的还需报送增值税专用发票(抵扣联)原件及复印件1份。

(3)进口货物出口转内销的还需报送海关进口增值税专用缴款书原件及复印件1份。

(4)出口货物发生退运并转内销的还需报送《出口货物退运已补税(未退税)证明》原件及复印件1份。

【办理渠道】

办税服务厅。

【办理时限】

(1)纳税人办理时限

① 外贸企业发生原记入出口库存账的出口货物转内销或视同内销货物征税的,以及已申报退(免)税的出口货物发生退运并转内销的,外贸企业于发生内销或视同内销货物的当月向第二税务分局申请开具《出口货物转内销证明》。

② 原执行免退税办法(外贸企业转生产企业),在批准变更退税计算方法次月的增值税纳税申报期内可将原计入出口库存账的且未申报免退税的出口货物向主管税务机关申请《出口转内销证明》。外贸企业应在取得出口货物转内销证明的下一个增值税纳税申报期内申报纳税时,以此作为进项税额的抵扣凭证使用。

(2)税务机关办结时限。税务机关应自受理之日起5个工作日内办结(相关资料信息等需进一步核实真实性的除外)。

【办理流程】

同6.3.2《代理出口货物证明》开具业务办理流程。

【注意事项】

(1)申请条件

① 外贸企业发生原记入出口库存账的出口货物转内销或视同内销货物征税的,以及已申报退(免)税的出口货物发生退运并转内销的。

② 原执行免退税办法(外贸转生产),在批准变更退税计算方法次月的增值税纳税申报期内可将原计入出口库存账的且未申报免退税的出口货物。

(2)不予开具《出口货物转内销证明》的情形

① 提供的增值税专用发票或海关进口增值税专用缴款书为虚开、伪造或内容不实。

② 提供的增值税专用发票是在供货企业税务登记被注销或被认定为非正常户之后开具。

③ 外贸企业出口货物转内销时申报的《出口货物转内销证明申报表》的进货凭证上载明的货物与申报免退税匹配的出口货物报关单上载明的出口货物名称不符。属同一货物的多种零部件合并报关为同一商品名称的除外。

④ 供货企业销售的自产货物，其生产设备、工具不能生产该种货物。

⑤ 供货企业销售的外购货物，其购进业务为虚假业务。

⑥ 供货企业销售的委托加工收回货物，其委托加工业务为虚假业务。

⑦ 出口企业出口或视同出口财政部和国家税务总局根据国务院决定明确的取消出口退（免）税的货物（以下简称"禁止出口货物"）。注：若同一张发票中既有禁止出口货物又有可退税货物，该发票可以开具《出口货物转内销证明》。

⑧ 无交叉稽核信息或交叉稽核不符的发票。

(3)视同内销未开具销售发票的，虚拟销售发票号码录入（可按报关单号虚拟）。

(4)外贸企业应在取得《出口货物转内销证明》的下一个增值税纳税申报期内申报纳税时，以此作为进项税额的抵扣凭证，向主管征税的区、分局申请抵扣相应的进项税额。将《出口货物转内销证明》允许抵扣的进项税额填写在《增值税纳税申报表》附表二第11栏"外贸企业进项税额抵扣证明"中，超过申报时限的，不予抵扣。

(5)企业确实存在分批销售的情形下，当月销售的货物当月向税务机关申请开具《出口货物转内销证明》。

6.3.5 《来料加工免税证明》开具

从事来料加工委托加工业务的出口企业，取得加工企业开具的加工费的普通发票后，在发票开具之日起至次月的增值税纳税申报期内向税务机关申请开具《来料加工免税证明》。

【报送资料】

(1)《来料加工免税证明申请表》及申报电子数据各1份；加工企业开具的加工费的普通发票原件及复印件1份。

(2)加工费发票不是由加工贸易手（账）册上注明的加工单位开具的还需报

送书面说明文件及主管海关出具的书面证明1份。

【办理渠道】

办税服务厅。

【办理时限】

（1）纳税人办理时限。在发票开具之日起至次月的增值税纳税申报期内。

（2）税务机关办结时限。税务机关应自受理之日起5个工作日内办结（相关资料信息等需进一步核实真实性的除外）。

【办理流程】

同6.3.2《代理出口货物证明》开具业务办理流程。

6.3.6 《来料加工免税证明》核销

出口企业从事来料加工委托加工业务，应当在海关办结核销手续的次年5月15日前，向主管税务机关申请办理来料加工出口货物免税核销手续。

【报送资料】

《来料加工出口货物免税证明核销申请表》及申报电子数据各1份；海关签发的核销结案通知书1份；《来料加工免税证明》1份；加工企业开具的加工费的普通发票原件及复印件1份。

【办理渠道】

办税服务厅。

【办理时限】

（1）纳税人办理时限。在海关办结核销手续的次年5月15日前。

（2）税务机关办结时限。税务机关应自受理之日起5个工作日内办结（相关资料信息等需进一步核实真实性的除外）。

【办理流程】

同6.2.1出口货物劳务免抵退税申报业务流程。

6.3.7 《代理进口货物证明》开具

出口企业或其他单位委托进口加工贸易料件，受托方向主管税务机关申请开具《代理进口货物证明》并转交委托方。

【报送资料】

《代理进口货物证明申请表》及申报电子数据各1份；加工贸易手册原件及

复印件1份；代理进口协议原件及复印件1份。

【办理渠道】

办税服务厅。

【办理时限】

(1) 纳税人办理时限。无。

(2) 税务机关办结时限。税务机关应自受理之日起5个工作日内办结（相关资料信息等需进一步核实真实性的除外）。

【办理流程】

同6.3.2《代理出口货物证明》开具业务办理流程。

6.3.8 《准予免税购进出口卷烟证明》开具

卷烟出口企业向卷烟生产企业购进卷烟时，向税务机关申请开具《准予免税购进出口卷烟证明》。

【报送资料】

《准予免税购进出口卷烟证明申请表》及申报电子数据1份，应在免税出口卷烟计划内申请。

【办理渠道】

办税服务厅。

【办理时限】

(1) 纳税人办理时限。在免税出口卷烟计划内。

(2) 税务机关办结时限。税务机关应自受理之日起5个工作日内办结（相关资料信息等需进一步核实真实性的除外）。

【办理流程】

同6.3.2《代理出口货物证明》开具业务办理流程。

6.3.9 《出口卷烟已免税证明》开具

卷烟生产企业已准予免税购进的卷烟，须以不含消费税、增值税的价格销售给出口企业，税务机关依申请核准后开具《出口卷烟已免税证明》，并直接寄送卷烟出口企业税务机关。

【报送资料】

《出口卷烟已免税证明申请表》及申报电子数据各1份。

【办理渠道】

办税服务厅。

【办理时限】

（1）纳税人办理时限。无

（2）税务机关办结时限。税务机关应自受理之日起5个工作日内办结（相关资料信息等需进一步核实真实性的除外）。

【办理流程】

同6.3.2《代理出口货物证明》开具业务办理流程。

无纸化申报企业只需报送通过税控数字证书签名后的电子数据，企业将纸质资料留存备查。

6.3.10 《出口卷烟已免税证明》核销

卷烟出口企业（包括购进免税卷烟出口的企业、直接出口自产卷烟的生产企业、委托出口自产卷烟的生产企业）在卷烟报关出口之日次月起至次年4月30日前的增值税纳税申报期内，向主管税务机关申请办理出口卷烟的免税核销手续。

【报送资料】

（1）《出口卷烟免税核销申报表》及申报电子数据各1份；出口发票复印件1份；出口合同复印件1份。

（2）购进免税卷烟出口的企业还需报送《出口卷烟已免税证明》1份。

（3）委托出口自产卷烟的生产企业还需报送《代理出口货物证明》1份，代理出口协议副本复印件1份。

【办理渠道】

办税服务厅。

【办理时限】

（1）纳税人办理时限。在卷烟报关出口之日次月起至次年4月30日前的各增值税纳税申报期内。

（2）税务机关办结时限。税务机关应自受理之日起5个工作日内办结（相关资料信息等需进一步核实真实性的除外）。

【办理流程】

同6.3.2《代理出口货物证明》开具业务办理流程。

【注意事项】

（1）纳税人应当在卷烟报关出口之日次月起至次年4月30日前，向主管税务机关申请办理出口卷烟的免税核销手续，逾期未办理的按规定补缴税款。

（2）经税务机关审核不予核销的，纳税人应按照有关规定补缴税款。

6.3.11 《中标证明通知书》开具

利用外国政府贷款或国际金融组织贷款通过国际招标建设的项目，招标机构在招标完毕并待中标企业签订的供货合同生效后，向其所在地税务机关申请办理《中标证明通知书》。

【报送资料】

（1）《中标证明通知书》及中标设备清单表1份；财政部门《关于外国政府贷款备选项目的通知》或财政部门与项目的主管部门或政府签订的《关于××行（国际金融组织）贷款"××项目"转贷协议（或分贷协议、执行协议）》的原件和注明有与原件一致字样的复印件1份；中标项目不退税货物清单1份；中标企业所在地主管税务机关的名称、地址、邮政编码1份。

（2）贷款项目中属于外国企业中标再分包给国内企业供应的机电产品，还需报送招标机构对分包合同出具的验证证明1份。

（3）贷款项目中属于联合体中标的，还需报送招标机构对联合体协议出具的验证证明1份。

【办理渠道】

办税服务厅。

【办理时限】

（1）纳税人办理时限。在招标完毕并待中标企业签订的供货合同生效后。

（2）税务机关办结时限。税务机关应自受理之日起5个工作日内办结（相关资料信息等需进一步核实真实性的除外）。

【办理流程】

同6.3.2《代理出口货物证明》开具业务办理流程。

6.3.12 丢失出口退（免）税有关证明补办

出口企业或其他单位丢失出口退（免）税有关证明的，可以向原出具证明的税务机关提出书面申请补办。

【报送资料】

（1）《关于补办出口退税有关证明的申请》及申报电子数据各1份；无纸化企业只需报送电子数据。

（2）丢失《出口货物转内销证明》需补办的还需报送主管税务机关征税部门出具的未使用原《出口货物转内销证明》申报抵扣税款的证明1份。

【办理渠道】

办税服务厅。

【办理时限】

（1）纳税人办理时限。无。

（2）税务机关办结时限。资料齐全、符合法定形式、填写内容完整的，税务机关受理后即时办结。

【办理流程】

同6.3.2《代理出口货物证明》开具业务办理流程。

【注意事项】

（1）税务机关重新出具的有关证明会注明"补办"字样。

（2）出口企业或其他单位认为出口退税有关证明出具有误需要作废的，可以向原出具证明的税务机关提出书面申请作废。

（3）无纸化申报企业只需报送通过税控数字证书签名后的电子数据，税务机关出具纸质补办的出口退（免）税有关证明，企业将纸质资料留存备查。

第 7 章

与税务有关的证明办理业务

7.1　开具个人所得税完税证明或纳税记录

7.2　纳税证明开具

7.3　《丢失增值税专用发票已报税证明单》开具

7.4　《丢失货物运输业增值税专用发票已报税证明单》开具

7.5　《车辆购置税完税证明》补办

7.6　《车辆购置税完税证明》更正

7.1 开具个人所得税完税证明或纳税记录

已缴纳（或已预缴）个人所得税的自然人需要税务机关出具个人所得税纳税情况的，可以向主管税务机关申请开具个人所得税完税证明或纳税记录。

纳税人申请开具税款所属期为2018年12月31日（含）以前个人所得税缴（退）税情况证明的，税务机关开具《税收完税证明》；纳税人申请开具税款所属期为2019年1月1日（含）以后的个人所得税缴（退）税情况证明的，税务机关开具《纳税记录》。

【报送资料】

居民身份证或其他证明身份的合法证件及其复印件1份。申请人所在单位未实行全员全额扣缴明细申报的还需提供已扣（缴）税款凭证复印件1份。

【办理渠道】

办税服务厅，自助办税终端，网上办理——电子税务局。

【办理时限】

（1）纳税人办理时限。纳税人需开具个人所得税完税证明或纳税记录时办理。

（2）税务机关办结时限。资料齐全、符合法定形式、填写内容完整的，税务机关受理后即时办结。

【办理流程】

办理流程如图7-1所示。

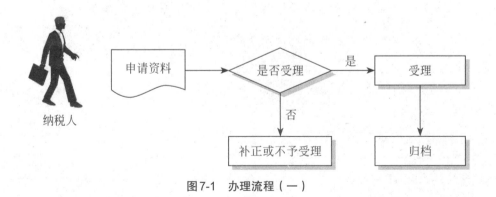

图7-1 办理流程（一）

7.2 纳税证明开具

税务机关根据纳税人申请，对纳税人在一定时期内已缴纳的税款开具纳税证明。

【报送资料】

一照一码相关证照［未领取一照一码的纳税人提供《税务登记证》（副本）］1份（查验）。

【办理渠道】

办税服务厅，自助办税终端，网上办理——电子税务局。

【办理时限】

（1）纳税人办理时限。无。

（2）税务机关办结时限。即时办结。

【办理流程】

办理流程如图7-2所示。

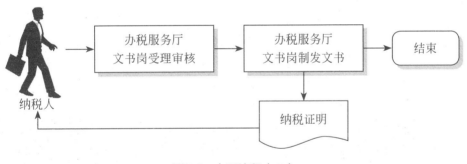

图7-2 办理流程（二）

7.3 《丢失增值税专用发票已报税证明单》开具

增值税一般纳税人丢失防伪税控系统开具的增值税专用发票需申请抵扣的，由销货方到其主管税务机关提出申请开具《丢失增值税专用发票已报税证明单》，销货方主管税务机关核对后开具。

【报送资料】

（1）已丢失增值税专用发票的记账联原件及复印件1份，查验原件。

（2）《增值税一般纳税人丢失防伪税控开具增值税专用发票已抄税证明单》，由税务局办税人员填写后由纳税人确认。

【办理渠道】

办税服务厅，自助办税终端，网上办理——电子税务局。

【办理时限】

（1）纳税人办理时限。无。

（2）税务机关办结时限。资料齐全、符合法定形式、填写内容完整的，税务机关受理后即时办结。

【办理流程】

办理流程如图7-3所示。

图7-3　办理流程（三）

7.4 《丢失货物运输业增值税专用发票已报税证明单》开具

增值税一般纳税人丢失货物运输业增值税专用发票需申请抵扣的，由销货方到其主管税务机关提出申请开具《丢失货物运输业增值税专用发票已报税证明单》，销货方主管税务机关核对后开具。

【报送资料】

已丢失增值税专用发票的记账联原件及复印件1份，查验原件；增值税一般纳税人丢失防伪税控系统开具的增值税专用发票已抄税证明单，由税务局办税人员填写后由纳税人确认。

【办理渠道】

办税服务厅，自助办税终端，网上办理——电子税务局。

【办理时限】

（1）纳税人办理时限。无。

（2）税务机关办结时限。资料齐全、符合法定形式、填写内容完整的，税务机关受理后即时办结。

【办理流程】

同7.3《丢失增值税专用发票已报税证明单》开具业务流程。

7.5 《车辆购置税完税证明》补办

《车辆购置税完税证明》发生损毁、丢失的，纳税人（车主）可向税务机关申请补办。

【报送资料】

（1）《车辆购置税完税证明补办表》1份。

（2）纳税人（车主）身份证明

① 内地居民，提供内地《居民身份证》或者《居民户口簿》（上述证件上的签发机关所在地与车辆登记注册地不一致的，纳税人在申报纳税时需同时提供车辆登记注册地户籍管理部门出具的居住证明或者其他相关证明文书）或者军人（含武警）身份证明。

② 香港、澳门特别行政区、台湾地区居民，提供身份证明和居住证明。

③ 外国人，提供入境的身份证明和居住证明。

④ 组织机构，提供《营业执照》或者《税务登记证》或者《组织机构代码证》或者其他有效机构证明。

（3）车辆登记注册前完税证明发生损毁丢失的，提供车辆购置税完税凭证以及车辆合格证明原件及复印件1份。

（4）车辆登记注册后完税证明发生损毁丢失的，提供《机动车行驶证》或者《机动车登记证书》原件及复印件1份。

【办理渠道】

办税服务厅。

【办理时限】

（1）纳税人办理时限。无。

（2）税务机关办结时限。资料齐全、符合法定形式、填写内容完整的，税务机关受理后即时办结。

【办理流程】

办理流程如图7-4所示。

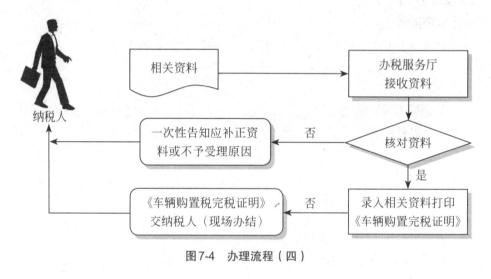

图7-4　办理流程（四）

7.6 《车辆购置税完税证明》更正

《车辆购置税完税证明》内容与原申报资料不一致时，纳税人可以到发证税务机关办理完税证明的更正。所称完税证明内容与原申报资料不一致，是指完税证明纳税人名称、厂牌型号、车辆识别代号（车架号）、发动机号等项内容与原申报资料不一致且不影响车辆购置税应纳税额的情形。车辆识别代号（车架号）和发动机号同时与原申报资料不一致的不属于该情形。

【报送资料】

（1）《车辆购置税完税证明更正表》1份。

（2）车主身份证明原件

① 内地居民，提供内地《居民身份证》或者《居民户口簿》（上述证件上的签发机关所在地与车辆登记注册地不一致的，纳税人在申报纳税时需同时提供车

辆登记注册地户籍管理部门出具的居住证明或者其他相关证明文书）或者军人（含武警）身份证明。

② 香港、澳门特别行政区、台湾地区居民，提供身份证明和居住证明。

③ 外国人，提供入境的身份证明和居住证明。

④ 组织机构，提供《营业执照》或者《税务登记证》或者《组织机构代码证》或者其他有效机构证明。

（3）《车辆购置税完税证明》正本、副本。

（4）完税证明更正相关材料。

【办理渠道】

办税服务厅。

【办理时限】

（1）纳税人办理时限。无。

（2）税务机关办结时限。资料齐全、符合法定形式、填写内容完整的，税务机关受理后即时办结。

【办理流程】

办理流程如图7-5所示。

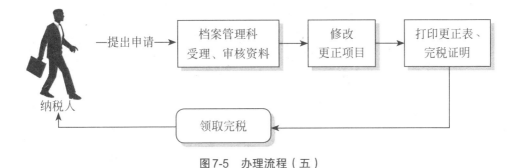

图7-5　办理流程（五）